BIBLIOTECA INDIANA
Publicaciones del Centro de Estudios Indianos (CEI)

Universidad de Navarra
Editorial Iberoamericana

Dirección: Ignacio Arellano y Celsa Carmen García Valdés.
Secretario ejecutivo: Juan Manuel Escudero.
Coordinadora: Pilar Latasa.

Biblioteca Indiana, 2

LETRAS HUMANAS Y DIVINAS
DE LA MUY NOBLE
CIUDAD DE LA PLATA (BOLIVIA)

EDICIÓN DE ANDRÉS EICHMANN OEHRLI

Universidad de Navarra • Iberoamericana • Vervuert • 2005

Bibliographic information published by Die Deutsche Bibliothek
Die Deutsche Bibliothek lists this publication in the Deutsche Nationalbibliografie;
detailed bibliographic data are available on the Internet at http://dnb.ddb.de.

Agradecemos a la Fundación Universitaria de Navarra su ayuda en los proyectos de
investigación del GRISO a los cuales pertenece esta publicación.

Agradecemos al Banco Santander Central Hispano la colaboración para la edición de
este libro.

Coedita:

ARCHIVO
Y BIBLIOTECA

NACIONALES DE BOLIVIA

ISBN 84-8489-175-5 (Iberoamericana)
ISBN 3-86527-179-0 (Vervuert)

Depósito Legal: M. 7.870-2005

Cubierta: Juan M. Escudero

Impreso en España por Fareso, S. A.
Este libro está impreso íntegramente en papel ecológico sin cloro.

Illustre quiddam cernimus
quod nesciat finem pati,
sublime, celsum, interminum,
antiquius caelo et chao

A la memoria de mi madre
a mi padre
y a Lorenzo, mi hermano

ÍNDICE

Es de justicia hacer constar mi agradecimiento a quienes me han guiado y alentado en las diversas fases del trabajo. La relación sería extensa, afortunadamente, y considero preferible hacerlo fuera de estas páginas. Sin embargo, corresponde aquí manifestar mi reconocimiento a Carlos Seoane Urioste, gracias a quien fue posible componer el puzzle de un buen número de manuscritos y esclarecer numerosos problemas que plantean, y a Francisco Crosas López por sus generosas orientaciones, su disponibilidad para atender innumerables consultas y su paciencia en la revisión de los textos. El personal y la Directora del Archivo y Biblioteca Nacionales de Bolivia, Marcela Inch, han brindado su atención solícita en todas las tareas.

Andrés Eichmann Oehrli
Universidad de Nuestra Señora de La Paz
Vocal del CEI (Centro de Estudios Indianos)
Unidad de Musicología
Viceministerio de Cultura-Bolivia

ESTUDIO INTRODUCTORIO

1. GENERALIDADES: SITUACIÓN DE LA COLECCIÓN Y PROBLEMAS QUE PLANTEA

Procedentes de la Sala Capitular de la Catedral de La Plata, hoy Sucre[1] (Bolivia), y de la Biblioteca del Oratorio de San Felipe Neri de la misma ciudad (Colección Julia Elena Fortún), dos conjuntos de manuscritos fueron reunidos en la colección musical del Archivo y Biblioteca Nacionales de Bolivia (ABNB en lo sucesivo). Esta colección es uno de los más valiosos repositorios musicales en número y en calidad de todo el continente[2]. Preserva alrededor de mil trescientas obras polifónicas, buena parte de las cuales están en castellano y unas pocas en italiano. Las demás son piezas litúrgicas en latín, de las que no me ocupo aquí.

Por las fechas que llevan, los manuscritos son testimonio de un arco temporal de va desde la década de 1680 hasta la de 1820; los que corresponden a los primeros años del siglo XIX constituyen una cantidad poco significativa[3].

---

[1] La ciudad mantiene los nombres de sus diversas etapas históricas: Chuquisaca, el del antiguo asentamiento precolombino, La Plata, como se la conocía en tiempos coloniales, cuando era sede de la Real Audiencia de Charcas, y Sucre, nombre del periodo republicano. El actual territorio de Bolivia corresponde (con algunas simplificaciones necesarias, junto con otros recortes en extensión) a lo que se entendía por Charcas en el periodo colonial: una zona geográfica articulada por las ciudades de Potosí, La Paz, Cochabamba, Oruro y Santa Cruz de la Sierra, además de la mencionada sede de la Audiencia.

[2] Acerca del primer conjunto de manuscritos mencionados, Samuel Claro Valdés afirmaba que «es, sin duda, el más importante de América del Sur por la diversidad de su repertorio, el número de obras que contiene y, particularmente, por la calidad uniformemente alta de ellas» (1974, pp. XIX-XX).

[3] Aclaro que esta observación general (hecha a partir de los datos del catálogo) es susceptible de muchas precisiones. Los manuscritos que llevan fecha, junto con

Para dar una idea general temática del conjunto de la colección, recordemos, en primer lugar, que la mayoría de las piezas son «divinas», es decir religiosas, como es esperable por los ámbitos en los que fueron conservadas. La presencia de obras «humanas», que constituyen una pequeña proporción, puede deberse a variados motivos. Por ejemplo, entre ellos está la reutilización de una misma música para un texto distinto, como consta en varios manuscritos que muestran trovas divinas bajo un texto de letras humanas, y al revés. Puede conjeturarse, además, que los músicos que integraban la Capilla Musical de la Catedral tuvieran como base de operaciones dicho recinto, y que allí guardaran también las piezas cuya ejecución tendría lugar en otros sitios. Por último, los encargos al maestro de capilla y a los músicos en ocasiones podrían provenir de la misma persona, que regulaba la actividad de la capilla catedralicia y que pagaría aparte, como mecenas, otras presentaciones musicales: el Arzobispo, y en su ausencia, el Deán y Cabildo.

Entre las piezas «divinas» de la colección hay más de doscientos ítems[4] dedicados a distintos misterios de la vida de Jesús; unos ciento treinta a misterios y advocaciones de Santa María y otros sesenta, aproximadamente, celebran a alrededor de treinta santos.

El presente trabajo arranca del propósito de ofrecer la edición crítica y anotada de la totalidad de los textos de la colección. Un objetivo de esta índole solamente puede ser cumplido por etapas, sobre todo porque se pretende poner tales obras en diálogo con los textos nucleares, cuando es posible, o con otros que actúan como subtextos y con las tradiciones que hacen posibles muchas de sus expresiones, así como mostrar la vigencia que tanto unos como otras tuvieron en Charcas.

---

aquellos en que resulta fácil establecerla con aproximación, por corresponder a un compositor conocido, suman alrededor de 570, es decir no más de un 44%. La lectura de los textos poéticos y de otras referencias permite muchas veces fijar la fecha de más obras. Por ejemplo, fue relativamente sencillo hacerlo con algunos textos de la sección de «Circunstancias»; queda pendiente un estudio detallado de todas las piezas para establecer fechas límite, periodos de mayor producción, etc.

[4] No siempre un ítem lleva una sola obra: los hay que contienen varios juegos de manuscritos, y una misma pieza puede tener más de un texto.

Las obras que componen actualmente la colección fueron objeto de descubrimientos progresivos desde el año 1948[5]. La mayoría de las publicaciones hasta la década de 1970 inclusive se ocupan de ellas en el marco más amplio de la música en América. Sólo a partir de la década de 1990 se manifiesta una verdadera eclosión de conciertos, grabaciones y festivales en los que pasaron a un primer plano.

A pesar de toda la producción discográfica y bibliográfica, y reconociendo el mérito que supone para quienes la han llevado a cabo, los textos de las piezas musicales se han mantenido en la penumbra. Como es esperable, los libros que ofrecen partituras, reconstituidas por musicólogos a partir de las particelas o partes sueltas de cada pieza, en casi todos los casos muestran el texto debajo de los pentagramas del elenco vocal. Algunos autores incluyen el texto entero en forma de poema antes de las partituras[6], de modo que puede leerse de corrido. Aun en este caso, el interés por los textos es secundario; la misma fijación textual adolece de fallas, y éstas en ocasiones llegan al grado de que el texto queda sin sentido. Por lo demás, parece poco probable que los poemas puedan ser conocidos por un público no necesariamente ligado con la práctica musical, cuando el tipo de publicación en el que se leen tiene como principal objeto la edición de partituras. De modo que los poemas que suelen estar al alcance de los lectores se encuentran casi siempre en los escasos cuadernillos que acompañan a algunos discos compactos, y éstos con frecuencia participan de (y aun agudizan) la pobreza en el tratamiento del material textual. La tarea que asumí, entonces, fue la de llenar este vacío con una edición de los textos en la que se facilitaran las diversas claves de acceso a los variados mecanismos conceptistas en que muchos de los

---

[5] En dicho año, la restauración de la iglesia de San Felipe Neri, después de un terremoto, ocasionó el hallazgo de uno de los conjuntos de manuscritos que integrarían la colección del ABNB. Ver Eichmann-Seoane, 1998, pp. 63 y ss.

[6] Claro Valdés, 1974, (que incluye algunas obras de la actual colección musical del ABNB, entre otras piezas de distintos archivos americanos) dedica una parte importante del libro a las «Características musicales y literarias», de cada número de la antología, y en esa sección transcribe cada poema completo (pp. XXXVII-CV). Seoane-Eichmann, 1993, prestan atención a los textos, no solamente los de aquellos que pertenecen a las partituras incluidas en la última parte del libro. Nawrot, Prudencio y Soux, 2000, anteponen el texto a la partitura de cada pieza que transcriben y hacen una interesante aproximación al género literario. Tello, 2001, hace otro tanto.

poemas están cifrados, y referencias a la situación cultural (tradición literaria, intertextualidad) e histórica sin las cuales algunos de ellos permanecerían indescifrables. Todo ello con plena conciencia de las limitaciones con las que cabe afrontar un trabajo de esta índole; entre otras, cabe mencionar:

a. El hecho de ceñirse solamente a los textos, dejando de lado el aspecto musical (que es también sustantivo), constituye una limitación del tipo opuesto a la arriba indicada. Es necesario señalarla para que no quede desnaturalizado el material, aunque se justifica por el hecho de que los textos poéticos requieren una atención filológica. He intentado, sin embargo, que quede manifiesta la naturaleza musical de las obras: la primera anotación de cada pieza (después del número de catálogo entre corchetes) lleva los datos de la portada (si la hay), en la cual suelen estar consignados el género musical, el número de cantores que formaban el elenco, el compositor, el año, etc. Si la pieza está impresa (en pliegos de cordel, en libros de la época o en publicaciones actuales), lo consigno en la misma nota inicial, y lo mismo si he podido localizar alguna producción discográfica en la que esté interpretada. Aun así, es obvio que el lado musical del material no es el centro de atención del presente libro.

b. Aunque son abundantes las muestras de expresiones o de conceptos compartidos y sociabilizados en otros textos de Charcas que consigno en el aparato de notas, no es muy amplio el abanico de obras que utilizo para ello; a la dificultad de acceso, que ocurre en muchos casos, se añade la demora que implica la incorporación de nuevas fuentes de referencias[7]. Era necesario optar por una edición que permitiera reconocer los numerosos elementos y rasgos compartidos con el resto del mundo ibérico e iberoamericano del Siglo de Oro, y que a la vez alcanzara

---

[7] A mi entender, tal incorporación debe ser lo más sistemática posible. Es decir, no cabe la simple inclusión de un elemento aislado (salvo cuando un texto no ofrece más de uno, y éste puede considerarse relevante), sino que todos aquellos que estén presentes en una determinada obra deben ser potencialmente considerados. En un segundo momento se pueden escoger algunos dejando de lado los demás, para evitar excesos innecesarios en la anotación, que van en perjuicio del lector.

el objetivo de hacer perceptible la inserción en Charcas de los símbolos y expresiones que encontramos en los poemas.

c. Por lo demás, queda pendiente una investigación documental más amplia que permita esclarecer aspectos que suelen considerarse básicos en el acercamiento a las obras literarias: a menudo no pueden ser respondidas las preguntas sobre el autor, la fecha aproximada, la ocasión para la que se compuso, la procedencia, etc.

Sobre esto último hay que decir que algunos de los textos aquí transcritos presentan evidencias de haber sido creados en la misma ciudad de La Plata. Hay también algunas piezas que proceden de otros sitios, sobre todo de España, Lima y México. Entre ellas, hay que distinguir si lo que llegó fue la música (tal vez con el texto) o el texto solo: las piezas presentes en este libro cuya música ha llegado de Lima o de España son ocho[8]; nueve son los textos que llegaron de Lima, México y España, que pude hallar en otras publicaciones de la época[9]. A ello hay que añadir un romance que se halla recogido en una obra del siglo XIX, que coincide en varias de sus estrofas con una de nuestras piezas.

Estos datos reflejan la misma apertura y los mismos intercambios que se verifican entre todas las sociedades de Iberoamérica, con cualquier género de obras; no existía aún ningún tipo de división o de enclaustramiento. Por otra parte, las obras poéticas llegadas de otros sitios han pasado a pertenecer (aunque no en exclusiva) a La Plata, una colectividad que las ha cultivado, compartido, escuchado e interpretado. La autoría no estuvo tan presente como hoy entre las preocupaciones de los poetas ni del público, como es bien sabido, y más en relación con un tipo de material cuyo pariente cercano es la literatura de cordel, como ocurre con una gran proporción de piezas de nuestra colección.

Los poemas editados en este libro son ochenta y tres, distribuidos por temas, de la siguiente forma:

a. Diecinueve piezas de amor, que junto con otras once de circunstancias ocupan la primera sección, la de las Letras Humanas.

[8] Ver más adelante, 5. *La música en La Plata*.
[9] Ver 4. *La colección platense: entre los cancioneros y la literatura de cordel*.

b. Catorce de los misterios de la vida de Jesucristo; deliberadamente he dejado de lado las de Navidad y Corpus Christi, que son las más numerosas, porque serán objeto de un estudio y publicación aparte.

c. Treinta y nueve composiciones de episodios de la Virgen María y de sus advocaciones. Éstas, junto con las de la vida de Jesús, son las llamadas Letras Divinas.

No he incluido ninguna dedicada a los santos, para evitar una excesiva dispersión temática. Puede decirse entonces que la muestra aquí publicada no es representativa del conjunto si se la considera desde un punto de vista temático. En cambio, sí lo es de la diversidad de recursos y registros poéticos, así como del universo conceptual que suponen. Por ello, y teniendo en cuenta que el resto de la colección no tardará en ser publicado, puede considerarse el presente libro como un primer avance parcial.

No se ofrece aquí una antología, porque no ha llegado el momento de hacer tal cosa con el material de la colección. Considero que una vez acabada la edición de todas las piezas se podrá contemplar el conjunto, como puede hacerse con los diversos *cancioneros*; sólo después podrá pensarse en una labor de selección y agrupación por géneros, estilos, y (en la medida de lo posible) periodos y autores.

2. EL MARCO HUMANO

Entre las cosas que llaman más la atención de la América hispana de los siglos XVI-XVIII se encuentra la sociedad que se formó en torno a la Real Audiencia de Charcas, y más concretamente en la ciudad de La Plata. Nadie duda de que otras ciudades, como Lima y México, tuvieron un desarrollo mayor. En lo político fueron capitales de Virreinato; en el gobierno eclesiástico aquéllas ocupaban los dos primeros puestos, mientras que a La Plata le correspondió el tercer lugar (al menos desde 1609, en que pasó a ser Arzobispado y Sede Metropolitana)[10]. En el terreno intelectual también le llevaron la delantera, sobre todo por contar con la innegable ventaja de disponer de imprentas. En lo económico, para compensar, La Plata tenía bajo su

___

[10] Ver Draper, 2000, p. 9, y DHB.

jurisdicción (con resistencias) la cercana ciudad de Potosí, cuyo mismo nombre es todo un símbolo de riqueza.

La Plata nunca fue una ciudad de enormes dimensiones. Mucho mayor, por ejemplo, fue precisamente Potosí, que llegó a ser una de las ciudades más populosas del mundo. Pero no es el tamaño el indicador apropiado para evaluar la importancia de una ciudad. José de Aguilar, en el primer sermón que predicó en La Plata, en 1687, hizo una comparación entre las ciudades de La Plata y de Lima, de la que reproduciré un fragmento. No pretendo con ello sumarme a sus opiniones (no es prudente hoy enredarse en consideraciones de ese tipo) sino mostrar un testimonio de fines del siglo XVII gracias al cual podemos conocer algo del prestigio que rodeaba a la sede de la Real Audiencia de Charcas. En su sermón, Aguilar, que ya había predicado solemnes sermones en Lima, sin embargo manifiesta la inquietud que siente por el hecho de hacerlo ahora ante el público platense:

> En mayor Corte, no en más ilustre teatro me oyeron algunos años [...]. Y empiezo a hacer fortuna en esta Corte. Linaje de rigor salir a nuevos riesgos desde la seguridad, y empezar uno a la mitad de sus días. Todo el empeño de la mano de Dios hubo menester David en semejante lance: 'Ego dixi: nunc coepi, haec mutatio dexterae excelsi'. Corrí, vuelvo a decir, allá, con dicha, y aquí cojo el hacha con susto. Mayor estadio es aquél, menor estadio es éste, y ¿por qué no mejor? [...] Mucho bueno hay allí, pero hay mucho. Mucho bueno aquí, pero hay poco. Mucho en mucho, bueno es. Mucho en poco, es mejor. ¿Quién duda ser el hombre entre las visibles la mejor obra de las manos de Dios? Y es que en poco hizo mucho, y en corta materia amontonó perfecciones. [...] Que en un mundo quepa un mundo, no es mucho. ¡Que un mundo quepa en un hombre! Ésta sí que es grandeza. ¡Que en una corte tan grande como Lima quepan cabezas, Senados, Cabildos, Religiones, Colegios, Universidad, Nobleza, maestros, sabios, predicadores! Mucho es, pero en mucho. Más que en esta Corte quepan cabezas tan ilustres en lo seglar y eclesiástico. Aquélla, cuyos grandes talentos pudieran presidir el Areópago. ¡Ésta, cuyos venerados aciertos pudieran echarse sobre sí los siete montes con la gloria de Atenas y vanidad de Roma; tan integérrimo Senado, de tan graves Cabildos, tan crecidas Religiones, tan bien fundados Colegios, Universidad tan sabia, tan doctos maestros, tan grandes predicadores, Nobleza tan antigua [...]! Esto es mucho en poco, y así, más. ¡Que en aquella corte quepa una Corte! Bueno. ¡Que quepa una Corte en esta cortedad! Mejor. Esto es tener por abreviatura todas las perfecciones, ser

síncopa de bienes y ser como el hombre en comparación con el Universo, cuanto menor, mejor[11].

Con seguridad, quienes escucharon aquel día esta *laudatio urbis* se sintieron halagados, y el autor de tales palabras supo escogerlas para captar su benevolencia. Pero no se trata de un lenguaje puramente hiperbólico, ni estaba ejercitando sin motivo alguno sus capacidades retóricas. La jurisdicción de La Plata llegaba de mar a mar; abarcaba desde Buenos Aires hasta el Pacífico, y obviamente debía contar —al menos— con personal civil y eclesiástico capacitado para ello, lo cual a su vez explica la intensa vida académica.

En la actualidad el desconocimiento sobre La Plata es un hecho generalizado; pudo contribuir a ello el que su importancia corriera una suerte semejante a la de las minas de Potosí. Y también el que no poseyera imprenta con la que difundir los resultados de la labor intelectual (la primera llega con el comienzo de la República, en 1825, precisamente cuando tal actividad había sido prácticamente herida de muerte, desde los últimos Borbones). A pesar de esta desventaja, son numerosas las obras escritas en La Plata en los siglos xvi-xviii: libros impresos en Lima, Sevilla, Madrid, etc., y otros que han quedado manuscritos[12]. Por otra parte, las producciones artísticas y musicales conservadas constituyen otros tantos monumentos de una sociedad en la que pueden reconocerse algunos de los rasgos a los que Aguilar hace referencia.

No abundaré en consideraciones sobre tal contexto ya que, como queda dicho, el objeto de este libro es ofrecer un conjunto de textos poéticos que circularon en la ciudad, en los siglos xvii y xviii. Como se podrá observar en la anotación de los poemas, ellos muestran una estrecha relación con el entorno cultural e intelectual, que (preciso es recordarlo) se encuentra en su momento de mayor capacidad de acogida (consciente) de elementos culturales de toda procedencia[13]. Éste, a

---

[11] José de Aguilar, *Sermones del Dulcísimo Nombre de María*, Sermón segundo, nn. 1-3, pp. 46-47.

[12] Para los escritos en latín, ver mi trabajo, 2001.

[13] Desde las culturas indígenas locales hasta el extremo Oriente, junto con toda la amplia tradición occidental cuyas raíces se remontan a la Antigüedad Clásica. Teresa Gisbert muestra los distintos recursos iconográficos con que eran representados, en las artes plásticas del territorio de Charcas (hoy Bolivia) tipos humanos de las proce-

su vez, forma parte de un ámbito mucho más vasto, el iberoamericano. Los textos, incluso los del siglo XVIII, muestran pertenecer a lo
que conocemos como Siglo de Oro.

Para dar una idea de la producción poética ya conocida de Charcas,
me referiré a unos pocos autores que tuvieron la fortuna de publicar
sus obras en aquella época. A ellos se han dedicado escasos trabajos y
se añade la dificultad de que resulta casi imposible disponer de sus
obras, cuyos ejemplares son muy raros.

El primero de ellos es Diego Dávalos y Figueroa, autor de una
obra en la que alterna diálogos entre dos personajes (Delio y Cilena)
del estilo de sus contemporáneos más afamados (Garcilaso, etc.) con
sonetos y otros poemas, titulada *Miscelánea Austral*, publicada en Lima
en 1602 junto con *Defensa de Damas*. «Dávalos era un muchacho que
probablemente habría escrito algunos versos amorosos en su Écija natal, pero cuya labor literaria hubo de cumplirse de lleno en la tierra
donde vivió el resto de su vida: las latitudes collas de los Charcas, la
entonces tan joven ciudad de La Paz y, en menor grado, la metrópoli
cultural de Lima, que un día habría de aplaudir la obra sorprendente
del ecijano»[14]. Entre las principales fuentes de que se nutre Dávalos se
encuentran Platón (tal vez recibido a través de mediadores), Petrarca,
Mario Equícola, los petrarquistas del Cinquecento italiano que escriben diálogos de amor, León Hebreo, Garcilaso, entre otros muchos.
Buena parte de sus conceptos y de sus gustos, que lo fueron de toda
Iberoamérica, se han mantenido vigentes entre los cánones estéticos
de Charcas, como tendremos ocasión de comprobar. Este poeta, que
también fue minero de intensa actividad económica, ha sido califica-
do recientemente por Josep M. Barnadas como el «más excelso poeta
petrarquista de Indias»[15].

Por otra parte, la figura de Dávalos no es la de un solitario, ya que
en La Paz el poeta compartía sus gustos literarios con su amigo Juan
de Salcedo Villandrano, cuyos versos fueron celebrados nada menos
que por Cervantes[16]; y al menos durante un tiempo con su esposa,

---

dencias más diversas, tanto cercanas temporal y geográficamente como de épocas re-
motas y de las antípodas. Ver Gisbert, 1999.

[14] Colombí Monguió, 1985, p. 11.

[15] Barnadas, 2000, p. 12.

[16] Colombí Monguió, 1985, p. 87.

doña Francisca de Briviesca y Arellano[17], que fue menina de la Reina e hija del Licenciado Gracián de Briviesca, Consejero de Castilla. Doña Francisca era una de las tantas mujeres que destacan por su erudición desde el siglo xv en España[18] y ya en el xvi en América[19]. Entre otros poetas que vivieron en estas latitudes puede recordarse también a Enrique Garcés (ca. 1537-1609), hombre polifacético que además de dedicarse a su oficio de librero y de poeta, revolucionó las técnicas metalúrgicas, siendo reconocido más tarde por Alexander von Humboldt[20]. Su vida azarosa lo llevó a los sitios más variados; entre ellos, permaneció algunos años en Potosí[21]. Vuelto a España publicó traducciones (afortunadas también desde el punto de vista de su aceptación hasta el siglo xx) de Petrarca, Camoens y Francesco Patrizzi, además de composiciones poéticas propias; también es elogiado por Cervantes, en *La Galatea*[22].

El sevillano Luis de Ribera (1555-1629) residió muchos años en Chuquisaca y Potosí, «ciudad esta última donde compuso casi toda su producción poética. Ribera es uno de los pocos poetas místicos que se identifica con Escuela Sevillana y con su maestro, Fernando de Herrera»[23] (el *divino* Herrera).

Las letras «divinas» también fueron cultivadas por Fernando de Valverde, que escribe en 1637 un extenso poema «compuesto de épico y bucólico», según el mismo autor, titulado *Santuario de Nuestra Señora de Copacabana en el Perú*, que resulta ser una alegoría en la que con gran erudición y recursos literarios muy complejos «muestra cómo Dios, los ángeles y los santos cristianos irrumpen en este mundo pagano de doble faz, indígena por un lado y europeo-renacentista por otro»[24]. En el prólogo, Valverde indica que su intento es guiarnos a

---

[17] Para conocer precisiones biográficas de Diego Dávalos y de Francisca de Briviesca, así como los datos encontrados sobre su divorcio, ver Barnadas-Loza, 1995, pp. 6-17.

[18] Ver Crosas, 1997.

[19] Ver Colombí Monguió, 1985, p. 68.

[20] Núñez, 1999, pp. 129-44.

[21] Su centro de gravitación vital, si se puede hablar así, fue Lima, ciudad de su más frecuente y prolongada residencia.

[22] Ver Cáceres Romero, 1990, T. II, p. 33.

[23] Cáceres Romero, 1990, T. II, pp. 47-55.

[24] Gisbert, 1999, p. 120.

través de los relatos «a la región del mundo inteligible, dando vida al Arquetipo, donde, según Platón, vive la verdad»[25].

Hay que añadir otros autores que deberían tenerse en cuenta para hacerse cargo del ambiente poético, de los cuales existen muy escasas ediciones: el sevillano Diego Mexía de Fenanjil (1565-1620), traductor de Ovidio y autor del *Parnaso Antártico* y de la égloga pastoril a lo divino *El dios Pan*; Sebastián de Mendoza, natural de La Plata[26], cuyas obras en verso recoge Fray Diego de Ocaña en la relación que escribe de sus viajes por América[27]; el mismo Ocaña, que en Potosí, hacia el año 1600 escribe *La Comedia de Na. Sa. de Guadalupe y sus milagros* (se trata de la Guadalupe extremeña)[28]; Fray Gaspar de Villarroel, criollo (1587-1665; ¿quiteño?) de quien aparte de muchas obras en prosa, en latín y castellano, se conservan algunos poemas escritos en La Plata; Juan Sobrino (1610?-1660?), al parecer natural de Potosí, de quien se conocen unas décimas reproducidas por Bartolomé Arzans de Orsúa y Vela, en los *Anales de la Villa Imperial de Potosí*; Luis Antonio de Oviedo y Herrera (1636-1717), madrileño, gobernador de Potosí, autor de un extenso poema titulado *Santa Rosa de Santa María, natural de Lima y Patrona del Perú*, además del *Poema Sacro de la Pasión de Nuestro Señor Jesucristo*[29].

La lista podría alargarse, pero no es el caso: de momento no existen ediciones accesibles y relativamente aceptables de casi ninguno de los mencionados ni de los aquí escatimados. Basta con lo dicho para darse cuenta de que en Charcas hubo una sostenida producción poética de calidad, que permitió a sus habitantes tener familiaridad con el contenido de los poemas reunidos en este volumen. Los motivos y expresiones que se encuentran en ellos, por lo demás, se hallaban difundidos no solamente en textos poéticos, sino también en otros géneros literarios: los hallamos en la *Historia* de Ramos Gavilán, en la letanía que compone Diego de Ocaña en Potosí (llamada *Letanía Potosina* en el aparato de notas), en el epistolario de don Alonso Ortiz de Abreu editado recientemente por Barnadas, en los sermones que

---

[25] Citado por Gisbert, 1999, p. 120.
[26] Ver Gisbert, 1968, pp. 21-22.
[27] Aparecen publicados en Álvarez, 1969.
[28] La comedia fue editada en La Paz por Teresa Gisbert en 1957.
[29] Cáceres Romero, 1990, T. II, pp. 61-69.

predicó el limeño José de Aguilar en La Plata y en Cochabamba, en obras de teatro breve del Convento de Santa Teresa de Potosí, e incluso en las cartas escritas en latín por quienes integran el dilatado séquito de Pedro Frasso[30].

3. FIESTA Y POESÍA CANTADA

Los textos poéticos que aquí se presentan no fueron compuestos sólo para ser leídos o recitados, sino que eran cantados. Hay excepciones, por ejemplo algunos que solamente consisten en el texto: *La rosa en su matiz*, y *Pues concebida*. Con seguridad fueron pensados para ser interpretados musicalmente, y el que no llegaran a serlo no les cambia la índole: estaban destinados a formar parte de un acontecimiento colectivo. Debemos, pues, situarnos ante la fiesta como escenario donde tuvo lugar la interpretación de la mayoría de estos poemas.

Son conocidas y abundantes las sabrosas descripciones de festejos en España y América. Me limito a mencionar las obras que recogen las más conocidas de Bolivia: la crónica, diario o relación (al parecer no está aclarada la designación) de Fray Diego de Ocaña[31]; las *Noticias Políticas de Indias* del Licenciado Ramírez del Águila[32]; la *Historia de la Villa Imperial de Potosí*, de Arzans y Vela[33]; puede añadirse la *Aclamación festiva de la mvy noble Imperial Villa de Potosí, en la digníssima promoción del Excmo. Señor Maestro don Fray Diego de Morzillo, Rubio y Auñón*, de Fray Juan de la Torre[34]. No es necesario que me extienda en la descripción de los distintos festejos de que tenemos noticia: engalanamiento de las calles, cabalgatas vistosas, juegos de toros, danzas,

---

[30] *De regio patronatu indiarum ac aliis nonnullis regaliis, regibus catholicis in indiarum occidentalium imperio, pertinentibus*; en ambos volúmenes viene un nutrido grupo de cartas escritas por admiradores del autor, sobre las cuales estoy preparando un trabajo junto con Estela Alarcón.

[31] Publicado (con cambios y cortes) por Álvarez, 1969.

[32] *Noticias políticas de Indias y Relación descriptiva de la Ciudad de La Plata, Metrópoli de las Provincias de los Charcas y nuevo reyno de Toledo en las occidentales del gran Imperio del Perú*.

[33] Arzáns de Orsúa y Vela, *Historia de la Villa Imperial de Potosí*.

[34] Lima, Francisco Sobrino, 1716. Se conserva un ejemplar en la Biblioteca Nacional de Lima.

saraos, carros triunfales, banquetes, fuegos de artificio, representaciones teatrales, etc., todo lo cual podía durar muchos días.

A partir de la premisa de que la fiesta es la ocasión más corriente en que se producía la interpretación de las obras de la colección del ABNB, considero dos ámbitos principales en los que consta que ésta tuvo lugar: de un lado, la Catedral y otras iglesias y conventos[35], principalmente para las letras «divinas» y, de otro, los espacios en los que tenían lugar las representaciones teatrales. La distinción de los dos ámbitos es más funcional que física, ya que las obras teatrales también eran representadas en los recintos de las iglesias, como puede deducirse de las *Constituciones* del I Sínodo Platense (1619-1620)[36], uno de cuyos capítulos establece «que no se hagan comedias en las iglesias ni se representen sin licencia del Prelado o Provisor»[37]. De sobra se sabe que toda prohibición es emitida frente a una situación que se da de hecho. Es cierto que pasó mucho tiempo entre la redacción de dichas *Constituciones* y las fechas que constan en los manuscritos de la colección; sin embargo, el texto contempla excepciones que permiten al menos sospechar que no dejarían de utilizarse los recintos de las iglesias, tan cómodos y espaciosos, para la representación de comedias. En el interior de conventos y monasterios también se acostumbraba representar obras de teatro, como lo muestra la colección de loas, entremeses y otras obras breves del Monasterio de Santa Teresa de Potosí[38].

Por otra parte, las letras «divinas» también manifiestan muchas veces un componente escénico. Ocurre igual que con los pliegos de cordel impresos en España y México para celebraciones religiosas, que reflejan una «amplia variedad de formas de teatro menor insertas den-

---

[35] No pueden descartarse otros espacios como la Universidad, la misma calle, etc.

[36] Méndez de Tiedra, *Constituciones del I Sínodo Platense (1619-1620)*.

[37] Título 13, cap. 1: Después de las palabras citadas, que corresponden al encabezamiento del capítulo, prosigue el texto: «Mucha indecencia es que en las iglesias se representen comedias, porque nunca son tan honestas, máxime las que ahora se usan, que en ellas o en alguna parte no traigan mucho de irreverencia; y así mandamos que no se representen, y si se hubieren de hacer, sea por nuestro mandado; y generalmente prohibimos no se representen comedias algunas sin nuestra aprobación o de nuestro Provisor o persona a quien lo cometiéremos, lo cual así se haga y cumpla, con apercibimiento que serán castigados como se hallare por Derecho». El editor señala que «el Sínodo Platense dedicó sus mayores esfuerzos a la reforma de la pastoral parroquial» (Introducción, p. XVII).

[38] Ver Eichmann, 2003.

tro de los villancicos: coloquios pastoriles, diálogos burlescos y disparatados, entremeses de figuras, jácaras entremesadas, bailes, danzas paloteadas punteadas por el diálogo, y mojigangas. Algunos villancicos son auténticos entremeses costumbristas que acaban en peleas y alborotos, como era normal en el género»[39]. Y no solamente los pliegos impresos: Aurelio Tello indica que «la práctica representacional debe haber estado en boga ya en los tiempos en que Gaspar Fernandes dirigía la capilla musical de la catedral poblana»[40], es decir a principios del siglo XVII[41].

Entre las obras aquí transcritas que podrían ser acompañadas por (o formar parte de) algún género de representación, están las tres «negrillas» de la sección Epifanía, que son villancicos en que los personajes son negros[42]. Además de los diálogos que contienen, hacen mención explícita de la danza, que es la afición distintiva del mencionado grupo social, y es probable que ésta tuviera lugar durante la interpretación, tal como ocurría en otras partes. Hay otras obras en forma de diálogo que también se prestan a ser acompañadas de escenificación, como *Escuchen dos sacristanes*[43], *¡Ah de la oscura, funesta prisión!*, *¡Hola, hao, ah de las sombras!* y *Cuando nace aquesta aurora.*

Es necesario también dar un vistazo a la actividad «propiamente» teatral (por producirse en el recinto que le da nombre) en Charcas. En Potosí, en la primera mitad del siglo XVII, se cuenta con cuatro

---

[39] Ruiz de Elvira Serra, 1992, pp. XV-XVI. Señala la autora, citando a Gloria Martínez, que «al parecer Juan de Castro, Maestro de Capilla de la Catedral de Cuenca, recibió 300 reales por los villancicos que *hizo* y *representó* con los mozos de coro y otras personas. Se pagan también los vestidos, calzados y aparejos necesarios para la representación. Recibió su paga un tal Agustín Pérez, por *hacer de negro* y bailar la noche de Navidad en el coro. Incluso se conservan facturas de pinturas, tablados y retablos encargados para el montaje escenográfico, a personas del mundo del teatro y no a la capilla de música».

[40] Tello, 2001, p. XLI.

[41] Tal vez pudiera pensarse lo mismo de La Plata por la misma época, puesto que allí era maestro de capilla el gran compositor Gutiérre Fernández Hidalgo (de 1597 a 1635), si bien no quedan testimonios (ver Robert Stevenson, 1959-60, pp. 182 y ss).

[42] *Los negrillos de los reyes*, *Los coflades de la estleya* y *¡Afuela, afuela! ¡apalta, apalta!*

[43] Esta obra y la ya mencionada *Los negrillos de los reyes*, por la disposición de las voces parecen pensadas para una representación dramática: una de las voces hace la introducción, y a continuación las otras dos desarrollan el diálogo.

compañías teatrales (el mismo número que hubo por esas fechas en
Madrid y Toledo), que por contrato se obligaban a estudiar cinco comedias al mes y las representaban los domingos y días de fiesta. Las
obras de teatro más populares eran las de Lope y Calderón y de quienes
seguían el estilo de este último, tanto españoles como locales. Las mismas compañías se trasladaban a La Plata cuatro meses al año (en in-
vierno). Esta ciudad desde el siglo XVII contó con un teatro «cuya
construcción costó 50.000 pesos. La temporada duraba de junio a septiembre, meses que eran de inactividad en la cercana ciudad de Potosí
para las compañías que representaban en esos dos centros principales
de población»[44]. El gusto por las representaciones teatrales se pone de
manifiesto, por ejemplo, en otra de las disposiciones del ya mencionado
I Sínodo Platense (1619-1620): «que ningún sacerdote vaya a ver comedias a las partes donde públicamente se representan y si las oyere
sea en partes decentes, estando presente el Prelado»[45]; las salvedades y
excepciones que contempla sugieren que ni los clérigos ni los propios obispos podían sustraerse a la afición general.

Hay piezas «humanas» de nuestra colección que formaron parte de
representaciones teatrales. Antes de mencionar algunas, vale la pena
recordar que la música escénica apareció por primera vez en España
en 1622, despertando enorme entusiasmo en espíritus como Lope de
Vega; empero, solamente puede hablarse de un verdadero auge de esa
combinación de música y poesía desde los últimos años de regencia
de Mariana de Austria, durante los mismos años de los que se conservan más obras en nuestra colección del ABNB. Sin contar con que
los nombres de algunos de los más afamados compositores de la corte
madrileña están presentes en testimonios musicales de la colección: es
el caso de José de Nebra y de Francisco Corradini; y también el de
Baldassare Galuppi, cuya presencia en Madrid no me consta, aunque
sí la de sus obras.

[44] Stevenson, 1959-60. Ver también Barnadas-Forenza, 2000.
[45] Ver Méndez de Tiedra, *Constituciones del I Sínodo Platense (1619-1620)*, Título
9, capítulo 3: «Muy contrario es a la perfección del clero y pernicioso entretenimiento
el de las comedias, y más el ir a ellas a partes públicas donde el concurso de todas
gentes señala la liviandad de los que allí van; y así prohibimos que ningún clérigo
vaya a ellas a partes públicas, si no fuere asistiendo el Prelado a ellas o en la fiesta del
Corpus o en partes decentes; y el que contraviniere sea multado en cuatro pesos co-
rrientes cada vez que fuere contra ello».

El ejemplo más llamativo de música al servicio de una obra teatral en nuestra colección es el ítem 1186, cuyo incipit es *Venid, venid, zagales*, que contiene las partes musicales de la comedia *El monstruo de los jardines* de Calderón, compuestas por el Maestro de la Capilla platense Blas Tardío de Guzmán. De las aquí publicadas hay una pieza cercana a los géneros teatrales: se trata de *¡Guerra! ¡al arma!* en la sección de letras de Circunstancias; es una loa escrita para festejar el recibimiento de un obispo[46]. Los personajes son alegóricos, y es dudoso que representaran una acción, ya que sus intervenciones en diálogo más parecen versos amebeos. Otros textos aquí editados pueden ser fragmentos de piezas teatrales, o al menos de obras dialogadas. En la sección de Letras de Amor está *Después de tres años*, que en la parte superior del manuscrito lleva la indicación «papel para el soldado»; en *Flechero rapaz* intervienen distintos zagales y el Amor; algunas de las expresiones de *¡Suélteme, que es preciso!*, *Pérfido infiel* y *Del dócil pecho mío* remiten tal vez a réplicas de otro personaje o a toda una situación de enredo de una obra más extensa, dialogada, a la que habrían pertenecido. Los textos italianos, *Io so che non ti desta*, *Non temer, non son piu amante* y *Son qual per mar turbato*, este último de una obra compuesta por Galuppi, podrían ser partes de obras de teatro (aunque tampoco se puede descartar que fueran arias independientes). Por último, es posible que *Belisario, mi bien, aguarda* también haya formado parte de un diálogo; aun cuando fuera una pieza independiente delata estar en estrecha relación con *El ejemplo mayor de la desdicha* de Antonio Mira de Amescua o con alguna obra desconocida que siguiera a ésta muy de cerca (ver notas), al punto·de que las expresiones no serían inteligibles para un público que no la conociera, e incluso que no tuviera fresca en la memoria su representación.

La interpretación de las letras «divinas», que formaban parte de las fiestas religiosas, y también de los componentes religiosos de las fiestas cívicas, tenía lugar —principalmente— en el otro de los espacios mencionados: la catedral y otras iglesias.

Cada día tenían lugar, en tales recintos sagrados, dos tipos de funciones litúrgicas: la misa y el oficio divino. Este último constaba de ocho «horas canónicas». Cuatro de ellas se denominaban *Horas mayores* (Maitines, Laudes, Vísperas y Completas) y las otras, *Horas menores*

---

[46] Incluso son dos loas, si se tienen en cuenta las variantes (ver notas).

(Prima, Tercia, Sexta y Nona). En las menores solamente se interpretaba canto llano, mientras que en las mayores —sobre todo si era un día festivo— se ofrecía música polifónica («canto de órgano») en alternancia con el canto llano. El texto cantado era el mismo que el que habría correspondido en canto llano, es decir, el indicado en las rúbricas litúrgicas. Sin embargo, a partir de principios del siglo XVI, se introdujo la novedad de reemplazar el *Responsorio* correspondiente a cada *Lectio* de los *Nocturnos* de Maitines[47] por el canto de una obra musical en castellano. Apunta Aurelio Tello[48] que la iniciativa corrió por cuenta de Fray Hernando de Talavera, primer arzobispo de Granada, que había sido confesor de Isabel la Católica. La costumbre se extendió por diversas partes de España y por toda América. Las primeras muestras americanas de esta costumbre son los villancicos «compuestos para la fiesta del Arcángel Miguel por Thomás Pascual, compositor indígena de la misión de San Juan de Ixcoi, Guatemala, entre 1599 y 1600»[49]. En el Virreinato de Nueva España el repertorio de villancicos más antiguo de América se encuentra en el *cancionero musical* de Gaspar Fernandes, un códice de doscientos ochenta folios que reúne casi trescientas composiciones, compuestas en los años 1609-1616. Contiene romances, chanzonetas, jácaras, guineos, negrillas, villancicos en lengua indígena, ensaladas y piezas que continúan la tradición del villancico polifónico español de los siglos XV y XVI[50].

En los pliegos publicados en esa época en España, la cantidad de villancicos de una celebración era variable. Son numerosas las series de ocho a diez (aproximadamente uno para después de cada *lectio* de Maitines). A veces aparece uno de ellos con la indicación «para la Misa», «para la epístola» o «para la adoración»[51]. Al primer villancico se

---

[47] Maitines constaba de tres Nocturnos. Cada nocturno contenía el canto de tres salmos (con una antífona antes y después del salmo); después de los tres salmos de cada Nocturno, en las fiestas más importantes, se leían tres *Lectiones* y cada una era seguida de un Responsorio.

[48] Tello, 1996, pp. 8 y ss.

[49] Tello, 1996, p. 9.

[50] Remito al magnífico volumen I del *Cancionero Musical de Gaspar Fernandes* publicado por Tello, que aparte del aparato teórico y crítico reúne los textos y las partituras de las piezas correspondientes a los años 1609 y 1610.

[51] Un ejemplo de Misa nutrida de villancicos es la que se celebró en 1690 el día de San José, en la catedral de Puebla, con textos de la Décima Musa: incluye a la

le llama en ocasiones «Kalenda» o «de Kalenda», que según parece sería cantado en la víspera[52].

4. LA COLECCIÓN PLATENSE: ENTRE LOS CANCIONEROS MUSICALES Y LA LITERATURA DE CORDEL

Nuestros manuscritos presentan la doble paradoja de encontrarse a medio camino entre uno y otro tipo de documentos. No llegaron a manifestarse como literatura de cordel por una limitación verificada localmente, y un simple cambio de usos ligados a determinadas épocas impidió que pudiera conocérselos en un *cancionero musical*. Me explicaré.

La mayoría de las obras de la colección tienen casi todas las características que suelen indicarse para las que se encuentran impresas en los cuadernos de pocas hojas (entre cuatro y dieciséis) que circularon por toda Iberoamérica, llamados *pliegos de cordel*; con la diferencia de que no llegaron a ser publicadas en letras de molde, por el hecho ya mencionado de que en La Plata no hubo imprenta hasta 1825. Incluso los textos de algunas de nuestras piezas, con toda seguridad, llegaron hasta La Plata en pliegos sueltos, y fueron utilizados, es decir musicalizados, por un Maestro de la Capilla platense.

Es necesario hacer una breve advertencia que permita al lector hacerse cargo de la importancia de la literatura de cordel en Iberoamérica. Según establece Antonio Rodríguez-Moñino, «anónimas en ocasiones, pero en otras muchas también con autor expreso, ven la luz por primera vez en ellos [en los pliegos] obras en verso de multitud de escritores y, principalísimamente, los ejes de nuestra literatura [...]. La vitalidad de los pliegos poéticos es mayor aún que la de los en prosa: ellos son los que transmiten un notable caudal poético de Encina, de Boscán, de Garcilaso, de Silvestre, de Lope, de Góngora, de

---

Epístola, al Ofertorio, al Alzar y al «Ite Missa est» (en la edición de Méndez Plancarte, pp. 143-48).

[52] *Catálogo de Villancicos y oratorios en la Biblioteca Nacional, siglos XVIII-XIX*, Introducción, p. XIII. Personalmente desearía estar seguro de ello; sin embargo, hay series del *Catálogo* del siglo XVII que tal vez invaliden esta observación: por ejemplo, en una de ellas (el ítem 189) al primero se anteponen las palabras «A Vísperas»; en el ítem 146 el segundo es llamado «Kalenda» (¿simples errores de cajista?).

Quevedo. En ellos hay que buscar, a veces, la obra lírica casi entera de algunos escritores [...]»[53].

Una gran proporción de pliegos impresos, precisamente con los que establezco la relación principal con nuestros manuscritos, son conocidos como *pliegos de villancicos*, que constituyen «uno de los productos más peculiares de la tipografía hispana durante los siglos XVII al XIX. En su aspecto no son muy diferentes de los pliegos sueltos convencionales [...]. Sin embargo, los pliegos de villancicos presentan, en su función, una diferencia fundamental [...]: sus textos no están pensados para ser leídos o cantados al tono de alguna melodía conocida, sino que recogen las letras de las composiciones musicales interpretadas en una festividad litúrgica concreta, en fecha, lugar y hora determinados, cuya música —y esto es una característica fundamental— había sido escrita por un compositor profesional e interpretada por los cantores e instrumentistas —casi siempre profesionales— de una capilla de música eclesiástica»[54]. Muchos de los textos de nuestra colección responden a esta descripción, y no es la menor su vinculación a una celebración específica y su consecuente carácter efímero.

La época de mayor producción de esta literatura de cordel coincide casi exactamente con las fechas de nuestra colección: los pliegos de villancicos ocupan «entre los años 1662 y 1820 [...] cerca de la mitad de la producción tipográfica toledana»[55], y se estima que «la centuria comprendida entre mediados del siglo XVI y mediados del XVII es la época más prolífica de publicación de estos pliegos»[56]. Por otra parte, en relación con los villancicos y los pliegos en que eran publicados, se ha señalado que «durante el siglo XIX se produjo un proceso de decadencia que supuso la muerte y el olvido de este género, hasta el punto de que la creencia general hizo del villancico una canción navideña popular 'alimentada por esencias folklóricas [...]'»[57].

Algunas páginas más arriba he aludido a la dificultad que presenta la tarea de identificar a los autores de los textos. Ello no es más que otra semejanza con la literatura de cordel, que puede atribuirse a uno de los rasgos que comparte gran número de escritores del pasado.

[53] Rodríguez Moñino, 1968, p. 33.
[54] Torrente-Marín, 2000, p. XV.
[55] Torrente-Marín, 2000, p. XVII.
[56] Torrente-Marín, 2000, p. XIX.
[57] Guillén Bermejo-Ruiz de Elvira Serra, 1990, Introducción, pp. XI-XII.

Antonio Rodríguez-Moñino explica que «por lo que respecta a los volúmenes impresos con obra individual, hemos de decir ante todo que son escasísimos los poetas de la época que vieron estampadas sus tareas literarias»[58]. Y también: «Infinitamente más modestos o más despreocupados que nosotros, nuestros antepasados no tenían la comezón de publicar sus obras y de llenar los estantes de las bibliotecas con los frutos de su minerva. Muchos poetas se negaron a imprimir, estimando que no valía la pena poner en circulación sus versos; otros prescindieron de la paternidad, condenando a un anonimato de terribles consecuencias para la historia literaria los partos de su musa; otros, en fin, hicieron pavesas las páginas en las cuales habían volcado su sensibilidad»[59].

Isabel Ruiz de Elvira, al referirse a los *pliegos de villancicos*, después de mencionar a unos cuantos autores (Vicente Sánchez, Manuel de León Marchante, Sor Juana Inés de la Cruz, Manuel de Piño, Agustín Moreto, José Pérez de Montoro, Valdivielso e incluso Lope de Vega) indica que «queda [...] determinar la autoría de la inmensa mayoría de los villancicos, citados como anónimos. Es posible que muchos de ellos fueran escritos por el mismo Maestro de Capilla que compuso la música; pero otros serían encargados a autores de renombre»[60]. Aurelio Tello, que enfoca precisamente el segundo caso, indica que «el autor de las letras [...] tenía obligación de conocer los géneros musicales asociados al villancico y escribir los textos en función de la música que se iba a utilizar»[61]. Ambos especialistas perciben claramente la dependencia entre forma poética y forma musical para la cual el texto ha sido escrito; pero en la mayoría de los casos persiste el problema de la autoría. Su atribución a los compositores debe comprobarse en cada caso, ya que tenemos algunos ejemplos en contrario, como ya se ha dicho.

Por otra parte, se ha señalado «la circulación fluida de estos impresos entre distintas instituciones religiosas»[62]. Esta circulación explica que Sor Juana Inés de la Cruz tomara algunos textos publicados en España para completar series de villancicos correspondientes a deter-

---

[58] Rodríguez-Moñino, 1968, p. 17.
[59] Rodríguez-Moñino, 1968, p. 23.
[60] *Catálogo de villancicos de la Biblioteca Nacional, Siglo XVII*, Introducción, p. XIII.
[61] Tello, 1996, p. 11.
[62] Rodríguez-Moñino, 1968, p. XXXV.

minadas festividades, y así cumplir los inaplazables compromisos con las catedrales mexicanas[63]; explica también la presencia en nuestra colección de algunos de los textos que se encuentran bajo los pentagramas, así como la que se verifica en muchos sitios de la geografía americana y europea. La gran cantidad de pliegos conservados en colecciones de Londres, Cambridge, Praga, Lisboa y otras ciudades ha motivado, desde hace dos décadas, la puesta en marcha de un ambicioso proyecto que desarrollan Paul Laird y David Pérez: el International Inventory of Villancico Texts (IIVT)[64].

He podido comparar, guiado por los primeros versos de los catálogos, los textos de nuestros poemas con los de la Biblioteca Nacional

Texto	BNM	BL/ULC	S.J.I.C.	V.S.
¡Afuela, afuela!	Madrid 1688	—	—	—
¡Aquí, zagales!	Madrid?, 1660? Zaragoza, 1670	Zaragoza, 1670	—	Zaragoza, 1670[65]
Cayósele al Alba	Madrid, 1698 Zaragoza, 1701	Zaragoza, 1701	—	—
Los coflades de la estleya	Madrid, 1683	—	—	—
Oíd el concierto atentos	—	—	México, 1676[66]	—
¿Quién llena de armonía...?	Sevilla, 1670	Sevilla, 1670	—	—
Si a silogismos de gracia	Cádiz, 1741	—	—	—
Vaya de jácara nueva	Madrid, 1693 Madrid, 1697 Madrid, 1698	Zaragoza, 1683	—	—

[63] Ver Tello, 1996, pp. 19-24.

[64] En las Universidades de Michigan y Nueva York. Ver Torrente-Marín, 2000, p. XXI.

[65] La publicación de la *Lyra poética* es póstuma, de 1688.

[66] «Silencio, atención» es el incipit de Sor Juana. Bernardo Illari reparó en la coincidencia de los textos (ver nota a nuestro poema).

de Madrid, y con los primeros versos de las distintas partes de que se componen las obras presentes en otras colecciones de pliegos sueltos; y he identificado algunas coincidencias con poemas incluidos en este libro[67]. En el cuadro que sigue, las columnas corresponden sucesivamente a los dos catálogos ya mencionados de la Biblioteca Nacional de Madrid, al de las bibliotecas de Inglaterra, a Sor Juana Inés de la Cruz y a Vicente Sánchez[68].

Hay además coincidencias parciales con otros pliegos: de algunas palabras o de toda una introducción o de un estribillo. Ocurre por ejemplo con un *Afuela, afuela / apalta, apalta* de las colecciones de Inglaterra; pero las coplas difieren completamente. Por lo general ocurre con expresiones ya consagradas: «Silencio, pasito», etc.

No encontré coincidencias con los pliegos sueltos de la Biblioteca Nacional de Madrid catalogados en 1988[69]. Tampoco registré ninguna con los pliegos de bibliotecas portuguesas catalogados por García de Enterría y Rodríguez Sánchez de León (2000) ni con el *Romancero y Cancionero Sagrados* compilado por Justo de Sancha en el siglo XIX.

En cambio sí existe una coincidencia de varias estrofas entre *Menguilla le dijo a Fabio* y un poema anónimo recogido en el *Romancero General II*[70].

El segundo tipo de documento que es preciso relacionar con nuestros manuscritos es el de los *cancioneros musicales*. Estos son volúmenes que traen el texto bajo los pentagramas, «con todas las voces reunidas en un mismo cuerpo, en dos folios del cuaderno, uno frente al otro, con las voces agudas (Tiple y Alto) ubicadas del lado izquierdo (el Tiple arriba y el Alto abajo) y las graves (Tenor y Bajo) del lado derecho»[71]. El texto, ya sea de letras «divinas» o «humanas», al igual que ocurre con los pliegos de villancicos, es poesía para el canto. Margit Frenk resalta esta cualidad: se trata de «poesía para ser cantada [...] en una determinada ocasión: *poesía de circunstancia* y además, fundamentalmente, *poesía para una música*. Sin la circunstancia y sin la música esa

---

[67] Obviamente no incluyo las obras en las que coinciden solamente unos pocos versos introductorios.

[68] La obra de Vicente Sánchez también se encuentra consignada en el catálogo del siglo XVII de la BNM.

[69] *Pliegos sueltos poéticos de la Biblioteca Nacional, siglo XVII.*

[70] Durán, 1851 (vol. 16 de la Biblioteca de Autores Españoles), p. 514.

[71] Tello, 2001, p. XXX.

poesía *no es*[72]. Las obras de nuestra colección habrían sido escritas en un cancionero musical, de no ser porque «durante el siglo XVII se perdió la costumbre de agrupar los villancicos en cancioneros y se impuso la de escribir las partes de cada músico en hojas sueltas y la de publicar los textos por separado»[73] en los pliegos de cordel ya mencionados.

Si observamos el contenido general de la colección, se acerca más al *Cancionero musical de Gaspar Fernandes* que a los cancioneros peninsulares (Aurelio Tello subraya que el de Gaspar Fernandes es el único cancionero musical americano semejante a los cancioneros ibéricos renacentistas). En éstos hay un predominio de piezas «humanas», mientras que en aquél la proporción es inversa: de las compuestas entre 1611 y 1612, cincuenta y nueve en total, solamente seis son «humanas» (en concreto, de circunstancias). Las distintas letras «divinas» también muestran proporciones parecidas a las de nuestra colección: el mayor número corresponde a Navidad-Reyes y al Corpus o Santísimo Sacramento; le siguen las dedicadas a la Virgen María, y unas pocas van dedicadas a uno u otro santo[74].

Mi tarea actual, entonces, de colocar los textos por separado, se asemeja a la práctica de los pliegos de cordel, y de los pocos volúmenes publicados que reúnen, a partir de ellos, los textos correspondientes a diversas festividades: la *Lyra poética* de Vicente Sánchez, las composiciones de Manuel de León Marchante, las de Sor Juana y los demás ya mencionados. Añado, claro está, el aparato de notas, que para la época habría sido innecesario. Y nada impide que en algún momento puedan volcarse los materiales de la colección en un cancionero musical, con los criterios de edición actuales, es decir, en forma de partitura.

5. LA MÚSICA EN LA PLATA

Los documentos más antiguos que testimonian los primeros pasos de esta actividad datan de 1564 (música para la Catedral) y 1568 (compañía y escuela de música, canto y danza)[75]. Algo puede saberse del

---

[72] Cita de Tello, 2001, p. XLIII.
[73] Tello, 2001, p. XXXIV.
[74] Tello, 2001, pp. XX-XXI.
[75] Ver Orías Bleichner, 1996, pp. 32-58.

estilo musical de la Catedral a fines del xvi y principios del siguiente siglo, ya que en esos años era Maestro de Capilla don Gutierre Fernández Hidalgo, quien culminaba una larga carrera que lo había llevado sucesivamente al cargo en Talavera de la Reina (su ciudad natal), Santa Fe de Bogotá, Quito, Lima y Cuzco. Algunas de sus obras (de su etapa bogotana) se conservan en el repositorio de música de la Catedral de la capital colombiana; y no faltan obras anónimas de la Catedral platense que muestran un estilo semejante a las firmadas por el maestro[76].

Las obras musicales más antiguas fechadas en La Plata son las escritas en magníficos libros de facistol elaborados por Diego Cortés y otros escriptores e iluminadores a partir de 1608. Para conocer un panorama de los manuscritos musicales platenses de los siglos xvii–xviii, es preciso no olvidar esa vasta colección de 34 códices corales de gran tamaño, en pergamino, que contiene miles de piezas de canto llano, confeccionados entre los años 1608 y 1781[77]. Esta colección permite conocer las bases melódicas sobre las que los maestros de capilla construyeron, en ocasiones, la polifonía. Téngase en cuenta, además, que (como sucede con toda colección de relieve de códices corales) hay composiciones y tradiciones locales de canto llano en La Plata. También es útil comparar los textos de esta colección, en latín, con los versos de nuestros poemas, ya que algunos de aquéllos sirvieron de inspiración o de referencia para estos últimos.

En cuanto a la música polifónica, como ya se dijo, no encontramos ninguna pieza fechada antes de 1680. Son varios los nombres de compositores que aparecen en nuestros poemas. Las obras cuyos textos aparecen en este libro corresponden a los siguientes:

Maestros en La Plata

Lorenzo de Antequera: *Celebren contentos.*
Teodoro de Ayala[78]: *Triunfe el poder.*
Juan de Araujo[79]: *Aquí, zagales, Cayósele al Alba, Los coflades de la estle-*

---

[76] Seoane Urioste, en DHB.
[77] Se conservan en el Archivo y Biblioteca Arquidiocesanos «Mons. Santos Taborga». Ver Seoane, Eichmann, Parrado, Soliz, Sánchez, Alarcón, 2000.
[78] De momento no se dispone de datos sobre estos dos primeros.
[79] Nació en 1646 en Villafranca de los Barros, Extremadura y m. en 1712 en La Plata. Cursó sus estudios en la Universidad de San Marcos de Lima. Fue maestro de

ya, Ah de la oscura funesta prisión, ¡Hola, hao, ah de las sombras!, Parabienes, zagalejos, ¿Quién llena de armonía las esferas?, ¡Ay andar, andar, andar!, Silencio, pasito, No temas, no receles y *Tremolad las banderas.*

Sebastián de los Ríos[80]: *A la cítara que acorde templó.*

Roque Jacinto de Chavarría[81]: *¡Afuela, afuela! ¡Apalta, apalta!*

Antonio Durán de la Mota[82]: *Ninfas marítimas del grande Océano.*

Blas Tardío de Guzmán[83]: *¡A la cima, al monte, a la cumbre...!*, la segunda versión de *¡Hola, hala, que vienen gitanas!* y una de las versiones de *Escuchen dos sacristanes.*

Manuel Mesa[84]: *Aquí de los pintores, Oíd el concierto atentos, Ángeles supremos* y *Vaya de jácara nueva.*

capilla en Panamá, en Lima y finalmente en La Plata. No sólo fue compositor fecundísimo y de gran creatividad, sino que además hizo escuela: discípulos suyos fueron los compositores Sebastián de los Ríos, Roque Jacinto de Chavarría, Blas Tardío de Guzmán, Andrés Flores y, de manera indirecta, probablemente Antonio Durán de la Mota, porque parece haber sido discípulo de Sebastián de los Ríos (Illari, 1997, pp. 73-108). El autor parece contradecirse: afirma (p. 88) que Ríos habría permanecido en el cargo de Potosí hasta ser reemplazado, en 1712, por Durán de la Mota; en la p. 85 se lee que Durán de la Mota ocupó entre 1712 y 1715 el cargo que había dejado vacante la muerte de Araujo.

[80] Fue seise bajo la tutela de Araujo «entre 1680 y 1685; músico desde 1686 hasta 1690; luego maestro de capilla de la iglesia matriz de Potosí, posiblemente por recomendación de su maestro» hasta los primeros años de la década de 1710 (Illari, 1997, p. 88).

[81] Hijo natural de madre mestiza, nació en 1688. «Fue seise entre 1695 y 1703, cantor desde 1704 hasta fecha no determinada y músico hasta su muerte, acaecida el 8-12-1719. De inusual ductilidad [...] se conservan alrededor de medio centenar de obras que pueden atribuírsele. Estas piezas permiten estimar su estilo como el más próximo al de Araujo y de mayor aliento entre sus coetáneos» (Illari, 1997, p. 88).

[82] Fue maestro de capilla de la iglesia matriz de Potosí. En 1712 es contratado en La Plata, para ocupar el cargo en la catedral a la muerte de Araujo. Renunció en 1715 para volver a su ciudad. Enrique Godoy es quien más ha estudiado la figura de este músico, en varios trabajos todavía inéditos.

[83] Nació en Tomina c. 1694; fue seise del grupo dirigido por Araujo desde 1703. Hizo al parecer sus estudios en la Universidad de San Francisco Xavier. Ocupó diversos puestos en la Capilla Musical, y «contribuyó al repertorio catedralicio con composiciones a veces audaces en su originalidad y fue luego sochantre y maestro de capilla». Murió en La Plata en 1762 (Illari, 1997, p. 88).

[84] Nació ca. 1726 en La Plata. «Fue seise en 1735 y fue promovido a salmista (cantor de canto llano) en 1741, con cargo de tocar el arpa en la capilla. En 1747

Estanislao Leyseca[85]: *Si a silogismos de gracia* y *Hoy a la dulce crueldad*, que comparte la misma melodía con *Hoy a tu dulce venida*. Hay también composiciones musicales de otra procedencia. En cada caso habría que comprobar si el texto ya vino con la música, o si esta última fue aprovechada para una trova:

De Lima

Roque Ceruti[86]: *¿A dónde, remontada mariposa...?*, *Escuchen dos sacristanes* (primera versión), *Naced, antorcha brillante*, *En la rama frondosa* y *De aquel inmenso mar*.

Compositores europeos

José de Nebra[87]: *Del dócil pecho mío*

Baldassare Galuppi[88]: *Son qual per mar turbato*

fue designado organista suplente y ascendió a la titularidad en 1752. Finalmente, en diciembre de 1762, arzobispo y cabildo lo nombraron maestro de capilla en reemplazo del recientemente fallecido Blas Tardío de Guzmán» (Illari, 1999, pp. 283). Ocupó el cargo hasta su muerte, ocurrida en 1773.

[85] Nacido en La Plata en 1731, hizo la carrera musical desde niño (como seise) en la capilla musical platense. Hacia 1755 fue ordenado sacerdote, y fue Maestro de Capilla de La Paz desde una fecha no precisada hasta poco después de 1781; entonces retornó a su ciudad natal para ejercer la misma función hasta su fallecimiento en 1799, con una breve interrupción en 1790 a causa de un altercado con el Cabildo Eclesiástico (Seoane, en DHB).

[86] Violinista y compositor milanés. En 1707 es Maestro de Capilla del Virrey Marqués de Castell-dos-Rius en Lima. En 1728 es nombrado por el Arzobispo (Diego Morcillo Rubio y Auñón) Maestro de Capilla de la Catedral de Lima. En 1743 vuelve a la Capilla de Música del Virrey; murió en 1760 (Sas, 1972).

[87] Nació en Zaragoza a fines del siglo XVII. Compositor fecundísimo, fue organista de la Real Capilla, del Convento de las Descalzas Reales y de la Iglesia de San Jerónimo (Madrid). Falleció en Madrid el 11-VII-1768. Se sabe que «entre 1723 y 1751 compuso la música para más de cincuenta autos sacramentales, comedias, zarzuelas y óperas, trabajando así en todos los géneros del teatro musical» (Kleinertz, 1996, Introducción, pp. 6-7).

[88] Nació en la isla de Burano en 1706. Alumno de Lotti, fue clavecinista en Florencia y compositor de óperas. En Londres trabajó como compositor en el teatro Haymarket. Fue también maestro de capilla en San Marcos de Venecia y fue llamado a San Petersburgo por la zarina Catalina II. Volvió a San Marcos en 1768. Su obra es inmensa: llegó a componer un centenar de óperas. Murió en Venecia en 1785.

Francisco Corradini[89]: *¡Suélteme, que es preciso!*
Pablo Grandón[90]: *¡Al arma! ¡al arma!*

6. FORMAS POÉTICAS

Es tarea ciertamente difícil asignar rótulos de significado preciso a las composiciones poéticas presentes en este libro, al igual que ocurre con las obras publicadas en los pliegos[91]. Y tal vez la dificultad sea mayor, porque en nuestros manuscritos las denominaciones que generalmente se leen en portadas hacen referencia a la forma musical más que a la poética. En este acápite, sin apurar una u otra definición, se harán algunas observaciones generales para acercarse a la variedad de denominaciones y estructuras presentes en las piezas transcritas.

Cantada y villancico

En primer lugar, parece conveniente considerar si cabe hacer una distinción entre las dos formas más frecuentes, la «cantada» y el «villancico»[92]. Apunta el musicólogo Aurelio Tello que «la incorporación del *solo* define uno de los rasgos fundamentales del Barroco [musical] español: marca el origen de la monodia con acompañamiento, ceñida a

---

[89] Nació en Nápoles en 1700. En 1728 fue maestro de capilla del Virrey Príncipe Campofiorido en Valencia. En 1731 pasó a Madrid. Nada se sabe de él después de 1749. Compuso numerosas óperas, comedias y zarzuelas.

[90] No he encontrado datos sobre este compositor. Una pista la puede dar el que las obras de su mano presentes en la colección van desde 1733 a 1757.

[91] En los pliegos la denominación «villancico» no atiende a la estructura sino que es solamente funcional. Quienes han publicado el *Catálogo* de 1992, de la BNM, a partir de la lectura de los mismos pliegos, consideran que se incluye en la categoría villancico toda pieza que cumpla las siguientes condiciones: 1. que sean de tema religioso; 2. que su finalidad sea la de cantarse en una iglesia con motivo de una festividad determinada; 3. que estén compuestos por un Maestro de Capilla (ver p. XIII). Por ello no excluyen ni siquiera los oratorios, piezas escénicas alegórico-bíblicas con hilo argumental, divididos en actos, cada uno de los cuales lleva el nombre de villancico.

[92] Es obvio que no estamos hablando del «villancico profano de los siglos XV y XVI (pero que pervivió aún en el siglo XVII), forma poética de la lírica popular, heredero del zéjel y emparentado con el virelay francés» (Guillén Bermejo-Ruiz de Elvira Serra, 1990, p. XIII), sino que principalmente nos interesa el villancico barroco. En *Ruiseñores, venid al aplauso* tenemos un ejemplo de villancico humano, si bien no corresponde a la «lírica popular».

la forma de villancico (estribillo-coplas-estribillo), que se conoce como Tonada, Solo o Cántada»[93]. Según esto, a primera vista no hay distinción, en Música, para ambas formas. Sin embargo, encontramos que un número considerable de obras llamadas «cantadas» en nuestra colección no se ciñen a la forma de «villancico», por carecer de coplas y de estribillo, sino que se componen de «recitados» y «arias»[94]. Ahora bien, según Miguel Querol Gavaldá el villancico cultivado en los siglos XVII y XVIII, «constituía lo que algunos autores han llamado 'cantata española' [...]. Hay que hacer constar que en el siglo XVIII el villancico ha sufrido una evolución que le ha hecho perder su estructura tradicional de Introducción, Estribillo y Coplas, para convertirse en una sucesión de recitados, arias y piezas diversas»[95]. ¿Habría entonces que considerar la cantada como un subgénero, dentro del villancico? Considero que desde el punto de vista textual puede ser útil mantener la distinción mencionada: «villancico» para las piezas que llevan coplas y estribillo (y también Introducción), «cantada» para las compuestas de recitados y arias. La presencia de estas denominaciones en los manuscritos, anotadas por quienes utilizaron estas obras en la época, parece apoyar esta propuesta.

Vale la pena detenernos en algunas observaciones más sobre el villancico. María Eugenia Soux, en una de las publicaciones más recientes de villancicos de Charcas, muestra algunos aspectos de la evolución de esta forma poética, comparando dos ediciones de la obra *Arte poética española* de Juan Díaz Renjifo: la primera es de 1592 y la segunda, corregida y aumentada por José Vicens, publicada en 1727. Este último inserta explicaciones que aclaran algunas transformaciones del género durante el siglo XVII: «los versos que componen el estribillo pueden ser [...] al arbitrio del poeta. Van los estribillos comúnmente antes de las coplas [...] y a veces después de ellas; y otras veces lleva el villancico dos estribillos distintos, uno antes de las coplas y otro

---

[93] Tello, 2001, pp. XXXII-XXXIII.

[94] La forma «aria» responde a la estructura ternaria a-b-a, conocida como «aria da capo», que es común tanto en el repertorio operístico como en el religioso de los oratorios.

[95] Querol Gavaldá, citado por Ruiz de Elvira Serra, 1992, pp. XIII-XIV. Es cabalmente lo que ocurre con nuestra colección: véase *Cuando nace aquesta aurora*, donde encontramos introducción, coplas, recitados y rorro, y también varios de los villancicos que introducen diálogos.

después de ellas [...]. Algunas veces se sigue después de cada copla una mudanza»[96]. El texto citado da cuenta, en cierta medida, de la amplitud de formas que un teórico del siglo XVIII reconoce en este género. Por otra parte, tanto «estribillo» como «coplas» deben entenderse según las prácticas de la época, y desde el siglo XVII hay estribillos de hasta treinta versos, «con la estructura métrica y de rima que se quiera. Al músico le importaba muy poco o nada el problema del esquema métrico literario, pues al fin y al cabo él musicará de acuerdo con las leyes específicas de la construcción musical [...]. La copla, musicalmente hablando, es también una forma abierta, que admite cualquier número de versos, combinados de la manera que haya decidido el poeta, y a los que el compositor mete la estructura musical que le conviene a él [...]»[97]. Aclarados estos términos, veamos entonces las piezas de este libro cuyos manuscritos llevan el rótulo de «Villancico», que son ocho; de ellos, siete son de letras «divinas»:

¡Ah de la oscura, funesta prisión!
¡Al arma! ¡al arma!
Jilgueritos risueños
Oíd el concierto atentos
¿Quién es ésta, cielos?
¿Quién llena de armonía las esferas?
Ruiseñores, venid al aplauso
Si a silogismos de gracia

También pueden añadirse las obras cuyas denominaciones se consideran sub-tipos dentro del género «villancico». Son las siguientes:

Negrilla, negrinas, negritos o guineos: villancico que imita la música, el canto, la danza y manera de hablar de los negros. Entre nuestros poemas están:

Los coflades de la estleya
Los negrillos de los reyes

Rorro: es un villancico que tiene algunas expresiones de canción de cuna. Los hay dedicados a la Navidad, a la Natividad de María y al nacimiento de San Juan Bautista; en algunos lugares de España se conocen estas composiciones como «nanas». Aquí se publican:

[96] Pp. 52-55 (citado por Soux, 2000, pp. 6-7).
[97] Querol Gavaldá, 1992.

> Cuando nace aquesta Aurora
> Silencio, pasito

Juguete: Canción alegre y festiva[98]; «vienen a ser como dramas en miniatura, donde el solista actúa como protagonista. El acompañamiento realza su carácter alegre con ágiles figuras rítmicas»[99]. En este libro vienen:

> ¡Afuela, afuela! ¡Apalta, apalta![100]
> ¡Ay andar, andar, andar!
> Salga, salga el torillo

Jácara: se la define como un villancico que imita la música, el canto y las danzas de los *jaques*, rufianes moriscos de Andalucía. Su texto poético es narrativo. Suele presentar alguna imitación de las escalas árabes, con variantes ascendentes y descendentes y su ritmo, como el del villancico, es sesquiáltero:

> Vaya de jácara nueva

No he agotado aquí todas las obras cuya estructura responde a la de villancico, como puede verse en los textos, sino que solamente he tomado las que presentan denominaciones explícitas al respecto. No faltan composiciones en las que, estando presentes elementos de la cantada, pueden sin embargo agruparse con los villancicos por el hecho de tener coplas, como *Cuando nace aquesta Aurora* y *Escuchen dos sacristanes*.

En cambio son solamente nueve las piezas llamadas «Cantada» en nuestra colección, de las cuales seis contienen letras «humanas»:

> En la rama frondosa
> Hoy, a la dulce crueldad
> Ilustre y muy prudente señor
> Animado Galeón
> De aquel inmenso mar
> Desde un laurel frondoso

---

[98] *Aut.*

[99] Stevenson, 1959; citado en español por Claro Valdés, 1974, p LXVIII.

[100] Sin duda es también negrilla, pero me atengo a lo que indica el manuscrito. Las categorías no son excluyentes. Es muy probable que se identificara esta pieza como juguete atendiendo más a sus elementos dramáticos.

> Pérfido infiel
> Tú, Anarda, me despides
> Hecho un Etna de amor

Tonos

Fuera de las cantadas y villancicos, puede establecerse otro tipo de obras que llevan el rótulo de «tono»: es un término general que abarca cualquier melodía. En el siglo XVII se utiliza con frecuencia para designar un canto secular o sacro, generalmente a solo, distinguiéndolo del villancico, pero los tonos para cuatro o más voces se pusieron de moda en ese mismo siglo y en el siguiente, cuando la palabra pasó a ser más o menos sinónimo de *tonada* y *sonada*[101]. En el siglo XVIII se entiende por tono la canción métrica para música, compuesta de varias coplas[102]. Las piezas que llevan esta denominación son las siguientes:

> Canta, jilguerillo
> Menguilla le dijo a Fabio
> Siempre, Purísima, te adoraré

De éstas las dos primeras son a tres voces y la última a seis. *Canta, jilguerillo* comienza con una breve introducción antes de las coplas.

Otros

Las denominaciones que encontramos, aparte de las ya vistas, no designan estructuras, sino que su índole es temática. En la sección «Desagravios», dos obras llevan la designación de «actos de contrición»: *¡Ah, Señor, en lo que viertes...!* y *¡Ay, que me anego!* No es posible establecer una semejanza formal entre ellas, de las cuales la última tiene estructura de villancico. Las demás piezas de la misma sección (*¿A quién no mueve a dolor...?* y *¡Pésimo infiel!*) parecen distinguirse de las mencionadas por el hecho de que la voz poética no se dirige a Jesucristo sino al penitente arrepentido que contempla al Crucificado.

Por otra parte, hay algunas piezas llamadas «Salves». El rótulo se debe al hecho de que sus textos parafrasean la antífona *Salve Regina*,

---

[101] Ver *The new Grove dictionary of music and musiciens.*
[102] *Aut.*

en la mayoría de los casos, y a que su interpretación tenía lugar en la novena a la fiesta de la Natividad, es decir, la Guadalupe de origen extremeño venerada en La Plata[103]. De nuestras «Salves» la estructura de villancico se observa en ¡Pajarillos, madrugad! y Celebren contentos, mientras que Pues concebida tiene estructura de «tono».

Otra denominación, «Segundo salmo» parece ligada a un momento concreto de celebración, probablemente en Maitines, pero no en lugar de un responsorio. Es el caso de Triunfe el poder.

Por último, se puede observar que la variedad de formas poéticas no se limita a la estructura general de las piezas, sino que abarca la versificación: encontramos desde un romancillo hasta un esdrújulo, pies quebrados, estrofas de versos polimétricos, etc. Todavía no es el momento de hacer un estudio sistemático, ya que por ahora solamente tenemos un segmento de la colección. a la vista.

7. CRITERIOS DE EDICIÓN

La casi totalidad del material se encuentra en conjuntos de hojas sueltas o particelas (de unos 315 por 215 milímetros)[104], cada una de las cuales contiene la música correspondiente a un instrumento o a una voz; cuando se trata de particelas para cantores, viene el texto debajo del pentagrama. La carilla externa de la primera hoja suele hacer de portada y la interna presenta por lo general la parte del «bajo continuo», es decir, la que ejecuta la mano izquierda del acompañamiento (órgano o clave), que se complementa con las improvisaciones armónicas que ha de realizar la mano derecha.

La fijación del texto se hace posible, en muchos casos, una vez restablecida la partitura, es decir, un documento que permita observar en un golpe de vista lo que cantan las distintas voces. Esta puede hacerse materialmente (por escrito), o bien, si se numeran cuidadosamente los compases de cada parte suelta, se puede seguir lo que cantan las

---

[103] En otras colecciones literarias las paráfrasis a la Salve Regina se producen también en otras ocasiones: entre las obras de teatro breve del Convento de Santa Teresa de Potosí encontramos esas paráfrasis en tres loas, dedicadas dos de ellas a la Purificación y una a la Asunción de María.

[104] Es el tamaño aproximado de los llamados «simples» en el Catálogo. Los hay «dobles», escritos en una cara, que doblados en dos tienen el mismo tamaño que los anteriores. Y también hay algunos, como los del ítem 37, cuyo tamaño es la mitad de un «simple»: 215 por 152 milímetros, y son llamados «medios».

distintas voces que alternan en contrapunto o que coinciden en armonías verticales, a lo largo de toda la obra. En cualquier caso, se debe llegar a lo que podríamos llamar la *base textual*. Cuanto mayor sea la riqueza contrapuntística de la obra musical, más morosa será esta tarea. Una vez realizada, puede darse un segundo paso en la fijación textual, que consiste en:

a. Identificar las palabras: con alguna frecuencia se encuentran sílabas sueltas cuya unión es aparentemente posible tanto con la anterior como la posterior; en ocasiones el acierto en la fijación del texto depende de la observación del acento musical en el compás, u otros elementos que hay que buscar en el pentagrama.

b. Quitar las reiteraciones que solamente se deben al ornato musical. Puede ocurrir que sea una misma voz la que reitera palabras, o varias voces (en canon o en contrapunto). Pueden venir con palabras escritas o con signos específicos que indican repetición de las últimas palabras escritas, o de todo lo cantado (*da capo*) hasta el calderón.

c. Establecer la puntuación, la acentuación y la disposición en versos.

Los criterios de edición adoptados son los que siguen:

a. Se desarrollan las palabras abreviadas.

b. Mayúsculas: normalizo según el uso actual.

c. Normalizo también la ortografía y la puntuación de acuerdo con el castellano actual, con las excepciones que admite (por ejemplo «al arma») y otras que son exigidas para mantener la métrica («Balán» por Balaám, en *Pues soy zagalejo*; «a el arca», en *¿Quién es ésta, cielos?* y similares).

Hay casos que presentan desviaciones intencionales de la norma («apalta» por «aparta»), en los que mantengo la forma manuscrita y señalo el fenómeno fonético que las ocasiona.

Variantes

Las voces de una obra polifónica pueden alternarse para decir distintas palabras del mismo texto y en otro momento unirse (varias o todas) para decir juntas otra parte del texto. Puede ocurrir, por ello, que una obra de la que queda un solo testimonio manuscrito, de la misma mano (compositor o copista), ofrezca variantes: como máximo, una para cada voz; y no faltan algunas que fueron escritas para doce cantores. Por ello, es necesario distinguir bien lo que se debe considerar variante textual de otros fenómenos.

a. Las variaciones ortográficas y de puntuación no son relevantes. Debajo de los pentagramas, las distintas particelas pueden mostrar todas las fluctuaciones ortográficas de la época que se quiera y diferir entre sí; puede no haber acentos en una y haberlos en las demás; y lo mismo con los signos de puntuación, que dependen a veces más del fraseo musical del fragmento que de un criterio relacionado con el texto (por ejemplo «vuelve a mirar, nos, Señora» en *Celebren contentos*).

b. Las reiteraciones de palabras varían con frecuencia entre una particela y otra. Por lo dicho más arriba, también se dejan de lado.

c. Se deben tener en cuenta las variantes de contenido textual entre las particelas del mismo juego manuscrito. Están señaladas en las notas (ver por ejemplo las notas a *Naced, antorcha brillante*). Alguna vez (ver nota a la segunda estrofa de la introducción de *Parabienes, zagalejos*) podrían ser intencionales: dos palabras «alternativas» que corresponden al mismo texto, y que se cantan en contrapunto; ambas son significativas, pero para evitar un verso hipermétrico se coloca una de ellas a pie de página.

d. Se observan las *trovas*: un mismo texto al que el propio compositor, o una mano posterior, ha cambiado la finalidad o la temática, para lo cual ha insertado cambios arriba o debajo de las palabras originales. Van señaladas en las notas.

e. No hay que confundir las correcciones presentes en el propio manuscrito con los fenómenos anteriores. Por ejemplo en *¡Ay andar, andar, andar!* se conoce que son correcciones del amanuense porque en la quinta copla el texto «alternativo» carece de sentido. En ocasiones el copista las introduce tachando una parte del texto; en otras, como en *Celebren contentos* pegando un trozo de papel escrito del tamaño de la o las palabras de la primera composición textual. Las señalo en las notas.

Podría dar ejemplos que permitieran ver con claridad los distintos tipos de decisiones que hace falta tomar en la fijación textual. Me limitaré a dar uno muy sencillo de reiteraciones de palabras en las que las voces de una pieza varían.

En *Altos olimpos*, el Tiple primero y el alto comienzan en el décimo séptimo compás, cantando las palabras «Altos olimpos» (en dos compases) y mientras callan en los dos siguientes, el Tiple segundo y el Tenor cantan «claros luceros»; siguen cuatro compases de silencio de las voces en los que solamente se escucha el acompañamiento, y a continuación vuelve a repetirse, en igual contrapunto, «bellos planetas, orbes excelsos». Vuelven las cuatro voces a cantar en *tutti* «altos olimpos, claros luceros». Después, todos menos el Alto siguen con «bellos planetas, orbes excelsos», a lo que sigue nuevamente «orbes excelsoso» en *tutti*. Siguen ocho compases de silencio para las voces, y a continuación todas cantan «bellos planetas, orbes excelsos». Dos compases más de silencio, y sigue el juego de contrapunto:

Tenor:	«oíd»
Tiple 1.°:	«escuchad»
Tiple 2.°:	«atended»
Tutti:	«Sacros misterios, misterios»

Después de un compás de silencio, el Alto canta «misterios, misterios», mientras el resto dice una sola vez «misterios». Sigue el Tiple primero cantando «que María, que María». El contrapunto inmediato es el canto sucesivo de:

Tiple 1.° y Alto:	«pisa brillante»
Tiple 2.° y Tenor:	«orbes amenos»
Tiple 1.°:	«mendigando»
Alto:	«mendigando»
Tenor:	«mendigando»

A continuación, mientras el Tiple segundo canta «sus luces», el Alto y el Tenor repiten en tiempos distintos «mendigando», a lo que añaden «sus luces». Se cierra la primera estrofa con el *tutti* en el que se canta «todos los cielos». Lo dicho se repite en las cuatro estrofas.

Cualquier músico sabe cómo interpretar estas partes, ya de manera individual como grupal; sin embargo, la fijación del texto siempre requiere de criterios que, como puede verse, permitan tomar decisiones acertadas. La estrofa completa es como sigue:

Altos olimpos, claros luceros,
bellos planetas, orbes excelsos,
oíd, escuchad, atended sacros misterios,
que María pisa brillante,
mendigando sus luces
todos los cielos.

Presentación de los textos

Cada obra viene encabezada por el *incipit* a modo de título[105]. Le sigue, abajo y entre corchetes, el número de ítem que le asigna el catálogo de Waldemar Axel Roldán; se da por entendido que corresponde al ABNB, colección musical. A pie de página viene la procedencia anterior: Colección Julia Elena Fortún (CJEF) o Archivo Catedral Sucre Bolivia (ACSB)[106] e información del contenido de la portada[107]. En los casos en que no hay portada, se anuncia. A menos que esté escrito en la portada («solo», «dúo», «tres», «cuatro» o «a cuatro», etc.) se señala la cantidad de voces que conformaban el elenco para la interpretación de la obra. Si la portada trae incompleto el nombre del compositor, se lo desarrolla entre corchetes. Cuando el manuscrito no ofrece ningún dato, pero se sabe quién es el compositor, se aclara, y lo mismo ocurre con el poeta. También se hace constar si en el mismo ítem hay más de una obra, o más de un juego de partes de la misma pieza. Se añaden (sin pretensiones de exhaustividad) las grabaciones o publicaciones en que aparece la pieza.

Se transcriben también (a pie de página) palabras del encabezado de las partículas cuando ofrecen un dato que permita ubicar mejor la obra, por ejemplo si aclaran una falta de correspondencia entre la portada y el contenido de la obra. En algún caso, también, cuando se refieren al contexto de la obra; por ejemplo, en uno de los juegos de *¡Afuela, afuela! ¡Apalta, apalta!* aparece un elenco de mujeres.

En el margen izquierdo vienen las indicaciones de estructura de la obra, cuando ésta aparece en el manuscrito: por ejemplo *aria, recitado, coplas*, etc. También van al margen los distintos personajes que intervienen en una obra (véase *Flechero rapaz* y *Desde un laurel frondoso*).

---

[105] A veces éste coincide, total o parcialmente, con lo anunciado en la portada.
[106] Éstas son las siglas utilizadas desde 1974 por Claro Valdés (ver 1974).
[107] Omito rúbricas.

Por razones de espacio, algunos grupos de versos que se repiten a lo largo de la obra van abreviados: aparecen las primeras palabras y la indicación «etc.» entre corchetes.

APÉNDICE

1948 Un sismo ocasiona serias averías en el edificio del Oratorio de San Felipe Neri, donde se conservaba una colección de manuscritos musicales. Durante la restauración éstos pasaron a manos privadas. Julia Elena Fortún, entonces alumna de la Escuela Normal de Sucre, adquiere una parte de los manuscritos[1]; otra (veinticuatro ítems), que llegó a Buenos Aires, fue adquirida por Juan Pivel Devoto, quien los destinó al Museo Histórico Nacional de Montevideo[2]. Es posible que otros ítems se hayan perdido.

1956 Aparece la primera publicación que se ocupa de estos manuscritos: se trata de un libro que contiene transcripciones de algunos textos (sin partituras), titulado *Antología de Navidad*, de Julia Elena Fortún.

1959 El musicólogo norteamericano Robert Stevenson publica *The music of Peru, Aboriginal and Viceroyal Epochs*; incluye la elaboración, entre otras, de la partitura de *Los coflades de la estleya*, cuyo manuscrito pertenecía a la CJEF.

1960 La Roger Wagner Chorale graba la negrilla mencionada, *Los coflades de la estleya*, en el disco LP *Salve Regina; choral Music of the Spanish New World (1550-1750)*.

---

[1] Por otra parte, no se conoce la procedencia de estas obras, ya que la mayoría fue compuesta con anterioridad a la llegada de los oratorianos a La Plata (1795).
[2] Ver Illari, 1995, pp. 163-75.

1966 Samuel Claro Valdés realiza un *Catálogo de manuscritos musicales de la Catedral de Sucre*, parcial, que se conserva entre los materiales catalográficos de la Catedral.

1968 Robert Stevenson publica *Music in Aztec & Inca Territory*, Berkeley, University of California Press, donde incluye información sobre los manuscritos platenses.

1970 Del mismo autor, aparece *Renaissance an Baroque Musical Sources in the Americas*, Washington, OEA.

1972 Carmen García Muñoz y Waldemar Axel Roldán publican en Buenos Aires *Un archivo musical americano*, con descripción de una parte del archivo de la Catedral, y algunas partituras.

1974 El musicólogo chileno Samuel Claro Valdés publica *Antología de la música colonial en América del Sur*, en la que se encuentran algunas de las obras de la actual colección. Pasan unos años más sin otro aporte que algunos artículos dispersos[3].

1979 Gerard Béhague publica *Music in Latin America: an Introduction*, Prentice-Hall, Inc. New Jersey.

1980 Se concretan las gestiones de compra de los documentos manuscritos provenientes de la iglesia de San Felipe (Colección Julia Elena Fortún) y de los guardados en la Sala Capitular de la Catedral; ambas colecciones son depositadas en los espacios del Archivo Nacional de Bolivia.

1981 Coral Nova y la Orquesta de Cámara de La Paz graban el Disco LP *Reseña; música renacentista y barroca de archivos coloniales bolivianos*.

1986 Waldemar Axel Roldán, sobre la base del catálogo de la Catedral, escrito por Samuel Claro Valdés en 1966, realiza una catalogación completa[4] de ambas colecciones reunidas en el ABNB, y publica el *Catálogo de manuscritos de música colonial de la Biblioteca Nacional*

---

[3] Por ejemplo, de Carlos Seoane, 1975.

[4] Completa de lo que entonces se había encontrado; posteriormente, en 1996, Bernardo Gantier SJ halló un pequeño lote de manuscritos en las dependencias de la Catedral, que fue estudiado por Illari, 1995.

de Bolivia. Al final incluye partituras de algunas piezas. En el mismo año, Roldán publica *Antología de Música Colonial Americana.*

1993 Sale a la luz *Lírica Colonial Boliviana* (Seoane-Eichmann), libro en el que se busca situar el fenómeno musical en el contexto general de la época; además, se ofrecen textos de veintinueve piezas, y las partituras de nueve de ellas.

1994 El «Ensemble Elyma» comienza a grabar con música del ABNB discos compactos de la colección *Les chemins du Baroque*, del sello K617, bajo la dirección de Gabriel Garrido.

1995 El conjunto «Lírica colonial» graba el CD *Lírica Colonial Boliviana*, del sello CANTVS, con siete piezas polifónicas de la colección, bajo la dirección de Carlos Seoane Urioste.

1996 Se lanza el I Festival de Música Renacentista y Barroca Americana «Misiones de Chiquitos», con participación de conjuntos musicales europeos y americanos. Este festival se realiza cada dos años desde entonces; suele incluir la realización de publicaciones colectivas.

1996 Comienza la producción de discos compactos de «Coral Nova» y Orquesta de cámara de La Paz con música del ABNB, con el sello CANTVS, con la dirección de Ramiro Soriano.

1997 Se publica el núm. 7 de la revista *DATA*, con colaboraciones de especialistas de distintas partes de América y Europa.

1997 Piotr Nawrot, Claudia Prudencio y María Eugenia Soux publican *Pasión y muerte de N. S. Jesucristo; música de los Archivos Coloniales de Bolivia. Siglos XVII y XVIII.*

2000 Aparece el trabajo de Piotr Nawrot, Claudia Prudencio y María Eugenia Soux, *Nacimiento de N. S. Jesucristo; música de los Archivos Coloniales de Bolivia, Siglos XVII y XVIII* (2 vols.), que ofrece partituras y textos de 28 piezas de la colección, junto con algunas más de los archivos de Moxos y Chiquitos. El objeto del libro, en dos volúmenes, es proporcionar a los intérpretes obras de un género (villancicos) y de un solo tema (Navidad); también incluye una pieza de la Natividad de la Virgen.

2000 Se publica el trabajo de C. Seoane, A. Eichmann, J. Parrado, C. Soliz, E. Alarcón y S. Sánchez, *Melos damus vocibus; codices cantorales platenses* (2 vols.), que ofrece la descripción y catalogación de los 34 libros de facistol de la Catedral, además del Kyrial, del Himnario y una antología de Misas y Oficios.

2002 Ismael Fernández de la Cuesta, de la Real Academia de Bellas Artes de San Fernando, presenta con el Coro de Canto Gregoriano (Vitoria), en Santa Cruz de la Sierra (durante el IV Festival de Chiquitos) la Misa del Espíritu Santo de los códices corales de la Catedral de La Plata.

BIBLIOGRAFÍA Y DISCOGRAFÍA CITADA

ÁGREDA, Sor María de Jesús, *Mística ciudad de Dios, Milagro de su omnipotencia y abismo de la gracia: historia divina, y vida de la Virgen Madre de Dios, Reyna y Señora nuestra, restauradora de la culpa de Eva y medianera de la gracia*, Pamplona, imprenta de Joaquín Rodrigo, 1807.

AGUILAR, J. de, *Sermones del Dulcísimo nombre de María, predicados por [...], de la Compañía de Jesús, Catedrático de prima de Sagrada Teología, en la Universidad de La Plata, y hoy de Vísperas, en el Máximo Colegio de San Pablo de Lima, Examinador Sinodal del Arzobispado de La Plata, Calificador del S. Oficio de la Inquisición. Tomo segundo que dedica al Sr. D. Diego Fernández Gallardo, Deán de la S. Iglesia Metropolitana de La Plata*, Sevilla, Juan Francisco de Blas, 1701.

AICARDO, J. M., «Inspiración concepcionista en los autos scramentales de Calderón», en *Razón y fe*, número extraordinario, Sucesores de Rivadeneyra, 1904, pp. 113-48.

ÁLVAREZ, A. (Fray), *Un viaje fascinante por la América Hispana del siglo XVI*, Madrid, ediciones Bailén, 19, 1969.

ANÓNIMO, *Libro de la infancia y muerte de Jesús (Livre dels tres reys d'Orient)*, ed. y estudios de Manuel Alvar, Madrid, CSIC, 1965.

ANÓNIMO, *Coloquio de los Once Cielos*, ed. A. Eichmann, «El «Coloquio de los Once Cielos»; una obra de teatro breve del Monasterio de Santa Teresa (Potosí)», en *Historia y Cultura*, 28-29, 2003, pp. 89-125.

ARELLANO, I., *Diccionario de los Autos Sacramentales de Calderón*, Pamplona / Kassel, Universidad de Navarra / Reichenberger, 2000.

— y C. GARCÍA VALDÉS, C. MATA y M. C. PINILLOS (eds.), *Comedias burlescas del Siglo de Oro; El Hamete de Toledo, El Caballero de Olmedo, Darlo todo y no dar nada, Céfalo y Pocris*, Madrid, Espasa Calpe, 1999.

ARZÁNS DE ORSÚA Y VELA, B., *Historia de la Villa Imperial de Potosí*, ed. L. Hanke y G. Mendoza, Rhode Island, Brown University Press, Providence, 1965, 3 vols.

BARNADAS, J. M., *Del barroquismo literario en Charcas; doce cartas de Alonso Ortiz de Abreu a su esposa, o las trampas del amor y del honor (1633-1648)*, Sucre, ed. Barnadas, 2000.

BARNADAS, J. M. y C. LOZA, *El poeta Diego Dávalos y Figueroa y su contexto colonial en Charcas: aporte documental (1591-1669)*, ODEC-Rescate cultural, Sucre-Cochabamba, 1995.

BARNADAS, J. M. y A. FORENZA, «Noticias sobre el teatro en Charcas (siglos XVI-XIX)», en *Anuario 2000*, Sucre, Biblioteca y Archivo Nacionales de Bolivia, pp. 557-75.

BERNAT VISTARINI, A. y J. Cull, *Enciclopedia de Emblemas Españoles Ilustrados; fuentes clásicas y traducción de las notas*, Madrid, Akal, 1999.

BIBLIA, *Vulgata*.

Breviarium Romanum ex decreto sacro-sanctum Concilii Tridentini restitutum. Pii V. Pont. Max iussu editum et Clementis VIII primum, nunc denuo Vrbani VIII auctoritate recognitum, Paris, Impensis Societatis Typographicae Librorum Officii Ecclesiastici, iussu Regis constitutae, 1666.

CÁCERES ROMERO, A., *Nueva Historia de la Literatura Boliviana*, La Paz. Cochabamba, Los Amigos del Libro, 1990, 3 t.

CAIRASCO DE FIGUEROA, B., *Obras inéditas* (I, teatro), introducción y notas de A. Cioranescu, Santa Cruz de Tenerife, Goya ediciones, 1957.

CALDERÓN DE LA BARCA, P., *El diablo mudo*, ed. C.C. García Valdés, Pamplona / Kassel, Universidad de Navarra / Edition Reichenberger, 1999.

— *El divino Jasón*, ed. I. Arellano y Á. Cilveti, Pamplona / Kassel, Universidad de Navarra / Edition Reichenberger, 1992.

— *El divino Orfeo*, ed. J.E. Duarte, Pamplona / Kassel, Universidad de Navarra / Edition Reichenberger, 1999.

— *El primer blasón de Austria* (atribución insegura), ed. V. Roncero, Pamplona / Kassel, Universidad de Navarra / Edition Reichenberger, 1997.

— *El segundo blasón de Austria*, ed. I. Arellano y M.C. Pinillos, Pamplona / Kassel, Universidad de Navarra / Edition Reichenberger, 1997.

— *La Aurora en Copacabana*, ed. E.S. Engling, London, Tamesis Books, 1994.

— *La cisma de Ingalaterra*, ed. J.M. Escudero, Kassel, Reichengerger, 2001.

— *La piel de Gedeón*, ed. A. Armendáriz, Pamplona, Pamplona / Kassel, Universidad de Navarra / Edition Reichenberger, 1998.

Catálogo de villancicos de la Biblioteca Nacional, siglo XVII, intr. I. Ruiz de Elvira Serra, Madrid, Dirección General del Libro y Bibliotecas, Ministerio de Cultura, 1992.

Catálogo de villancicos y oratorios en la Biblioteca Nacional, siglo XVII, intr. M. C. Guillén Bermejo y I. Ruiz de Elvira Serra, Madrid, Dirección General del Libro y Bibliotecas, Ministerio de Cultura, 1992.

Catecismo del Santo Concilio de Trento para los párrocos, Madrid, Cía. de Impresores del Reino, 1860 (versión bilingüe).

CLARO VALDÉS, S., *Antología de la música colonial en América del Sur*, Santiago de Chile, Ediciones de la Universidad de Chile, 1974.

COLOMBÍ MONGUIÓ, A. de, *Petrarquismo peruano: Diego Dávalos y Figueroa y la poesía de la Miscelánea Austral*, London, Tamesis Books, 1985.

CORREAS, G., *Vocabulario de refranes y frases proverbiales*, Madrid, ed. Real Academia Española, 1924; edición digital de R. Zafra, GRISO, Pamplona / Kassel, Universidad de Navarra / Edition Reichenberger, 2000.

COTARELO Y MORI, E., *Colección de entremeses, loas, bailes, jácaras y mojigangas desde fines del siglo XVI a mediados del XVIII*, Madrid, Bailly-Bailliere, 1911.

COVARRUBIAS OROZCO, S. de, *Tesoro de la lengua castellana o española*, ed. Martín de Riquer, Barcelona, Alta Fulla, 1993 (1943).

CROSAS LÓPEZ, F., «Las lecturas de doña Mencía: la iconografía del retablo de Santa Ana de la capilla del Condestable de la Catedral de Burgos», en *Scriptura, 13, Letradura; estudios de literatura medieval*, ed. J. Acebrón Ruiz, Departamento de Filología Clásica, Francesa e Hispánica de la Universidad de Lleida, 1997, pp. 207-16.

CRUZ, Juan de la, *Obras completas*, ed E. Pacho, Burgos, Editorial Monte Carmelo, 1993.

CRUZ, Sor Juana Inés de la, *Obras completas*, ed. A. Méndez Plancarte, México, Fondo de Cultura Económica, 1955.

CULL, J., «El teatro emblemático de Mira de Amescua», en *Emblemata aurea; la emblemática en el arte y la literatura del Siglo de Oro*, ed. R. Zafra y J. J. Azanza, Madrid, Akal, 2000, pp. 127-42.

DÁVALOS Y FIGUEROA, D., *Primera parte de la Miscelánea Austral de […] en varios coloquios. Interlocutores, Delio y Cilena. Con la Defensa de Damas*, Lima, Antonio Ricardo, 1602-03.

DENZINGER, E., *El Magisterio de la Iglesia; manual de los símbolos, definiciones y declaraciones de la Iglesia en materia de fe y costumbres*, trad. D. Ruiz Bueno, Barcelona, Herder, 1963.

DORNN, F. X., *Letanía Lauretana*, ilustr. Klauber, Valencia, Viuda de Joseph de Orga, 1768.

DRAPER, L. A., *Arzobispos, canónigos y sacerdotes: interacción entre valores religiosos y sociales del clero de Charcas del siglo XVII*, Sucre, Archivo-Biblioteca Arquidiocesanos «Monseñor Taborga», 2000.

EICHMANN OEHRLI, A. y C. SEOANE URIOSTE, «La música en la Audiencia de Charcas: algunos aportes documentales», en *Anuario 1998*, Sucre, Archivo y Biblioteca Nacionales de Bolivia, 1998, pp. 64-101.

— «Reminiscencias clásicas en la lírica de la Real Audiencia de Charcas», en *Classica boliviana*, ed. A. Eichmann, La Paz, Proinsa, 1999, pp. 187-210.

— «Ecos de Platón en los Andes», en *Actas del X Congreso Español de Estudios Clásicos*, ed. J. F. González Castro y J. L. Vidal, Madrid, Sociedad Española de Estudios Clásicos, 2002, vol. III, pp. 531-43.

— *De boliuiana latinitate […] (Pensamiento y latín en Bolivia)*, La Paz, Universidad Mayor de San Andrés / Editorial Plural, 2001.

FONTÁN, A., *Letras y poder en Roma*, Pamplona, EUNSA, 2001.

FORTÚN, J. E., *Antología de Navidad*, La Paz, Biblioteca Paceña / Alcaldía Municipal de La Paz, 1956.

FRENZEL, E., *Diccionario de argumentos de la literatura universal*, versión española de C. Shad de Caneda, Madrid, Gredos, 1976.

GARCÍA DE ENTERRÍA, M. C. y M. J. RODRÍGUEZ SÁNCHEZ DE LEÓN, *Pliegos poéticos españoles en siete bibliotecas portuguesas (s. XVII); catálogo*, Alcalá de Henares, Servicio de Publicaciones de la Universidad de Alcalá, 2000.

GARCÍA MUÑOZ, C. y W. A. ROLDÁN, *Un archivo musical americano*, Buenos Aires, Eudeba, 1972.

GARCÍA QUINTANILLA, J., *Historia de la Iglesia en La Plata*, Sucre, Don Bosco (tomos I y III), 1964.

GISBERT, T., *Esquema de la literatura virreinal en Bolivia*, La Paz, Universidad Mayor de San Andrés, Facultad de Filosofía y Letras, Centro de Estudiantes, 1968.

— *El paraíso de los pájaros parlantes*, La Paz, Universidad Nuestra Señora de La Paz y Ed. Plural, 1999.

GISBERT, T. y J. de MESA, «La Virgen María en Bolivia; la dialéctica barroca en la representación de María», en *Memoria del I Encuentro Internacional «Barroco andino»*, ed. N. Campos, La Paz, Artes Gráficas Sagitario, 2003, pp. 19-35.

GÓNGORA Y ARGOTE, L. de, *Obras completas I*, ed. A. Carreira, Biblioteca Castro, Madrid, Turner, 2000.

GRACIÁN, B., *Arte de ingenio, tratado de la agudeza*, introd. y notas de E. Blanco, Madrid, Ediciones Cátedra, 1998.

GRANADA, Fray Luis de, *Libro de la oración y meditación, en el cual se trata de los principales misterios de nuestra fe, y de las partes y doctrina para la oración*, Madrid, Julián Viana Razola, 1832.

GRANDA, G. de, *Estudios lingüísticos hispánicos, afrohispánicos y criollos*, Madrid, Gredos, Biblioteca Románica Hispánica, 1978.

GRIMAL, P., *Diccionario de mitología griega y romana*, Barcelona, Paidós, 1994.

ILLARI, B., «Un fondo desconocido de música antigua de Sucre: catálogo comentado», en *Anuario 1994-1995*, Sucre, Archivo y Biblioteca Nacionales de Bolivia, 1995, pp. 377-402.

— «¿Existe un repertorio de San Felipe Neri en Sucre?», en *Anuario 1996*, Sucre, Archivo y Biblioteca Nacionales de Bolivia, 1996, pp. 163-75.

— «No hay lugar para ellos: los indígenas en la capilla musical de La Plata», en *Anuario 1999*, Sucre, Archivo y Biblioteca Nacionales de Bolivia, 1999, pp. 73-108.

— «Identidades de Mesa: un músico criollo del barroco chuquisaqueño», en *Anuario 2000*, Sucre, Archivo y Biblioteca Nacionales de Bolivia, 2000, pp. 275-316.

ÍÑIGUEZ HERRERO, J. A., *Arqueología cristiana*, Pamplona, EUNSA, 2000.

KLEINERTZ, R. (ed.), *Teatro y Música en España (siglo XVIII); Actas del Simposio Internacional Salamanca 1994*, Kassel-Berlin, Edition Reichenberger, 1996.

HEBREO, L. (Judas Abarbanel), *Diálogos de Amor*, trad. de Garcilaso de la Vega (el Inca), México, Editorial Porrúa, 1985.

LEÓN MARCHANTE, M. de, *Obras poéticas Posthumas que a diversos asumptos escrivió [...] Poesías sagradas, tomo II. Dadas a luz por un su aficionado [...]*, Madrid, por D. Gabriel del Barrio, 1733.

LOPE DE VEGA CARPIO, F., *Laurel de Apolo*, ed. C. Giaffreda, Florencia, Alinea, 2002.

— *La Buena Guarda*, ed. M. C. Artigas, Madrid, Verbum, 2002.

— *La Vega del Parnaso por el Fénix de España Frey Lope Félix de Vega Carpio, del Abito San Juan, Procurador Fiscal de la Cámara Apostólica [...]*, Madrid, en la Imprenta del Reyno, 1637.

— *Obra poética*, ed. y notas de J. M. Blecua, Barcelona, Planeta, 1989.

MANDAVILA, J. de, *Libro de las maravillas del mundo*, ed. G. Santonja, Madrid, Visor, Biblioteca de obras raras y curiosas, 1984.

MANZANO CASTRO, V., «Las advocaciones marianas en el Kollasuyo», *Anuario de la Academia de Historia Eclesiástica*, 3, 1997, pp. 5-18.

MÉAUTIS, G., *Las obras maestras de la pintura griega*, Buenos Aires, Argos, 1948.

MÉNDEZ DE TIEDRA, J., *Constituciones del I Sínodo Platense (1619-1620)*, ed. J. M. Barnadas, Sucre, Archivo-Biblioteca Arquidiocesanos «Monseñor Taborga», 2000.

MENÉNDEZ Y PELAYO, M., *Antología de poetas líricos castellanos*, t. v, Buenos Aires, Espasa Calpe, 1952.

MIRA DE AMESCUA, A., *Teatro*, Madrid, Espasa Calpe, 1947.

NASARRE, P., *Escuela música según la práctica moderna, dividida en Primera, y Segunda Parte. Esta primera contiene cuatro libros [...]*, Zaragoza, Diego de Larumbe, 1724 (reimpresión del CSIC).

NAVÁS, L., «Una corona a la Inmaculada», en *Razón y fe*, número extraordinario, Sucesores de Rivadeneyra, 1904, pp. 219-45.

NAWROT, P., PRUDENCIO C. y SOUX, M. F. (eds.), *Nacimiento de N. S. Jesucristo; música de los Archivos Coloniales de Bolivia, Siglos XVII y XVIII*, La Paz, Plural Editores, 2000, 2 vols.

NÚÑEZ, E., «Enrique Garcés, múltiple hombre del Renacimiento», en *La tradición clásica en el Perú virreinal*, Lima, Universidad Nacional Mayor de San Marcos, 1999, pp. 129-44.

OCAÑA, D. de, *Comedia de Nuestra Señora de Guadalupe y sus milagros*, ed., estudio preliminar y notas de T. Gisbert, La Paz, Biblioteca Paceña-Alcaldía Municipal, 1957.

Orías Bleichner, A., «Música en la Real Audiencia de Charcas», en *DATA*, N° 7, ed. A. Eichmann y C. Seoane, Sucre, Instituto de Estudios Andinos y Amazónicos (Universidad Andina Simón Bolívar), n. 7, 1996, pp. 33-58.

— «Las sirenas de la antigüedad clásica acogidas por el mundo andino; la sirena como símbolo de un monasterio femenino en Chuquisaca», en *Classica Boliviana; Actas del II Encuentro Boliviano de Estudios Clásicos*, La Paz, Plural, 2001, pp. 173-88.

Panford, M. E. (Jr.), *La figura del negro en cuatro comedias barrocas: «Juan Latino» (Jiménez de Enciso), «El valiente negro en Flandes» (Claramonte), «El santo negro Rosambuco» (Lope de Vega) y «El negro del mejor amo» (Mira de Amescua)*, degree date 1993, UMI, 1996.

Pascher, J., *El año litúrgico*, trad. D. Ruiz Bueno, Madrid, BAC, 1965.

Pérez, A., «La Concepción Inmaculada de la Virgen y la Universidad de Salamanca en el siglo xv», en *Razón y fe*, número extraordinario, Sucesores de Rivadeneyra, 1904, pp. 69-95.

Pérez de Moya, J., *Philosofía secreta*, ed. C. Clavería, Madrid, Cátedra, 1995.

Pillorget, R., *Del absolutismo a las revoluciones*, tomo IX de *Historia Universal*, Pamplona, EUNSA, 1984.

Pliegos sueltos poéticos de la Biblioteca Nacional; siglo xvii, Madrid, Biblioteca Nacional, 1988.

Ramallo Mendoza, V. H. (comp.), *Memoria histórica; Museo Catedralicio «Mons. Carlos Gericke Suárez»*, Santa Cruz, Editora El País, 1997.

Ramírez del Águila, P., *Noticias políticas de Indias y Relación descriptiva de la Ciudad de La Plata, Metrópoli de las Provincias de los Charcas y nuevo reyno de Toledo en las occidentales del gran Imperio del Perú*, 1639, ed J. Urioste, Sucre, Universidad Mayor, Real y Pontificia de San Francisco Xavier de Chuquisaca, 1978.

Ramos, R., «El baile del matachín», en *Studia aurea; actas del III Congreso de la AISO (Toulouse, 1993)*, ed. M.C. Pinillos, F. Serralta y M.Vitse, Pamplona, GRISO-LEMSO, 1996, (III vols.), II Teatro, pp. 309-14.

Ramos Gavilán, A., *Historia del célebre santuario de Nuestra Señora de Copacabana y sus milagros, e invención de la cruz de Carabuco*, Lima, Gerónimo de Contreras, 1921; La Paz, Academia Boliviana de la Historia, 1976.

Real Academia Española, *Diccionario de Autoridades*, Madrid, 1726-1739.

Riquer, M. de, *Los trovadores, historia literaria y textos*, Barcelona, Editorial Planeta, 1975.

Rivadeneyra, P., *Flos sanctorum de las vidas de los santos, aumentado de muchas por los PP. Juan Eusebio Nieremberg, y Francisco García, de la misma Compañía de Jesús [...] añadido nuevamente [...] por [...] Andrés Lopez Guerrero [...]*, Madrid, Joaquín Ibarra, 1761, 3 t.

Rodríguez, J., *Sermón del dulcísimo nombre de María, que en la festividad de su Oficio Nuevo, por la Victoria de Viena, contra el Gran Turco, le consagró la Santa Iglesia Metropolitana de la Inclita, Noble y Leal Ciudad de Valencia, día Domingo, 10 de septiembre de 1684, predicado por el RPP [...] Sácala a luz José Pérez Sánchez, ciudadano [...]*, Valencia, Imprenta de Jayme de Bordazar, 1684.

Rodríguez-Moñino, A., *Poesía y Cancioneros (siglo XVI); discurso leído ante la Real Academia Española el día 20 de octubre de 1968 [...] y contestación del Excmo Sr. D. Camilo José Cela*, Madrid, Real Academia Española, 1968.

Roldán, W. A., *Antología de Música Colonial Americana*, Buenos Aires, Talleres Gráfica Yanina, 1986a.

— *Inventarios de las Colecciones de Manuscritos musicales Julia Elena Fortún y Catedral (Sucre)*, Instituto Boliviano de Cultura, mecanografiado, junio de 1980.

— *Catálogo de manuscritos de música colonial de la Biblioteca Nacional de Bolivia*, UNESCO / Instituto Boliviano de Cultura, 1986b.

San Isidoro de Sevilla, *Etimologías*, versión castellana de L. Cortés y Góngora, Madrid, BAC, 1951.

Sancha, J. de, *Romancero y Cancionero Sagrados; colección de poesías cristianas, morales y divinas, sacadas de las obras de los mejores ingenios españoles*, Biblioteca de Autores Españoles, Madrid, Rivadeneyra, 1855.

Sánchez, D. y M. Mesa, «Los temas de la Pasión en la iconografía de la Virgen. El valor de la imagen como elemento de persuasión», en *Cuadernos de Arte e Iconografía*, Madrid, t. IV, núm. 7, 1er. semestre de 1991, pp. 167-85.

Sánchez, V., *Lyra poética de Vicente Sánchez, natural de la Imperial ciudad de Zaragoza. Obras posthumas que saca a luz un aficionado al autor*, Zaragoza, Manuel Román, 1688.

Santos Otero, A. de, *Los Evangelios apócrifos*, Madrid, BAC, 1979.

Sas, A., *La música en la Catedral de Lima durante el Virreinato. Primera parte: historia general*, Lima, Universidad Nacional Mayor de San Marcos, 1970-1971.

— *La música en la Catedral de Lima durante el Virreinato. Segunda parte: diccionario biográfico*, Lima, Universidad Nacional Mayor de San Marcos, 1972, 2 vols.

Sedeño, J., *Poesia originale*, ed. G. Mazzocchi, Viareggio-Lucca, Mauro Baroni editore, 1997.

Seoane, C., «Música virreinal en Bolivia», en *Arte y Arqueología*, N° 3-4, La Paz, Instituto de Estudios Bolivianos, Universidad Mayor de San Andrés, 1975, pp. 259-90.

Seoane, C. y A. Eichmann, *Lírica colonial boliviana*, La Paz, Quipus, 1993.

Seoane, C., Eichmann, Parrado, Soliz, Sánchez, Alarcón, *Melos damus vocibus; codices cantorales platenses*, La Paz, ed. Seoane-Eichmann, 2000, 2 vols.

STEVENSON, R., *The music of Peru, Aboriginal and Viceroyal epochs*, Washington. Lima, Panamerican Union, 1959-1960.

TELLO, A., «Sor Juana Inés de la Cruz y los maestros de capilla catedralicios o De los ecos concertados y las acordes músicas con que sus villancicos fueron puestos en música armonía», en *DATA* n. 7, Sucre, Instituto de Estudios Andinos y Amazónicos (Universidad Andina Simón Bolívar), 1996, pp. 7-24.

TELLO, A. y J. M. LARA CÁRDENAS (eds.) *Cancionero Musical de Gaspar Fernandes*, Instituto Nacional de Bellas Artes-Centro Nacional de Investigación, Documentación e Información Musical Carlos Chávez, México, vol. I, 2001.

TERESA DE JESÚS, *Obras Completas*, ed. T. Álvarez, Burgos, Editorial Monte Carmelo, 1994.

TIRSO DE MOLINA, *Obras completas; Autos sacramentales II; El laberinto de Creta, la Madrina del Cielo, La ninfa del Cielo*, ed., estudios y notas de I. Arellano, B. Oteiza y M. Zugasti, Pamplona, Universidad de Navarra, Instituto de Estudios Tirsianos, 2000.

TOMÁS DE AQUINO, *Summa theologica*, Madrid, BAC, 1959.

— *Summa contra Gentes*, Madrid, BAC, 1968.

TORRENTE, Á. y M. Á. MARÍN, *Pliegos de villancicos en la British Library (Londres) y en la University Library (Cambridge)*, Kassel, Edition Reichenberger, 2000.

TÓRREZ, B. N., «Algunos temas de la vida musical en el Monasterio de Santa Clara de La Plata (1639-1809)», en *Anuario de la Academia Boliviana de Historia Eclesiástica*, 6, 2000, Sucre, pp. 123-48.

— «La fiesta de Nuestra Señora de Guadalupe en la ciudad de La Plata-Sucre», *Anuario de la Academia Boliviana de Historia Eclesiástica*, 8, 2002, pp. 69-83.

VILLADA, P., «La razón teológica y la Inmaculada; potuit, decuit; ergo fecit», en *Razón y fe*, número extraordinario, Sucesores de Rivadeneyra, 1904, pp. 23-32.

VORÁGINE, S. de la, *La leyenda dorada*, trad. del latín de Fray J. M. Macías, Madrid, Alianza Editorial, 1997 (octava reimpresión).

VV.AA., *Diccionario de San Juan de la Cruz*, dir. E. Pacho, Burgos, Monte Carmelo, 2000.

VV.AA., *Diccionario Histórico Boliviano*, ed. J.M. Barnadas, Sucre, Tupac Katari, 2002 (2 vols.).

VV.AA., *The new Grove dictionary of music and musiciens*, ed. S. Sadie, MacMillan, London, 1989, 20 vols.

DISCOGRAFÍA

CD *Alabanzas a la Virgen*, Coral Nova y Orquesta de Cámara de La Paz. Director Ramiro Soriano. K617–CANTVS, 1996.

CD *Barroco en Bolivia-Música de Navidad*, vol. 1, Coral Nova y Orquesta de Cámara de La Paz. Director Ramiro Soriano Arce. CANTVS CA 003-2. 1997.

CD *Barroco en Bolivia-Música de Navidad*, vol. 2, Coral Nova y Orquesta de Cámara de La Paz. Director Ramiro Soriano Arce. CANTVS CA 015-2. 1997.

CD *Convidando está la noche-Navidad Musical en la América Colonial*, Grupo de Canto Coral, Director Néstor Andrenacci, GCC Voces, 1001, 1998.

CD *Fête baroque pour la Vierge de Guadalupe-Sucre 1718*, «Fiesta criolla», Ensemble Elyma, Ars Longa de La Havane, Cor Vivaldi, Els Petits Cantors de Catalunya, Director Gabriel Garrido, K617, 139, 2002.

CD *Les chemins du Baroque-Bolivie*, «Musique baroque à la royale Audience de Charcas», Ensemble Elyma, Director Gabriel Garrido, K617, 064, 1996.

CD *Les chemins du baroque-Pérou-Bolivie*, «L'or et l'argent de l'haut Pérou», dir. Gabriel Garrido, K617, 038, 1994.

CD *Les chemins du Baroque-Mexico-Chuquisaca*, «Le Phénix du Mexique; Villancicos de Sor Juana Inès de la Cruz mis en musique à Chuquisaca au XVIIIe. Siècle», Ensemble Elyma, Director Gabriel Garrido, K617, 106, 1999.

CD *Lírica colonial boliviana*, conjunto Lírica Colonial, Director Carlos Scoane Urioste, CANTVS CA 001-2, 1995.

CD *Música de dos mundos-El Barroco en Europa y América*, Música Segreta-Ars Viva, Director Leonardo Waisman, Melopea Discos CDCCM 019, 1994.

CD *Música del pasado de América*, vol. 2 «Virreinato del Perú», Camerata Renacentista de Caracas, Directora Isabel Palacios, CC 104 04, 1999.

CD *Reliquia*, grupo Contrapunto, SOBODAYCOM, TDV Perú 2424, Director Eduardo Chávez Lorente, IFPI Q7xx, 2000.

CD *Música del Período Colonial en América Hispánica*, Música Americana (Colombia) Director Egberto Bermúdez, DM-MA-HA001 CD93, 1993.

CD *Nueva España-Close encounters in the new world*, The Boston Camerata Director Joel Cohen, Erato 2292–45977-2, 1993.

Disco LP *Reseña; música renacentista y barroca de archivos coloniales bolivianos*, Coral Nova y orquesta, Directores Julio Barragán Saucedo y Carlos Seoane Urioste, Lyra, SLPL 13436, 1981.

Disco LP *Salve Regina; choral Music of the Spanish New World (1550-1750)*, Roger Wagner Chorale, Angel-EMI S 36008, 1960.

ABREVIATURAS

ABNB   Archivo y Biblioteca Nacionales de Bolivia
ACSB   Archivo Catedral Sucre Bolivia
Aut   Diccionario de Autoridades
BNM   Biblioteca Nacional de Madrid[1]
CJEF   Colección Julia Elena Fortún
Cov   Covarrubias (Tesoro de la lengua castellana, o española)
DA   *Diccionario de los Autos Sacramentales de Calderón*
DHB   Diccionario Histórico Boliviano
DOS   *El divino Orfeo* (segunda versión)
DSJ   *Diccionario de San Juan de la Cruz*
FS   *Flos Sanctorum* (+ número romano para tomo, arábigo para páginas, letras para columnas)
LP/LG   Archivo y Biblioteca Arquidiocesanos «Monseñor Taborga» (+ número de pieza y folio o página)

---

[1] Cuando me refiero a un pliego de villancicos, añado el número de ítem (por la fecha se conoce si corresponde al catálogo del siglo XVII o al de los siglos XVII-XIX) y el número de pieza dentro del pliego.

LETRAS HUMANAS
Y DIVINAS
DE LA MUY NOBLE
CIUDAD DE LA PLATA (BOLIVIA)

I. LETRAS HUMANAS

1. Letras de Amor

Belisario, mi bien, aguarda
[173][1]

Belisario[2], mi bien, aguarda, espera[3],
que mi fe verdadera

[1] ACSB. Sin portada. No está propiamente la parte vocal, sino que se encuentran los versos en las partes de violín 1.º y 2.º (las únicas existentes). Aparecen trovas navideñas en los dos primeros versos: «Niño tierno, mi bien, aguarda, espera, / porque si te lamentas lloroso / pero ¿qué digo? / ¿Qué es esto [...]». El manuscrito no está completo. Afirma Carlos Seoane que la obra es un aria para voz sola a la que falta la parte vocal; los textos transcritos son guías para los músicos, correspondientes al recitativo, que es un «arioso» muy ricamente elaborado. Se ha perdido el aria, es decir, la parte nuclear de la pieza.

[2] «La historia del general bizantino Belisario (+ 565) que derrotó a los persas, a los vándalos y al rey ostrogodo Vitiges, y rechazando la rebelión de Nica salvó el imperio y el trono para el emperador Justiniano, fue transmitida incompleta por Procopio de Cesarea y por el sucesor de éste, Agatias, debido a que ambos historiadores fallecieron antes que Belisario. Belisario es descrito por éstos como hombre sin tacha, pero débil y dominado por un amor excesivo a su indigna mujer, Antonia, amiga de la emperatriz Teodora; era fiel al emperador, aunque éste sólo le correspondía con su desconfianza» (Frenzel, 1976, p. 59). Se hicieron leyendas sobre su muerte, según las cuales habría sido privado de la vista y vivió como mendigo en Constantinopla. Entre las diversas obras que han utilizado el material histórico y legendario tenemos una tragedia de Antonio Mira de Amescua.

[3] La voz poética corresponde a Antonia, esposa de Belisario según la historia y su amada según la elaboración literaria. En *Ejemplo mayor de la desdicha* de Mira de Amescua, escrita en 1632, Belisario es convertido en víctima de las intrigas de Teodora. Belisario y Antonia están enamorados. Teodora también lo está de Belisario, pero al verse rechazada se venga: logra, después de varios intentos de asesinarlo, «despertar contra él la envidia y el odio del emperador» (Frenzel, 1976, p. 60). A la vez, duran-

sabrá... pero ¿qué digo?,
¿qué es esto, dónde estoy, hado[4] enemigo?
Un hielo frío me corre por las venas
y el corazón ahogado late apenas.
La razón, los sentidos, el aliento
fallecen de una vez de sentimiento.
Pero como arrastrada de la pena,
tanto de mí su fuerza me enajena
que su venganza olvida pesar fuerte
de su honor, de su causa y de su muerte.
Mas ¡ay de mí!, que es grande y poderoso
el enemigo bárbaro alevoso
que ha sido su homicida
y dejará mi queja confundida.
Pues siendo yo mujer, ella Theodora
a quien el César[5] tiernamente adora[6]
no le queda a mi amor en tal quebranto
otro remedio que anegarse en llanto[7].

te gran parte de la obra, la emperatriz reduce con amenazas a Antonia para que ésta no manifieste a Belisario que su amor es correspondido. Un pasaje del acto II es útil para ilustrar nuestro poema: el momento en que Antonia se decide a declarar a Belisario que «en tus dulces brazos / pudieras ver mi persona, / si no hubiera una leona / que nos quiere hacer pedazos; / romper intenta los lazos / del amor con el desdén, / y en el mal hallo mi bien / porque es gloria para mí / morir si muero por ti» (*Ejemplo mayor de la desdicha*, en *Teatro*, vol. II, p. 195).

[4] El destino.

[5] César: «Este nombre ilustró Julio César, después del cual todos los emperadores se llamaron Césares» (*Cov*). En este caso, Justiniano.

[6] Este verso y el anterior solamente se encuentran en el violín 1.º. El resto, en ambas particelas.

[7] En el manuscrito se lee «en el llanto», lo cual daría verso hipermétrico. He preferido suprimir «el», tal vez debido a un lapsus.

Corazón deshecho al aire
[201][8]

Corazón deshecho al aire,
jilguero al aire perdido[9]
que te desatas en quejas,
cuando el silencio es arbitrio[10],
¡no más estruendo! ¡Ay, ay,
tierno jilguero,
de amor hechizo,
desdén querido[11],
jilguero lindo!
¡Ay, que en las penas del alma
cerrar su pico
es lo más fino
y el mayor desahogo
ningún alivio!

Coplas   1. Sufre, jilguero, que son
sentimientos reprimidos
en la armonía del gusto
contrapuntos del capricho[12].

[8] ACSB. Sin portada. Cuatro voces.

[9] El ave es metáfora del enamorado, que a la vez es poeta y cantor. Nótese que el adjetivo «perdido» refuerza tal identificación, al punto de que la expresión equivale a «amante perdido».

[10] Arbitrio: «facultad y poder para obrar libremente y sin dependencia alguna, y lo mismo que albedrío» (Aut). El jilguero estaría en uso del arbitrio si fuera capaz de reprimir el violento impulso que le arrastra a la queja.

[11] Desdén también es utilizado como adjetivo (atributo), al menos en el refrán «quien pobreza tien, de sus deudos es desdén» (en Correas, n.º 19806). El uso de la palabra, en nuestro poema, parece tener el mismo valor, también semántico.

[12] Los tecnicismos musicales son utilizados aquí con perfecta propiedad. La línea contrapuntística se valora horizontalmente, al tiempo que se justifica desde el punto de vista vertical de su función armónica. La armonía contempla relaciones ya establecidas entre los sonidos, mientras que el contrapunto, manteniendo tales relaciones, desa-

Si sabes sentir de amor,
teme y calla tu peligro,
que no remedia una queja
lo que ocasiona un delirio.

2. Descansar el corazón
más es agravio que alivio[13],
pues nunca descansó nadie
del gusto del bien que quiso.
No al Sol el oro en su centro[14]
de ser deja agradecido;
pues corresponde a sus rayos
cuanto más mudo, más fino.

rrolla secuencias melódicas superpuestas, y es fruto de la invención (el «capricho»).
Los sentimientos de dolor reprimidos vienen a formar parte del juego en las «escalas» de la complacencia amorosa del jilguero. Si la armonía es restrictiva, el contrapunto es libre y creativo; el silencio del jilguero es prueba de su libertad en el dolor.

[13] La relación entre amor y dolor es objeto de letras divinas y humanas, que por
lo general interactúan, al menos desde la Edad Media, y con gran fuerza en el Siglo
de Oro. Comp.: «Quien busca alivio al dolor / desestima los martirios, / que a las
penas bien nacidas / las acredita el sentido» (¡Oh, dolor...!, sección Dolorosa).

[14] Centro: «En el lenguaje astronómico y físico es la zona que corresponde a cada
elemento, el cual aspira con movimiento natural propio a ocupar el centro que le corresponde» (DA). El oro pertenece al elemento «tierra», y su centro es el más bajo,
porque sobre la tierra está el agua, sobre ambos el aire, y el fuego corona el mundo
sublunar.

Cuando en la altura
[212][15]

Recitado

Cuando en la altura del salado elemento
le calma al navegante todo el viento,
cargado de pavor juzgue perderse[16]
porque en riesgo eminente llega a verse,
y es que quiere, en el piélago inconstante[17],
hallar la duda que tiene de fluctuante.

Aria

El pasajero
que nunca ha estado
en el mar fiero,
si va embarcado,
siempre asustado,
cualquiera ruido
borrasca ha sido
que horror le da[18].

Pero pasado
su afán primero,
ya sin cuidado
y placentero,
junto a la popa,

[15] CJEF. Portada: «Aria con dos violines. El pasajero. Está trobado. Al Santísimo Sacramento». Solo. Hay dos juegos; el dedicado al Santísimo Sacramento será objeto de otra publicación. No parece forzado considerar esta obra como poema de tema amoroso. No olvidemos la tradición alegórica de «naos de amor» que encontramos, entre otros sitios, en Juan de Dueñas (*Cancionero de Estúñiga*).

[16] Una de las situaciones angustiosas que temían los navegantes era la calma, es decir «la tranquilidad del viento. Estar en calma, no poder hacer nada, como el navío que con la calma no se mueve de un lugar» (*Cov*).

[17] Alusión al tópico de la inconstancia de la mujer en el amor.

[18] La borrasca, aunque contraria a la calma, es otro de los peligros de la navegación.

sobre su ropa,
alegremente
cantando va.

Después de tres años
[238][19]

Después de tres años
de guerra y trabajos,
¿cómo encontraré
a mi dueño amado?[20]
La dejé tan pobre
cuando fui al campo[21],
que ya no tendrá
ni un par de zapatos.

[19] ACSB. Sin portada. Este poemita de tipo tradicional (romance hexasílabo o romancillo) solamente trae interrogantes. Se trata de una única particela, tal vez residuo de una obra dramática; faltan otras posibles voces y el acompañamiento. En la parte superior del manuscrito lleva la indicación: «Papel para el soldado».

[20] La mención a «mi dueño amado» admite pensar en la amada del soldado: «También se suele llamar así a la mujer y a las demás cosas del género femenino que tienen dominio en algo, por no llamarlas Dueñas...: y en este caso si a la voz Dueño se añade algún adjetivo, es siempre con la terminación masculina» (*Aut*). Considerar dueño (dominus) y señor a la amada aparece en poemas medievales de amor cortés, de origen feudal, y lo vemos también en las cartas que le escribe desde Charcas don Alonso Ortiz de Abreu a doña Inés de la Barrera y Ayala entre 1633 y 1648: «dueño de mi vida», «hija de mis ojos y solo dueño de mi vida», «dueño mío» (editadas por Barnadas 2000, Apéndice, 1, 6 y 7, pp. 35, 43 y 45 respectivamente).

[21] Campo «se llama asimismo el ejército formado que está en descubierto» (*Aut*).

Flechero rapaz
[316][22]

Zagal primero[23]   Flechero rapaz[24]...
                no, ¡no te burles más!,
                que de quien te burlas hoy
                mañana te burlará.

[22] ACSB. Sin portada. El texto está trunco. Al parecer, solamente falta la parte de un zagal.

[23] Zagal: «mozo fuerte, animoso y valiente. Tamarid dice que es voz arábiga, y Diego de Urrea, citado por Covarrubias, dice que viene del verbo *cegale*, que vale vestirse de pieles, el cual vestido [...] lo usaban antiguamente los robustos y valientes, como lo usó Hércules, y ahora lo usan así muchas naciones al mismo efecto. Se llama también el pastor mozo [...]» (*Aut*).

[24] Cupido: escojo el recuento de versiones sobre el hijo de Venus que hace Diego Dávalos, el poeta afincado en La Paz, en su *Miscelánea Austral*: Cilena considera que «Amor o Cupido es vicio de naturaleza» (II Coloquio, f. 7v.). Delio, en su primera respuesta, en la que admite seguir a Guittone D'Arezzo, dice: «No sé si hay opiniones que Amor y Cupido no es todo uno, pero tratemos ahora de lo que atrás dejamos que es de la exposición que se le puede dar a sus insignias; [...] lo pintan muchacho porque carece de razón, desnudo por serlo de firmeza en sus gustos y promesas, ciego porque ciega a los amantes; sin escudo porque su herida no tiene defensa, alas de color purpúreo, porque este color denota pena mortal, con arco porque es guerrero, con saetas porque es diestro flechador, con aljaba que denota veneno encubierto» (II Coloquio, ff. 7v.-8). En la segunda parte de la respuesta da otra imagen del dios: es «muchacho porque ama la juventud y aborrece la senectud, armado contra los hombres, con fuego contra las damas, arco contra las fieras, desnudo contra lo marítimo, alas contra las aves, venda que denota ceguedad en el amante: con todo lo cual muestra ser señor y Dios de todo lo criado. Y en cuanto a las dos saetas que le atribuyen, una de oro para aficionar, y otra de plomo para aborrecer, Mario [Equícola] dice que no se compadece que hiriendo Amor haga dos efectos contrarios, y lo que siente de esta ficción es que [el] oro, estimadísimo metal cuya pureza no consiente corrupción, en el cual predomina el sol, señor de la sangre, y propia complexión del amor, significa fervor en amar; y el plomo frígido (con el cual [...] se restringe Venus, [y] es dedicado a Saturno, señor de la melancolía), denota huir el amado del amante» (II Coloquio, f. 8).

Ya te cansaste, Cupido,
de la esquivez y crueldad,
y por darme en qué temer
en favorecerme das.
No, ¡no te burles más!

El Amor   Hermosos cupidillos
que al aire vago dais
las flores y las plumas
de ardiente suavidad,
volad, volad, volad.

Pues logran vuestras flechas
herir sin halagar,
con puntas venenosas
los pechos penetrad
de cuatro ingratos viles
que huyen de mi solaz,
ofenden la hermosura
y ultrajan mi deidad,
volad, volad, volad.

Zagal[25]   Tus mares surqué engañado[26],
y aun hoy, en sereno mar,
por temer nueva borrasca,
lloro la tranquilidad.
Flechero rapaz...
no, ¡no te burles más!
que de quien te burlas hoy
mañana te burlará.

Que aunque es verdad
que es cuerdo aquel

---

[25] Al estar trunco, no se pudo determinar cuál de las intervenciones corresponden a qué zagales (segundo, tercero). Los pocos versos conservados de las lagunas de la pieza se encuentran en la particela del bajo continuo, y son los siguientes (evito las repeticiones de «no, no te burles más», que nada añaden): «[Zagal]: Ya tus traiciones conozco / [...] / / Ya he conocido en los gozos / [...] / / [El Amor] Hermosos cupidillos / [etc.] / / [Zagal] Cupido soberano / [...] / / Ministros de tu imperio / [...] / / [El Amor] Hermosos cupidillos / [etc.]».

[26] Nuevamente aparece el amor como navegación.

que sabe amar,
es necio quien no arguye
de un Ciego lo falaz.

La rosa en su matiz
[316][27]

La rosa en su matiz,
siendo reina del vergel,
la corona en culto fiel
por sacra emperatriz[28];
y suspensa en tanto albor
se muere por vivir de amor[29].

El lirio, en su botón,
y en sus hojas, si advertís,
por la augusta Flor de Lis[30]
descoge un corazón,

[27] El poema está escrito en la particela del «Zagal primero» del ítem en el que se encuentra el poema anterior. El manuscrito tiene aspecto de esquela, por el modo en que fue doblado. Es probable que haya cumplido la función amorosa propia de «billete»; si es esto cierto, la escasez de papel llevaría a que más tarde la esquela fuera utilizada (en posición apaisada) para anotar cuatro renglones de música que corresponden a dicho «zagal».

[28] Es decir, la reina corona como emperatriz a la amada. En todo el poema subyace el tópico de la superación: la dama excede en perfecciones a todas las demás, y a cuanto existe. Esto enlaza con el tópico tardomedieval de la dama como obra maestra de Dios. En España, Alfonso de Montannos (siglo XV) habla de las mujeres como obras primorosas que pinta Dios: «El pintor rey Manuel, / soberano, / vos obró con un pinsel / de su mano, / y esmeró tanto loçano / vuestro uulto / qual jamás non fue trasulto / en humano» (*Cancionero de Estúñiga*, XCIII, p. 464).

[29] Nótese el juego de antítesis.

[30] La flor de lis (lirio o azucena), con la que el poeta designa a su dama, contiene una carga simbólica cuya historia recoge Covarrubias: «hase de notar que las tres flores de lises que los reyes de Francia traen por armas, tuvieron origen de una gran reliquia que estaba engarzada en un ramo de oro de gran pedrería de tres azucenas o lirios: y por el gran resplandor que daba le llamaron Auriflamen [...] era fama haberles sido enviada del cielo y no se sacaba en público si no era en tiempo de gran necesidad: y Carlos VI [...] la mandó llevar [...] en el ejército que hizo para ir contra los flamencos; y estando los dos campos cerca uno de otro no se podían ver por la gran espesura de la niebla. Mandó entonces el rey que descubriesen el Auriflamen,

respirando en noble amar
el fuego que llegó a inflamar[31].

El alba, en su reír,
de la excelsa, hermosa flor,
ha copiado el esplendor,
que es lustre del zafir[32];
y en su claro amanecer
no alienta sin llegar a arder.

Ahora, en el abril,
no supiera florecer[33],
ni sus alas encender,
sin füego tan sutil[34];
pues recibe, en su halagar,
el soplo que llegó a inspirar.

La estrella, en su lucir,
si ha sabido esclarecer
y sus luces desprender,
lo debe a su inflüir[35];
y en su mudo suspirar
anhela por hacerla amar.

---

y quedó a la parte de los franceses el cielo sereno; y acometiendo a los enemigos los vencieron» (Cov). A partir de entonces los reyes de Francia tomaron por arma las tres flores de lis. Se comprende el adjetivo «augusta».

[31] En esta, al igual que en otras estrofas, encontramos el motivo del fuego como expresión del amor.

[32] Zafir o zafiro: «piedra preciosa de color cerúleo» (*Aut*). La hermosa flor es la amada; el alba debe su cualidad de ser «lustre del zafir» (es decir, del cielo) al hecho de que copia la belleza de la amada.

[33] El sujeto sigue siendo el alba, que por iluminar florece (hace florecer) la tierra. La presencia de la amada es halago sin el cual la naturaleza no podría florecer en primavera. El mes de abril en el hemisferio Sur no condice con las flores; pero en el lenguaje poético se mantiene, por tradición, como símbolo de primavera. «Metafóricamente se usa para dar a entender que una cosa está florida y hermosa» (*Aut*).

[34] La expresión «fuego sutil» suele referirse al fuego celeste, que se encuentra bajo el cielo de la luna; el poeta lo atribuye aquí a su dama, que lo transmite o participa a la aurora.

[35] Continúa la serie de inversiones poéticas: el orden «natural» consistiría en que la estrella influya en la amada (como en los demás seres terrestres), y no al revés.

El ave, en su trinar,
la armonía celebró,
y el idioma que estudió
fue sólo el de admirar;
que su vuelo, aunque veloz,
se pasma[36] al escuchar su voz.

[36] «Pasmarse es quedarse suspenso, sin movimiento» (*Cov*).

Io so che non ti desta
[369][37]

Io so che non ti desta
ombra d'amor per me.
Oh Dio, che pena e questa?
il non saper che stelle.
Che crudeltà!

Ma un dì ricercherai,
(ne sentirai rossore)
di quel che odiando stai,
affetti del suo cuore,
ma non t' ascolterà.

[37] CJEF. Portada: «Aria. Io so che non ti desta». Solo. Hay una segunda portada que dice «Madama por lo que me pesa de haber ofendido a vos». El prestigio de la lengua italiana para la expresión poética ya está presente en Castilla al menos desde principios del siglo XV; y desde el siglo anterior se registra la del toscano en Aragón. En cuanto a la música, en el siglo XVIII, «bajo la influencia de la joven dinastía borbónica afianzóse definitivamente en las provincias españolas de ultramar el arte italiano que había penetrado la vida musical ibérica [...]» (Sas, 1971). A fines de la primera década del siglo XVIII llega a la corte limense el Maestro don Roque Ceruti, quien marcó profundamente la vida musical no sólo de Lima, sino también de La Plata, a donde llegaban copias de sus obras. Se sabe que hizo testamento en 1760; hay obras suyas, en el ABNB, que fueron utilizadas hasta bien avanzada la década siguiente. Arriesgo la fijación textual, y su traducción, con la generosa ayuda del Profesor Ruggero Pucci: «Yo sé que no te mueve / ni sombra de amor por mí. / ¡Oh Dios!, ¿qué dolor es éste? / No saber cuál será el destino. / ¡Qué crueldad! // Pero un día volverás a buscar / (no sentirás por ello rubor) / afectos del corazón / de aquel que estás odiando, / pero no te escuchará».

Menguilla le dijo a Fabio
[490][38]

Menguilla le dijo a Fabio[39],
tan esquiva como siempre:
–Si acaso mi ingratitud
le cuesta cuidado[40], ¡cuéstele!

Si de mi rigor se queja,
su amante locura deje:
y si yo en toda mi vida
más le atormentare, ¡quéjese!

No venga echando voces,
ni de mis iras reniegue,
que aunque soy tan temeraria
no soy amiga de pléguetes[41].

Entienda que lo aborrezco.
Y para que nunca intente

---

[38] ACSB. Portada: «Dos tonos humanos a tres. Menguilla le dijo a Fabio. El otro: Canta jilguerillo. Año de 1724». Tres voces. Las dos piezas van a renglón (musical, es decir, pentagrama) seguido en las dos particelas, como si fueran dos obras escritas para ser interpretadas en una misma función. El texto de esta pieza fue publicado en Seoane-Eichmann, 1993, pp. 98-99. En el *Romancero General II* (p. 514, romance n° 1626) se encuentra un poema anónimo semejante al nuestro: las dos primeras estrofas no presentan mayores diferencias, mientras que la tercera (última de dicho poema) dice «No entienda que estoy celosa; / antes, si con otra hubiere / ocasión de que lo admita, / no por mí se excuse: huélguese».

[39] El poema parece dar por supuesta la tradición de la pastorela, en que el caballero, para ganar el favor de la mujer rústica la trata con comedimientos cortesanos ennobleciéndola; los nombres son parlantes, porque declaran, el primero la rusticidad, y el segundo el origen noble; el efecto buscado es cómico.

[40] Cuidado: «recelo o temor de lo que puede sobrevenir»; y también «estar de cuidado. Es estar gravemente enfermo o herido» (*Aut*).

[41] Forma del verbo «placer».

que le quiero, se lo digo;
y si le pesare, ¡pésele!

Dirá que es ingratitud,
y dirá bien si dijere
que con mi rigor le mato;
mas Dios le perdone, y ¡muérase!

Canta, jilguerillo
[490][42]

Canta, jilguerillo,
tiernas suavidades,
antes que tu dicha
se la lleve el aire,
y en tristes acentos[43]
trueques tus pesares
y tus dulces ecos
lleguen a desaires.

Coplas
1. Clarín[44] que al alba madrugas
al tiempo que el alba sale,
saludando con tu voz
los arroyos y los valles[45]:
canta, jilguerillo,
tiernas suavidades.

2. Del alba la luz anuncias,
que alegre, mudando nace
las pardas obscuras sombras
en reflejos y celajes[46].

---

[42] Como ya se dijo, este poema está en los mismos papeles que el anterior. El texto de esta pieza fue también publicado en Seoane-Eichmann, 1993, pp. 99-100.

[43] La parte del Tenor solamente dice «y en tris acentos», omitiendo la sílaba que está presente en la parte del Alto.

[44] Tópica metáfora barroca es la designación de aves como instrumentos musicales. Góngora ya habla de «cítaras de pluma» (*Soledad* I, v. 556); Calderón es también aficionado a ésta (DA). Nótese el alto grado de elaboración metafórica: se señala al jilguero como instrumento musical, y el ave a su vez es metáfora del amante poeta.

[45] El escenario de estas coplas (arroyos y valles en ésta; rosas y prado en la tercera) es un *locus amoenus*, clásico, apropiado para el ejercicio amoroso del canto; en estos delicados versos hay sólo veladas alusiones al amor.

[46] Celaje: «colores varios que aparecen en las nubes, causados de los rayos del sol que las hieren, y según la postura en que se hallan, forman unos ramos, más o me-

Canta jilguerillo
tiernas suavidades.

3. Albricias[47] darán las rosas,
que siendo del prado esmalte
de ella reciben en perlas
cuanto brillan en corales[48].
Canta jilguerillo
tiernas suavidades.

4. De la ardiente edad del sol
gozas el aura suave,
donde logras lo que luce
sin que temas lo que abrase[49].
Canta jilguerillo
tiernas suavidades.

---

nos densos, por cuya claridad se transparenta la luz» (*Aut*). El *locus amoenus* es aquí objeto de descripción logradísima, reforzada por los hipérbatos.

[47] Albricias: regalo que se daba al que traía buenas noticias.

[48] Perlas y corales: las perlas son figura del rocío; los corales son del color de las rosas. En amistad, las rosas ofrecen su color al alba, y ella les retribuye con rocío. De otro lado, está la referencia a los colores blanco y rojo (*lilia cum rosis*) del rostro de la mujer, figura de antigua raigambre poética desde la antigüedad clásica. El texto nuclear es de Virgilio: «Indum sanguineo veluti violaverit ostro / siquis ebur, aut mixta rubent ubi lilia multa / alba rosa: talis virgo dabat ore colores» (*Aen.*, lib. 12, vv. 67-68). A partir de él, autores latinos, Padres de la Iglesia, escritores medievales y posteriores, en número cada vez creciente, utilizan el *topos*, que en clave espiritual se verá también en las *letras divinas*.

[49] La 'ardiente edad del sol' no parece ser otra que el día; el poema está ambientado en su etapa más benigna, la madrugada. Por otra parte, el jilguero es mostrado veladamente como figura contrapuesta a Ícaro, ya que puede volar sin preocuparse de que el sol le dañe. Ícaro es el héroe para quien su padre Dédalo fabricó unas alas con las que pudo salir volando del laberinto donde Minos los había encerrado. Antes de partir, Dédalo le advirtió que no remontase con exceso ni volase demasiado bajo. Pero desatendió el consejo, y se elevó lleno de orgullo hasta muy cerca del Sol, de modo que se derritió la cera con que estaban fijadas sus alas, y se precipitó en el mar (Grimal, 1994).

Militares del Amor
[492][50]

Militares del Amor[51]:
oíd, escuchad, atended
el bando, el pregón y la ley,
atended, oíd, escuchad:
tan, tarantán, tan, tarantán.

Coplas   1. De las armas de la hermosura
el Amor, capitán general,
por que venga a noticia de todos
explica, publica en bando
su voluntad.
tan, tarantán, tan, tarantán.

2. A los ojos de Serafina[52]
ha mandado sacrificar,
adoración que no pase
de culto rendido: la vida en aras
de su deidad.
tan, tarantán, tan, tarantán.

3. De la cárcel en que aprisiona[53]

---

[50] CJEF. Sin portada. El manuscrito tiene la indicación «solo humano»; al pie del
continuo aparece anotada la primera copla (idéntica a la arriba transcrita) y una segunda que es trova a María: «De la gracia los escuadrones, / y su luz, adalid macial
[sic], / porque en armas se pone / a rayos la Aurora María, / en carro todo triunfal».

[51] El poeta recurre a un tipo de alegoría de claro origen medieval; en los cancioneros del siglo XV son numerosos los ejemplos de naos, testamentos, juicios, plei-
tos, etc. de amor; aquí se refieren las semejanzas entre el amor y la milicia.

[52] No parece un nombre parlante, sino el nombre propio de la destinataria de
estos versos. Los ojos de la dama son los rasgos físicos más celebrados en la poesía
desde la Antigüedad.

[53] La «cárcel de amor» es alegoría muy común en la tardía Edad Media, tanto en
la poesía como en la novela sentimental. Diego de San Pedro escribió, en el siglo XV,

sin rigor, porque ¡dulce penar!,
so la pena de necio ninguno
la halle, y el talle le niegue
la libertad[54],
tan, tarantán, tan, tarantán.

4. Sólo el aire de su belleza
por vivir[55] alentarse podrá;
y el corazón, con sus alas veloces,
respire, no aspire a vuelos
que anega el mar[56],
tan, tarantán, tan, tarantán.

una novela que tuvo mucho éxito titulada precisamente *Cárcel de amor*, de la que Menéndez Pelayo afirma que es «libro más célebre hoy que leído, aunque muy digno de serlo, siquiera por la viveza y energía de su prosa en los trechos en que no es demasiado retórica» (1952, V, p. 100). A continuación señala la procedencia de algunos de sus elementos, partiendo desde la *Vita Nuova* de Dante.

[54] Por «talle» se entiende, además del sentido recto, «disposición física o moral» (*Aut*), lo cual, en relación con la falta de libertad, es acorde con la «pena de necio» que menciona arriba. El juego antitético está en que quien aprisiona, la dama, obliga a un dulce penar, y niega el acceso a los necios.

[55] El manuscrito está borroneado en este sector; las palabras «vivir alentarse» no son seguras, aunque parecen las únicas posibles.

[56] Nueva referencia a Ícaro.

Non temer, non son piu amante
[512][57]

Non temer, non son piu amante
la tua legge oggi è nel cor.
Per pietà, da questo istante
non parlar mai piú d'amor.

Dunque vanne, addio,
perché t'arresti? Ma tu sospiri?
Ah non nacqui, oh, per te!
ah per me tu non nascesti
dunque addio.

Che d'Amor nel vasto impero
si ritrovi un duol più fiero,
non è nobile, non è possibile.

[57] CJEF. Portada: «Dúo en italiana lengua con trompas, oboes y violines, con sinfonía. Non temer». Con las mismas cautelas que para *Io so che non ti desta*, de esta misma sección, Ruggero Pucci ofrece esta posible traducción: «No temas, no soy más amante; / hoy tu ley está en el corazón. / Por piedad, desde este instante / no hables nunca más de amor. // Entonces vete, adiós, / ¿porqué te detienes? Pero, ¿tú suspiras? / ¡Oh, no nací para ti! / ¡oh, tú para mí no has nacido! / Conque, adiós. // Que en el vasto imperio del Amor / se encuentre con un dolor más fiero / no es noble, ni posible». En el segundo verso el manuscrito dice «ho-gi-a-nel-cor».

Pérfido infiel
[588][58]

«Pérfido infiel...[59]»
¿Por qué traidora, injusta, di,
(¡alma, no más amor!)
si yo te perdoné,
si yo a tu luz viví?
¡Tú, ingrata, tú traidora!
Mas, ¡oh, sagrados cielos,
qué importa rabia y celos
si Amor me ha de templar!

¿Por qué, tirana...
(¡oh, pena!)
por qué, enemiga...
(¡oh, rabia!)[60]
tu cólera me agravia,
tu enojo me condena?
Mas yo me he de vengar.

---

[58] CJEF. Portada: «Cantada sola con violines. Pérfido». Faltan los violines y el acompañamiento en el manuscrito. Aparece una trova divina de improperio por encima y debajo (alternadamente) del texto, que se ofrece en la sección «Desagravios».

[59] Al parecer, el punto de partida del poema son palabras salidas de labios de la amada («Pérfido infiel») que el amante agraviado recuerda, para a continuación manifestar las emociones que en él despiertan.

[60] Los paréntesis de esta estrofa son del manuscrito.

¿*Qué es esto, pensamiento?*
[615]⁶¹

Recitado   ¿Qué es esto, pensamiento?
                 ¿Te lleva el desengaño al escarmiento?⁶²
                 Nos, mejor prevenido,
                 antes que escarmentado, ir advertido;
                 pues de Amor el rigor y la violencia
                 se rinden al poder de la advertencia.

                 ¡Quita, quita el disfraz,
                 fementido traidor⁶³,
                 y déjame en paz!,
                 que ha sido mi vida el amor;
                 ya es muerte la vida
                 que el amor me da.

                 Y así, libertad mía,
                 vuelve a tu antiguo ser,
                 amable compañía;
                 pues no sabe alentar el pecho mío
                 sin la feliz unión de tu albedrío⁶⁴.

---

⁶¹ CJEF. Portada: «Solo. Recitado humano. Qué es esto pensamiento».

⁶² El poeta manifiesta el diálogo interior, en el que son sus interlocutores su razón, su albedrío y su amor (corazón, pecho). Se trata de un *bellum intestinum*; como procedimiento literario ya se encuentra en la *Tebaida* de Estacio, donde divinidades como Clementia, Virtus o Pietas son prosopopeyas de estados de ánimo. Fue muy cultivado en alegorías medievales y posteriores. Calderón es, en el Siglo de Oro, uno de los más geniales cultores de esta figura.

⁶³ Fementido: «falto de fe y palabra. Es formado de las voces Fe y Mentir, porque miente o falta a la fe y palabra» (*Aut*). La invectiva se dirige a Cupido (ver nota a *Flechero rapaz*, de esta sección).

⁶⁴ Aquí la libertad y el albedrío (es decir, la capacidad de elegir libremente) son tratados como dos personajes distintos. El albedrío es personaje frecuente en los Autos de Calderón; en ellos no es él quien elige sino que lo hace el Hombre usando de él (DA). En este poema se entiende que el albedrío lo libera de la esclavitud del amor

Aria

¡Salga, salga del pecho el amor!,
¡vuelva, vuelva el sosiego a vivir!,
que sufrir a un tirano rigor,
aun más que el dolor,
se aumenta el sentir.

Recitado

Y pues ya de tu aleve tiranía
triunfaron el sosiego y la alegría,
triunfe también de tu tirano anhelo
mi alivio y mi quietud y mi consuelo[65].

De tus flechas los tiros,
Amor, inútiles son[66],
porque ya mi albedrío
en defensa de mi corazón,
embota sus puntas,
les niega el acierto,
les quita la acción,
y así es lo mejor:
que concurra mi afecto
a su adoración,
sin que lo voluntario[67]
pase a ser perfección.

en su registro de «locura» o furor pasional por el que la libertad se encuentra tirani-
zada. Lo que asombra es que esto se logre sin que implique abandonar la adoración
a la amada. El conceptismo que expresa tales matices psicológicos tiene su origen en
el siglo xv.

[65] Pueden relacionarse estos versos con la tradición del siervo libre de Amor de Juan
Rodríguez del Padrón.

[66] A partir de aquí la libertad métrica es total.

[67] En el manuscrito «buluntario», las dos veces en que el canto repite el verso.

Tú, Anarda, me despides
[724][68]

Tú, Anarda, me despides
de tus dos soles bellos[69],
y no puede mi amor hacer por ellos
mayor fineza que la que hoy me pides[70],
si las distancias mides
de una obediencia que en mi injusta suerte
en un precepto comprendió una muerte.
Y pues sola se llama
la que gusta el desdén de cualquier dama
reverente fineza[71],
hoy que me he de ausentar de tu belleza[72],

sin vida voy;
pero un alma que te doy
a tus pies se quedará,
que sabrá lo que calla mi respeto
explicar con el secreto,
y sin voces hablará.

---

[68] CJEF. Portada: «Cantada a cuatro con tres violines. Tú Anarda. Sin vida voy». A cuatro (faltan tres voces, pero sus textos, al menos fragmentariamente, están en los violines primero y tercero). Esta pieza fue grabada en 1981 por Coral Nova y orquesta en el disco LP *Reseña; música renacentista y barroca de archivos coloniales bolivianos*.

[69] Los dos ojos de la amada.

[70] Fineza: «vale también acción o dicho con que uno da a entender el amor y la benevolencia que tiene a otro» (*Aut*). El amante le ofrece el mayor sacrificio posible, que es el de no volver a ver los ojos de la amada, por obedecer su mandato.

[71] Afirma la voz poética que únicamente puede llamarse 'reverente fineza' la conducta del amante que atraviesa, sin mengua del amor, por la prueba del desdén de una dama. De la afirmación general, pasa en los siguientes versos a su situación particular, de partir 'sin vida'.

[72] Aquí da comienzo el aria; la transcribo sin interrumpir la continuidad del texto, que parece necesaria.

Hoy parto ya.
En mi ausencia te dejo el corazón.
Hasta volver a verte,
¿cómo viviré yo?[73]

¡Oye mis quejas,
deidad esquiva![74]

---

[73] Esta estrofa solamente aparece en la parte del primer violín. Es difícil poner en duda que sus versos sean continuación de lo que lleva la única parte vocal existente.

[74] Estos dos últimos versos se encuentran en la parte del tercer violín; la observación anterior vale para éstos también.

En la rama frondosa
[949][75]

Recitado

En la rama frondosa
de un verde, hermoso sauce,
a que ondas de plata
el tronco fértil espumosas lamen[76],
un músico jilguero
canta dulces compases
sin ver que su armonía
sólo a los vientos, métrica, persuade.

Aria algo viva

Clarín de la selva,
si tu amor no te escucha,
si no te oye nadie,
no cantes, no cantes.

Suspende, suspende
los trinos süaves,
no cantes, no cantes,
no cantes, no cantes.

Recitado

Pero sí; que Lisarda peregrina,
cuidado excelso de tu voz divina,
está en la selva; y entre la maleza
premiará tu primor con su belleza[77].

Y si Lisarda te oye, ya lograste
todos estos afectos que cantaste.

---

[75] CJEF. Portada: «Cantada humana a voz sola sin violines. En la rama frondosa. Año de 1735. Don Roque Ceruti». Esta pieza está transcrita en Seoane-Eichmann, 1993 (texto, p. 67, y partitura, pp. 122-29), y grabada en el CD del mismo nombre. Posteriormente, también en el CD *Musique à la royale Audience de Charcas*, en 1996.

[76] Hasta aquí el poeta presenta el *locus amoenus* donde tiene lugar el intento amoroso del jilguero.

[77] La tradición pastoril está aquí presente con gran fuerza; es lo que explica que el premio del amante consista en el disfrute de la belleza de Lisarda.

Aria no muy   Violín animado
alegre   clarín encendido[78],
                   por lo enamorado
                   deja lo sentido.

                   Y cuando presumas
                   que estás despreciado
                   consagra tus plumas
                   al bien adorado,
                   dedica tus voces
                   al dueño[79] querido.

---

[78] Otra vez los instrumentos son metáforas del ave, que lo es del amante.
[79] Ver nota a *Después de tres años*, en esta misma sección.

¡Suéltame, que es preciso!
[960][80]

Aria   «¡Suéltame, que es preciso!»[81]
              Déjame, que forzoso,
              para ser venturoso,
              el que un objeto quiso
              dar a entender su amor.

              Nada mostrarle puedo
              como el notar que excede[82]
              en su fineza ansioso,
              cuanto contra su aviso[83]
              muere por su rigor.

[80] CJEF. Portada: «Aria con violines. Suélteme que es preciso, de don Francisco Corradini». En los manuscritos falta el segundo violín; pero el texto está completo.

[81] Parecería que la voz poética repite las palabras, recién pronunciadas, de la persona amada, a las que replica o recuerda la réplica, para después hacer la reflexión que se lee en los últimos cinco versos.

[82] En el manuscrito: «como notar queszede».

[83] Aviso: «Vale también advertencia, prevención cuidadosa para el logro de algún fin» (*Aut*).

Son qual per mar turbato
[1048][84]

Aria

Son qual per mar turbato[85],
misero passeggero.
Ah, che nemico Fato,
fra turbini e tempeste,
mi spinge a naufragar!

Largo

Ma se dal duolo oppressa
cadrà quest' alma amante
di mia caduta inattesa
dovranno paventar.

---

[84] CJEF. Portada: «Aria con violines, oboes, trompas, viola y bajo. De Baltasar Galuppi. Gira volando. Son cual per mar turbato. Passaguiero [con manchas de tinta]. Passaguiero. Para la Natividad del Señor. Para el Santísimo y para la Natividad de Nuestra Señora». (Hay varios textos en el ítem, de los cuales uno está transcrito en la sección Natividad). Solo. Nuevamente nos encontramos ante la influencia italiana. Al igual que en los ítems 369 y 512, recurro a la inapreciable ayuda del Profesor Pucci; la traducción sería: «Me encuentro como por un mar borrascoso, / desdichado navegante. / ¡Ah, que el Hado enemigo, / entre remolinos y tempestades, / me empuja a naufragar! // Pero si por el dolor oprimida / esta alma amante cayere, / de mi inesperada caída / habrán de espantarse». En el segundo verso, el manuscrito dice «passaggiero».

[85] Metáfora tópica del naufragio de amor.

Hoy, a la dulce crueldad
[1090][86]

Aria   Hoy, a la dulce crueldad
            de una adorada deidad,
            cultos rinde el corazón[87].
            Y en afectos que dedica
            holocaustos sacrifica
            en el templo del Amor[88].

Recitado   ¡Venturosa influencia[89],

[86] CJEF. Portada: «Cantada con violines. Hoy a la dulce crueldad. Dr. [Estanislao] Leyseca. Año 1764». Otra portada dice solamente «Hoy a la dulce crueldad». El ítem contiene dos partes de canto para solo, los dos con el mismo texto (con alguna variante entre uno y otro); uno de ellos tiene, además, un texto que incluyo en la sección de Letras de Circunstancias. La obra fue grabada en 1981 por Coral Nova y orquesta en el disco LP Reseña; música renacentista y barroca de archivos coloniales bolivianos.

[87] En el papel que contiene los dos textos mencionados arriba, hay una trova para este verso: «cultos rinde mi pasión».

[88] Desde la Edad Media, la tradición del amor cortés imita el lenguaje religioso para aplicarlo al «culto a la dama».

[89] Se trata de la influencia de un astro, en relación con la fortuna y el destino, que se consideran como opuestos (en diversas maneras) al albedrío o capacidad de autodeterminación. Dada la naturaleza jerárquica del universo, lo superior debe influir sobre lo inferior, y por tanto los astros influyen sobre el mundo sublunar; sus influjos son estudiados por la Astrología, disciplina que los cristianos consideraban heterodoxa sólo en algunos sentidos: la Iglesia combatía su práctica lucrativa, el determinismo —negación del libre albedrío— y la adoración de los astros. La mayoría de los autores estaban de acuerdo en que la influencia de los astros es una realidad. En la comedia de Calderón La vida es sueño (vv. 787-91) vemos el tratamiento de este tema: «el hado más esquivo, / la inclinación más violenta, / el planeta más impío, / sólo el albedrío inclinan, / no fuerzan el albedrío». José de Aguilar: «Fue error de los antiguos que las estrellas, violentas en sus influjos, así necesitaban, que sin libertad en la oposición, rendían, formando de ellas inevitables los hados y destinos. Es doctrina católica que las estrellas inclinan, pero no arrastran. Y así los Magos, ellos se vinieron, aunque los trujo la Estrella» (Sermones del dulcísimo Nombre de María, Sermón tercero, predicado en La Plata en 1688, p. 142).

suerte felice[90], singular destino!

El Hado me previno,
y en la amada dolencia[91]
de un suave ardor, ¡qué lisonjero adquiere[92]
el renombre de dulce, cuando hiere[93]!

Aria   ¡Ay, ay, que en el pecho
no cabe el ardor
del dulce dolor
que llego a sentir!
¡No más, no, no, estrella!
¡Baste la victoria,
que en la misma gloria
me siento ya herir!

---

[90] Felice: «lo mismo que feliz. Es más usado en la poesía para ajustar los versos» (*Aut*).

[91] Sigo la particela que contiene las dos obras (de Amor y de Circunstancias); en la otra el verso solamente dice «en la amada dolencia».

[92] La particela que contiene ambas obras omite «qué».

[93] El poeta recurre a la técnica de los opósitos, muy extendida en toda la literatura occidental a partir del *Canzoniere* de Petrarca. Comp: Vida de muerte, falsa confianza, / grata prisión en fuego deleitoso, / heladísimo ardor, hielo fogoso [...]» (Diego Dávalos, *Miscelánea Austral*, Coloquio I, f. 1); en la poesía mística tuvo también gran cultivo: en el ítem 242 del ABNB, que es una obra dedicada a Santa Teresa de Ávila, leemos: «¡Ay, divino amor / que hieres con gusto [...]!».

¡Del dócil pecho mío...!
[1144][94]

Aria andante   ¡Del dócil pecho mío
será testigo el viento!
Amantes en quien fío,
pues veis mi afán violento,
que adoro, gimo y siento,
¡decídselo por mí!

¿Quién ¡ay amor!, pensara
tan bárbaro despecho?
Pues un concepto[95] has hecho
que no te merecí.

[94] CJEF. Portada: «Aria con violines. Del dócil pecho mío. Del maestro Don Joseph Nebra. Domingo Pérez y Valdés. Año de 1760».
[95] «Concepto» puede significar aquí «agudeza»; Gracián suele utilizar ambos términos como equivalentes (ver la Introducción de Blanco a *Agudeza y arte de ingenio*, p. 42). Podría suponerse que la voz poética se refiere a una expresión aguda de la persona amada en la que se manifestaba el desdén.

2. LETRAS DE CIRCUNSTANCIAS

Por capitán de las luces
[66]⁹⁶

Introducción Por capitán de las luces,
¡oh luminar de esplendores!,
Toribio viene ilustrando
de la América la noche⁹⁷.

Estribillo ¡Al arma, al arma, rayos!
¡Que en tropas de candores
resuenen los clarines!⁹⁸
¡Que estremecen sus ecos los dos orbes!⁹⁹
Apostólico Atlante¹⁰⁰ de la Iglesia,

---

⁹⁶ ACSB. Sin portada. Ocho voces. La obra está dedicada al Arzobispo Gregorio Molleda y Clerque (1749-56, son sus años de pontificado en La Plata). Viajó a Roma como postulador de la causa de canonización de Santo Toribio de Mogrovejo (que se celebró en 1727). Fue obispo de Cartagena, de Trujillo, y finalmente de La Plata. Sufrió declaración de incapacidad (a causa de ataques de epilepsia) en 1752, con intervención de oidores de la Audiencia; el Cabildo catedralicio tomó las riendas del gobierno eclesiástico. Siguió un largo proceso que se resolvió a su favor *post mortem*. Murió en Cochabamba en 1756. Ver García Quintanilla, 1964, t. I, pp. 264 y ss. En el poema se le llama «segundo Toribio».

⁹⁷ La luz que disipa las tinieblas es la evangelización llevada a cabo por Santo Toribio de Mogrovejo (Obispo de Lima entre 1579 y 1606). Compuesta para celebrar a Molleda, en gran parte de la obra se cantan las grandezas de Santo Toribio; de ese modo se escoge, de las diversas acciones y méritos del prelado, lo que probablemente éste más valoraba, es decir, las gestiones para la canonización de Santo Toribio, a las que se hace eco.

⁹⁸ Sigo para este verso solamente la parte del Alto del segundo coro; en las demás se lee «resuenan [...]», por errata.

⁹⁹ América y Europa; como se expresa en las primeras dos coplas, ambos continentes se benefician de la elevación de Santo Toribio a los altares.

¹⁰⁰ Atlante: pertenece a la generación divina anterior a los olímpicos, la de los «seres desmesurados». Después de la lucha entre titanes y dioses, fue condenado por Zeus a sostener sobre los hombros la bóveda del cielo. El *Diccionario de Autoridades* remite a la versión evemerista y explica que Atlante es «voz muy usada de los poe-

que de Oriente a Poniente, el gran Apolo[101]
y la Fama[102], uniformes, de un Molleda
a la festiva lira
da voz; a los mármoles y bronces[103].
¡Vivan, sus luces, vivan!

Pues vencen a los fúnebres horrores[104]

---

tas y algunas veces en la prosa para expresar aquello que real o metafóricamente se dice sustentar un gran peso, como cuando para elogiar la sabiduría de un ministro o la valentía de un general, se dice que es un Atlante de la monarquía. Introdújose esta voz con alusión a la fábula de Atlante, rey de Mauritania, que los antiguos fingieron haber sustentado sobre sus hombros el cielo» (*Aut*).

[101] «Como dios de la música y la poesía era representado Apolo en el monte Parnaso, donde presidía los concursos de las Musas» (Grimal, 1994).

[102] Según Virgilio la Fama (personificación de la voz pública) fue engendrada por la Tierra. Está dotada de numerosos ojos y bocas y viaja volando (*Aen.*, lib.VII, v. 102) con grandísima rapidez. El poeta parece referirse a esta descripción más que a la de Ovidio (*Met.* XII, 39-63), quien recarga la figura de aspectos negativos: vive en el centro del mundo, en un palacio sonoro todo de bronce, con mil aberturas por las que penetran las voces, que vuelven amplificadas a la superficie. Vive rodeada de la Credulidad, el Error, la Falsa Alegría, el Terror, la Sedición y los Falsos Rumores.

[103] Apolo da voz a la festiva lira, mientras que la Fama la da a los mármoles y bronces.

[104] Posible referencia a la evangelización, que acabó con los cultos sanguinarios que tenían lugar entre las «bárbaras naciones» de América. Entre otros cronistas, Ramos Gavilán refiere que la isla Titicaca fue sitio en que se derramó «infinita sangre [...] de niños inocentes ofrecida vanamente, con exquisitas y extraordinarias ceremonias, que cierto pone admiración y causa espanto lo que los antiguos afirman, si todo merece crédito» (*Historia*, lib. I, cap. V); «El orden que guardaban los Sacerdotes en sacrificar los niños era notable; poníanlos sobre una losa grande, los rostros hacia el cielo, vueltos al Sol y tirándoles del cuello, ponían en él una teja o piedra lisa algo ancha [...]. En las solemnidades y fiestas del Sol y de la Luna, en adoratorios señalados sacrificaban número de doscientos niños que solo el Demonio pudiera no mostrar hastío, con beber tanta sangre humana, cuando cualquier otra enemistad se aplacara con mucha menos. Solían muchas veces usar de otra ceremonia que era ahogarlos, después de haberles dado muy bien de comer [...]» (lib. I, cap. VI; ver también capítulos XVIII y XIX, en que habla de los sacrificios de vírgenes y cap. XXIV, en que señala los meses en que se realizaban los sacrificios). El autor establece el contraste entre los ídolos que exigen sangre humana y Jesucristo, que dio su propia sangre por redimir a los hombres: «Oh Dios de mi vida, oh Padre piadoso, cuán otras son vuestras entrañas [...]. Compra un bárbaro su salud a precio de tantas vidas inocentes y compráis vos la de vuestros esclavos, a precio de la de vuestro inocente hijo» (lib I, cap. VI). Este contraste es recordado varias veces por Calderón de la Barca (quien estaba fa-

y sus virtudes ilustran
a las bárbaras naciones[105],
reducidas a rebaño
aun las fieras de los montes,
¡viva el segundo Toribio,
que publica sus honores!

Coplas   1. Toribio, luz soberana,
refulgentísimo Norte[106],
que si dos mundos ilustras,
eres sin duda dos soles.
¡Viva el segundo Toribio
que publica sus honores!

2. Luz de los orbes te aclama
la admiración inmóvil
de Europa y América,
fina en afectos acordes.
¡Viva el segundo Toribio
que publica sus honores!

3. Mira benigno al Prelado,
que en fervorosos ardores,
alumbrando vuestro culto
enciende los corazones.
¡Viva el segundo Toribio
que publica sus honores!

miliarizado con la obra de Ramos Gavilán), en su comedia *La Aurora en Copacabana* (ver por ejemplo los versos 1416-20 y 3202-05); por ello puede pensarse que en tiempos del arzobispo Molleda era patrimonio común.

[105] El calificativo de bárbaros lo utiliza también Ramos Gavilán, pero no para referirse a los indígenas en cualquier contexto, sino casi exclusivamente en los pasajes en que relata sucesos inhumanos como los indicados en la nota anterior. Los tres primeros versos de esta estrofa son cantados a solo.

[106] Norte: «La última estrella de la cola de la Osa menor, que es la que está inmediata a él, llaman estrella del norte, o norte absolutamente. Metafóricamente vale guía, tomada de la alusión a la estrella del norte, por la que se guían los navegantes, con la dirección de la aguja náutica» (*Aut*).

Dos soles, tío y sobrino
[83][107]

Dos soles, tío y sobrino
hoy se deben celebrar
pues el sobrino ya logra
ascenso de Dignidad[108].

La silla[109] le es de condigno[110]
de admirable inclinación[111],
que el invicto Rey le da
premio con aceptación.

El tío disfruta mitra:
el sobrino ha de imitar,

[107] CJEF. Portada: «Dúo con violines a la consagración del Sr. Palacios y» (*sic*). No pude encontrar ni canónigo ni obispo Palacios en las listas de La Plata publicadas por García Quintanilla, 1964. Tampoco hay obispos de ese apellido en La Paz ni en Santa Cruz de la Sierra (DHB). El problema que presenta la portada consiste en que la palabra «consagración» corresponde a la recepción del sacramento del Orden Sagrado; esto lleva a pensar en una consagración episcopal, lo cual no ocurre si se atiende al texto poético, en el cual queda claro que es ascendido a «Dignidad» (ver nota siguiente). Por otra parte, el tío del ascendido ya «disfruta mitra» (tercera estrofa). El motivo de su alegría y festejo sería entonces el ascenso del sobrino. A menos que se trate de la celebración simultánea de los ascensos de ambos, uno de los cuales, el de Palacios, llevaría consigo la consagración episcopal (para una diócesis distinta a la de La Plata).

[108] La corporación de los canónigos, en su interior, tenía diversos grados. El de Dignidad es uno de los peldaños del escalafón. En su nombramiento (ver la siguiente estrofa) intervenía el Rey, por razón de los privilegios emanados del Regio Patronato.

[109] En el Coro de Canónigos, y en la Sala Capitular, si se refiere al Dignidad; la episcopal, si a Palacios.

[110] Condigno: «debido, correspondiente, proporcionado» (*Aut*). Los escolásticos distinguían entre el merecimiento «de condigno» y el «de congruo», que sin ser «debido» es «conveniente, oportuno, competente» (*Aut*).

[111] Inclinación: «vale también propensión o genio dedicado a alguna cosa» (*Aut*).

porque el arte de ascender
en ambos es la humildad[112].

Vivan pues, felices años
con tanta prosperidad
que ni el Tiempo, en sus guarismos,
los acierte a numerar.

¡Alegría!, que Palacios[113], gran señor,
se ve del cielo colmado
de virtud, letras, nobleza,
humildad; mayor riqueza
que en estos siglos ha dado,
franca, la naturaleza.

Alegría, que el insigne don Tomás[114]
ha de ir disfrutando ascensos,
sin ser ninguno capaz
de ser corona adecuada
a su gran modo de obrar:
pues sus méritos son tantos
que premios le han de faltar.

[112] El poeta, a sabiendas de que el deseo de ascender sería ambición poco recta en los interesados (son muchos los casos de eclesiásticos que rehusaron ofrecimientos del mismo rey a ocupar sillas episcopales), no renuncia a deseárselos al sobrino, y se escuda con gracia en la humildad del destinatario.

[113] El tío.

[114] El sobrino.

Aunque de alegría son
[143][115]

Aunque de alegría son
los que de vida son días,
esta noche sólo es
el día de la alegría,
pues nació en ella el Príncipe[116].
Y si se mira, día sólo
es aquel que es de tal vida.
Pues hoy, vestido del palio[117],
misteriosa, sacra insignia,
bello generoso Fénix[118],

---

[115] ACSB. Sin portada. Cuatro voces. Solamente puede conjeturarse, a partir de los versos de vuelta de cada copla («vivid, sacro Alfonso [...]») que esta obra fue destinada a festejar a Alonso de Pozo y Silva (1731-45 son sus años de pontificado en La Plata). Fue antes obispo de Córdoba del Tucumán. Renunció como obispo de La Plata, por fatiga, en 1742 y se retiró a Chile; murió en 1745 con fama de santidad. Declaró heredera de sus bienes a la iglesia de La Plata. Ver García Quintanilla, 1964, t. I, pp. 245 ss., y DHB.

[116] El obispo es príncipe de la Iglesia. Su «nacimiento» lo es para esa dignidad.

[117] Prenda de vestir que el Papa otorgaba a los arzobispos y a algunos obispos. Se confeccionaba con lana de unos corderos que eran obsequiados al sumo Pontífice en la fiesta de Santa Inés.

[118] Ave fabulosa de Etiopía, única de su especie. Después de vivir un número extraordinario de años (variable según las distintas versiones) muere y renace. Suele utilizarse como símbolo de longevidad y eternidad. Se aplica también a individuos que sobresalen sobre los demás de modo tan elevado que son considerados «únicos» (Lope de Vega, Sor Juana y otros autores son designados fénix); en esta unicidad del ave insiste Juan de Mandavila en el *Libro de las maravillas del mundo*: «en Egipto es la ciudad de Elipo, que quiere decir ciudad del sol. En aquesta ciudad es un templo, el cual es casi semblante al de Jerusalén, mas no es tan lindo ni tan hermoso. E los capellanes de aquí tienen ellos la data por escrito que ha de venir allí un ave que ha nombre fénix, que una sola es en el mundo y no más; la cual viene a quemarse sobre el altar de aquel templo cada quinientos años. Y cuando viene este tiempo los capellanes de aquel templo aparejan a poner sobre aquel altar espinas e piedrazufre y otras

más que nace resucita[119].
Su dignidad se aplauda,
porque no es digna
de festejo,
en los príncipes,
la común vida.

Coplas   1. Pues en el ser del hombre,
si bien se prueba,
mandar es accidente[120],
vivir esencia.
¡Vivid, sacro Alfonso,
porque todos vivan!

cosas de leña que encienden ligeramente, y así viene aquella ave allí y bate tanto las alas que se enciende la leña y se quema allí; y de aquella ceniza nace un gusano, el cual el segundo día se torna ave perfecta y el tercero día vuela. Y nunca hay más de aquella ave en el mundo, lo cual por cierto es un gran milagro de Dios. Y aquesta ave podemos comparar a Dios, porque no hay sino un solo Dios; e así como Nuestro Señor resució el tercero día, en semejante hace esta ave [...] Es muy mayor que una águila» (parte I, cap. XIII). Covarrubias advierte que «muchos han formado jeroglíficos del Fénix aplicándolos a la resurrección de Nuestro Redentor; y son sin número los que se han hecho, y así morales como en materia amorosa muchas emblemas y empresas». Dávalos, que señala la dificultad de referir «la variedad de pareceres» sobre esta ave, antepone la versión de Lactancio Firmiano; al hablar de su hermosura dice: «Es bellísima esta ave, y a quien la mira parece de aquel color que Febo muestra en aquellas rojas flores, o en los granos de la madura granada, con visos semejantes a los matices que la Yris muestra. Sus ojos son de notable hermosura, y de color de jacinto, de quien sale un resplandor semejante al del fuego; en estatura o grandeza excede a la mayor ave de las que el Arabia cría, y con todo es de velocísimo vuelo [...]» (Miscelánea Austral, Coloquio XXIII, f. 93 y v.).

[119] Si el poema está dedicado, tal como se conjetura, a Alonso de Pozo y Silva, la alusión al ave Fénix puede deberse a que la silla episcopal que ocupó fue la tercera de su dilatada carrera: antes fue obispo de Córdoba del Tucumán (1715-24) y de Santiago de Chile (1724-31).

[120] «Accidente» en filosofía escolástica es aquello que no es en sí sino en otro, y puede estar sujeto a cambio, mientras que la esencia es lo permanente de una cosa. Es accidental el hecho de ocupar un puesto de mando, en cambio vivir es esencial. En Inundación Castálida, de Sor Juana Inés de la Cruz, la Música se expresa con las mismas palabras: «Pues en el ser del hombre, si bien se prueba, mandar es accidente, vivir esencia» (ed. Sabat de Rivers, p. 189).

2. Que, aunque alegues razones,
el ser primero
será más necesario[121],
no más perfecto.
¡Vivid, sacro Alfonso
porque todos vivan!

3. Que si en Alfonso vemos
se identifican
no es posible que una
de otra prescinda[122].
¡Vivid, sacro Alfonso
porque todos vivan!

---

[121] Otro concepto de la Escolástica; «necesario» significa algo que (desde algún punto de vista) no puede no ser. El vivir es lo que no puede faltar, pero será más perfecto mandar, ya que supone lo primero, que es la vida.

[122] Vida y mando solían ir parejos, ya que el cargo episcopal (en principio) era vitalicio; lo cual, según vimos, no se verificó con Pozo y Silva, quien hubo de dimitir tres años antes de su muerte.

Celébrenle todos
[185][123]

Celébrenle todos su venida,
que a su amparo está nuestra dicha asida.

Coplas   1. Celebre el mundo
la venida de un sol,
que ilustra el orbe
con claro esplendor,
y la tierra alegre
su hermoso arrebol.

2. Al ilustrísimo Príncipe
aplaudan con melodía
las voces, y los acentos.
Suenen todos a porfía,
que de dos soles los rayos
se miran en este día[124].

3. Dichoso, Mizque[125], que tienes
en tu iglesia ya un Pastor

---

[123] CJEF. Portada: «Dúo para el Señor Oblitas, con violín. Celébrenle todos. 1757». Esta pieza debe de haber sido compuesta para la entrada de Fernando José Pérez de Oblitas, Obispo de Santa Cruz entre 1757 y 1760. Antes había sido obispo de Asunción del Paraguay, y es probable que por su apego a los jesuitas (descontentos por el Tratado de 1750) fuera alejado con este nuevo nombramiento (ver DHB). La presencia de esta obra en la colección permite pensar que su recepción solemne tuviera lugar en La Plata.

[124] En el caso de que lo dicho arriba fuese correcto, es decir, que tomara posesión solemne de su silla episcopal cruceña en la ciudad de La Plata, los dos soles podrían ser él mismo y el arzobispo de esta ciudad.

[125] «Mizque, Arani y otras poblaciones que antes pertenecían a la diócesis cruceña y hoy son de Cochabamba» era el lugar de residencia de los obispos de Santa Cruz hasta 1802. El primer obispo que resolvió residir en esta última ciudad fue Manuel Nicolás de Rojas y Argandoña (Ramallo Mendoza, 1997, p. XVIII).

que, puesto en el candelero[126],
será luz que cause ardor;
y el pobre en él logrará
tener abrigo y calor.

4. Para todos será sol.
Por prados gozarán
lo benigno de su influjo[127]
y con franqueza tendrán
colmados en él los bienes
que de su mano verán.

[126] Referencia a *Mateo* 5, 15-16: «neque accendunt lucerna, et ponunt eam sub modio, sed super candelabrum, ut luceat omnibus qui in domo sunt. Sic luceat lux vestra coram hominibus: ut videant opera vestra bona, et glorificent Patrem vestrum, qui in caelis est».

[127] Nuevamente encontramos la influencia de los astros; el sol, entre ellos es el que prodiga los bienes a la tierra.

Durad, María Arancibia
[266][128]

Durad, María Arancibia, tantos años
que la gloria mayor de vuestro estado,
atributo de ángel[129], te adquiera el Hado[130],
a pesar del tiempo y sus desengaños.

Coplas   1. Recibe los buenos años,
dichosa Arancibia,
de quien sólo con tus dichas
puede su fortuna enriquecer.

2. Recíbelos, que es razón
que de mi amor y tu fe
componga el tiempo una unión
que le sirva de interés.

3. Y si mido a mis deseos
tu felicidad, bien sé
que no tendrá tu Fortuna
qué envidiar ni qué temer[131].

4. Vive pues, y si así empiezas

[128] CJEF. Portada: «Para los días de la señora abadesa Arancivia». Dúo. La única María Arancibia de la que tengo noticia es la propietaria de un inmueble vecino al Beaterio de Santa Catalina de Siena, que en 1777 vendió su propiedad a dicho beaterio, siendo priora Dña. Engracia de la Encarnación. Se puede pensar que en algún otro momento ingresara al mismo y llegara a ser Abadesa.

[129] A cuál de los atributos angélicos se refiere el poeta no puede decirse con certeza; tal vez se trate de la virginidad, o de la impasibilidad, como lo sugiere el verso siguiente; y apoyaría la idea de la posible entrada a la vida conventual en edad madura de María Arancibia.

[130] En la parte de Tiple segundo, «adquiere». 'Hado': el uso que le da el poeta parece corresponder al que anota Covarrubias: «en rigor no es otro que la voluntad de Dios, y lo que está determinado en su eternidad».

[131] Estas expresiones parecen apropiadas para dirigirse a una benefactora, a quien se asegura la ventaja de su acción: los bienes ya no estarán sujetos a la «fortuna» (suer-

el año con tan buen pie,
será siempre veinticinco
el que es hoy cincuenta y tres[132].

te), gracias al desprendimiento de Arancibia. La Fortuna no podrá envidiar ni temer la dicha de la homenajeada.

[132] Tal vez estaría festejando sus 53 años; la voz poética puede estar deseándole una perenne juventud, representada con la edad de 25. En este verso el Tiple primero omite el verbo.

¡*Guerra!* ¡*Al arma!*
[331][133]

[Loa. Personajes: el Mérito, la Diócesis, la Fama, ...]

Todos   ¡Guerra! ¡Al arma!
                 Suenen los clarines,

Mérito   retumben las cajas[134],

Todos   y en bélica, armoniosa consonancia,
                 clarines y cajas
                 resuenen, retumben,
                 reduzcan[135],

Mérito   atraigan,

Diócesis y Fama flores hermosas,

---

[133] ACSB. Sin portada. Siete voces. Hay dos juegos manuscritos; del más adorna-
do de ellos (A) solamente se conserva el continuo y el papel de la Fama, mientras
que del otro (B) están los papeles de la Diócesis, del Mérito, de la Fama y otras tres
voces (Tiple, Alto y Tenor del segundo coro) que no constituyen papeles de otros
personajes; al primer coro le falta un tiple que con seguridad corresponde a un personaje. En la parte superior de los papeles de este juego se lee «Loa a siete», y (sólo)
a primera vista podría pensarse que se trata de un juego completo. El texto de la
Fama, en uno y otro juegos es idéntico hasta el verso en que por cuarta vez todos
exclaman «¡Silencio, atención, cuidado, pausa!». Sigo en la transcripción el juego más
completo, y a pie de página añado los textos de A que no aparecen en B (los de la
Fama y algunos versos sueltos anotados en el continuo). B parece una reelaboración
de A para una obra distinta. Las referencias a Chuquisaca, en algunos versos, hacen
pensar en un festejo en la ciudad de La Plata. El texto de esta pieza fue parcialmente publicado en Seoane-Eichmann, 1993, pp. 100-01; en dicho libro se mantenía la
duda acerca de si esta pieza correspondía a una de las loas de Juan de la Torre compuestas para la entrada del virrey Morcillo a Potosí y publicadas en Lima en 1716.
Gracias a la amabilidad de José Antonio Rodríguez Garrido, quien me facilitó los textos de las loas, se descarta esta posibilidad.
[134] Cajas: tambores.
[135] Reducir aquí significa «ceñir o resumir», que se aplica tanto a un texto como
(en la pintura y otras artes) «hacer un cuadro más pequeño, guardando la proporción

	estrellas claras,
Diócesis	que de arqueros unos
Fama	y otros de atalayas[136]
Mérito	le hagan la salva.
Todos	¡Al arma, guerra!
Diócesis y Fama	Pero guerra galana, pero lid honesta, que en paces se convierta[137]...
Mérito	... pero lid honesta, pero guerra galana que pare en bonanza.
Todos	¡Guerra! ¡Al arma!
Diócesis	¡Ah de la tierra hermosa![138], que a documentos del alba pobláis, cubrís, llenáis selvas, montes, prados, playas de flores y plantas flamantes como rayos, lucidas como llamas, ¡tocad al arma, al arma!
Mérito	¡Ah del cielo luminoso!,

y medidas que tiene otro mayor» (*Aut*). Aquí los clarines y las cajas, con su sonido, deben representar (imitar «resumidamente») a la vez que atraer al «gremio» de las flores y al de las estrellas, que se encuentran en una «guerra galana» o competencia vistosa.

[136] Atalaya significa tanto la torre en sitio elevado «donde velan y hacen guardia personas destinadas para dar aviso, si por tierra se acercan tropas» (*Aut*), como la persona que lo ocupa durante el día; a quien lo ocupa de noche se le llamaba «escucha» (*Aut*).

[137] Guerra de paz: es decir, juegos vistosos que remedan escaramuzas.

[138] «Ah de / del / de la» (o «ha») es apóstrofe (de destinatario genérico) para llamar. Es expresión de llamado desde un espacio diverso de aquel al que va dirigido, para obtener respuesta. En este verso se dirige a los moradores de la tierra (las flores); más adelante el Mérito se dirigirá con la misma expresión a los celestes, los astros y estrellas, para convocarlos a la guerra. Es metáfora tópica del Siglo de Oro: 'las flores son las estrellas del cielo y las estrellas flores de la tierra' (ver DA).

que a instrucciones del aura
bordáis, pulís, doráis
polos, climas, mares, aguas[139],
de rayos y llamas
brillantes como flores,
vistosas como plantas,
¡tocad al arma, al arma!

Diócesis   Flamantes rayos,
¡tocad al arma, al arma!

Fama   Lucidas llamas,
¡tocad, al arma, al arma!

Mérito   Brillantes flores,
¡tocad al arma, al arma![140]

[139] Las nociones del cosmos que utilizan los poetas corresponden, como se sabe, a la imagen clásica del «mundo» (el universo), que son el resultado de la observación desde el hemisferio norte, lo cual permite entender algunas de sus características; sigo para estos conceptos a Isidoro de Sevilla. Polos: son los círculos sobre los que gira el eje (línea recta septentrional que pasa por medio de la esfera del universo); «de éstos, uno es el septentrional, que nunca se oculta y se llama también boreal, y el otro austral, que nunca se ve» (*Etimologías*, lib. 3, cap. XXXVI, 1). Climas son las cuatro partes del cielo: «la primera es la oriental, de donde salen algunas estrellas; la segunda la occidental, que es por donde algunas se ocultan; la tercera, septentrional, que es a donde llega el sol en los días grandes, y la cuarta, la austral, a donde llega el sol en las noches más largas» (lib. 3, cap. XLI, 1). La presencia de «mares» y «aguas» en el mismo verso no es repetición, ya que los mares y demás concentraciones de agua en la esfera de la tierra (ríos, etc.) y en la del aire (nubes) no son sino una parte de las aguas, que están presentes también en el cielo; el mismo sol es de fuego, y «dicen los filósofos que este fuego se nutre del agua y que recibe la luz y el calor de ese elemento contrario» (lib. 3, cap. XLVIII).

[140] He seguido el orden de aparición de estas expresiones paralelas en las intervenciones anteriores, dado que no es posible inferirlo de los datos de los manuscritos. Es preciso señalar que éstos no tienen barra de compás (salvo el Tiple 1.°); llevan además gran cantidad de tachaduras, de indicaciones (p. ej. «ojo», «atrás», «no sirve», esta última para unos ocho compases), errores de escritura, etc. Si a esto se añade el hecho de que en algunos sectores es matemáticamente imposible obedecer a los signos musicales, por incongruentes, se puede pensar que sólo serían capaces de interpretar con certeza la obra quienes pertenecían al conjunto, después de muchos ensayos, habiendo convenido en el valor de las diversas anotaciones. Por todo ello, y por la ausencia de la parte de Tiple 2.°, no siempre es seguro el orden de algunos parlamentos.

Todos	¡Silencio! Atención, cuidado, pausa.
Fama	Observad, entended, advertid,
	que la armonía blanda de ese clarín
	que llama a competir
	aliento es de la Fama[141],
	que eleva, que admira, que pasma;
	conciliarlos quiere,
	y componerlos trata,
	con ecos, con voces,
	con quiebros, con galas.
Todos	¡Silencio! Atención, cuidado, pausa.
Fama	La dicha no se adquiere
	aun por los que la alcanzan
	en templos de Belona[142],
	que trunca, que tala,
	que quema, que abrasa...
Todos	¡silencio! Atención, cuidado, pausa.
Fama	...sino en altares sacros,
	en peregrinas aras
	de la docta Minerva,
	que ilustra, que paga,
	que premia, que ensalza[143].

---

[141] Ver nota a *Por capitán de las luces*, en esta misma sección.

[142] Diosa romana, personificación de la guerra. Es aquí la fuerza bruta, que desentona de la «guerra galana», para la que el poeta recomienda (pocos versos más adelante) a la «docta Minerva».

[143] Minerva es la diosa romana identificada con Atenea, protectora de las ciudades (rasgo contrapuesto a Belona), que reúne atributos guerreros (escudo, casco y lanza) y la sabiduría. Este último atributo es especialmente valorado en La Plata (o Chuquisaca, ver estrofa siguiente y nota), que se preciaba de ser la ciudad erudita, donde se encontraba la Universidad de San Francisco Xavier, la más renombrada de lo que hoy llamamos Cono Sur. Queda implicado aquí el famoso debate entre «las armas y las letras». Recordemos que el debate como género literario remite a precedentes escolásticos y nace en la lírica provenzal. En España también tuvo un temprano cultivo: de 1201 es el manuscrito que contiene la «Disputa del alma y el cuerpo», a la que siguen otras entre el agua y el vino, etc. De las armas y las letras se ocuparon también autores del Siglo de Oro, entre ellos Cervantes en *El ingenioso hi-*

Y así, Nobleza y Ciencia[144],
dejad que Chuquisaca
—pues del cielo le vino—
la tenga, la traiga,
la goce, la haya.

Todos   ¡Silencio! Atención, cuidado, pausa.

Fama   Que para que el cariño
la lleve a más altas
esferas, el tiempo,
que llega, que para,
que vuela, que anda[145]...

---

dalgo, Parte I, cap. XXXVII y XXXVIII. Recuérdese que por «letras» se entiende muchas veces las leyes, al menos en algunos textos, como el mencionado de Cervantes.

[144] Posible alusión a la Audiencia y a la Universidad.

[145] Aquí es donde la versión A difiere. La mención de «tres mitras», en este juego manuscrito, lleva a pensar en Alonso de Pozo y Silva, en Gregorio Molleda y Clerque o algún otro obispo que las haya tenido a lo largo de su carrera. Su texto es el que sigue (la intervención de Saturno y otras tres más que sólo están incoadas en la parte del continuo, que no es posible adjudicar a un personaje determinado, se anuncian entre corchetes):

[Saturno]   Yo, que soy el dios Saturno...

Fama   Venid a la lid, animosos ingenios
venid a la lid, a la justa lid
que tres mitras logra ya por premios
siendo Fortuna sus merecimientos

[Personaje]   Nace a este reino...

[Personaje]   Oh, tú, Príncipe excelso...

Fama   Yo, que la Fama soy y el instrumento
que desatada en música armonía
puso en sus corvas cuerdas sino al viento,
coyundas a los términos del día,
el mar y tierra; cuando con aliento
publico el nombre de su Señoría,
prados me oigan, siendo las espumas
de la Fama, al clarín volantes plumas.
Las aves generosas, que en vistoso
escuadrón, al sol vuelan animosas,
para dorar sus plumas precïosas
en la hoguera flamante del sol...

[Personaje]   Aves que a un pozo vecinas...

Todos	¡Silencio! Atención, cuidado, pausa.
Fama	...mas ¡vuelve, Sulamitis![146],
	a tu aurora, a tu Zenid[147],
	como fuente, como río,
	al mar, al centro, al polo,
	que si os pierde,
	aún su vida será muerte,
Todos[148]	porque sus ansias logren, de finas,
	lo que anhelaban, a cuyas plantas
	se rinda el mundo por corta hazaña.
	Las finas ansias de quien le quiere
	con toda el alma, puesto que claras,
	hoy por él una y otra luz rayan[149];
	sin que a sus armas falten esmaltes
	de sangre bárbara[150].

Fama	No son leves mariposas,
	caudales águilas son
	que en la antorcha mayor
	hacen de ardientes peligros
	luminosa adulación.

Una aclaración más: donde viene el texto incoado «Aves que a un pozo vecinas», el manuscrito también lleva la indicación (tal vez fue escrita para una reutilización del mismo material) «no se dice».

[146] Sulamitis (o Sulamita, también Sunamita) es el nombre de la esposa en el *Cantar de los Cantares* («Vuélvete, vuélvete, oh sulamite», 6,12 en la Vulgata); es la amada que el poeta sagrado pondera por encima de todo. Uno de los usos habituales de la época es designar con el nombre de Sulamita el alma que no está aún decidida a apartarse de pecados leves, a la que se invita a la conversión fervorosa (ver DA), lo cual aquí parece aplicarse a la relación del obispo con el pueblo de la diócesis, con motivo de los periodos de sede vacante.

[147] Zenit: «Term. astronómico. El punto de la esfera celeste que corresponde directa y perpendicularmente sobre nuestra cabeza en el hemisferio superior de nuestro horizonte» (*Aut*).

[148] Antes de lo que sigue, todos vuelven a cantar toda la estrofa anterior (a excepción de los últimos dos versos), con diversas repeticiones.

[149] Puede referirse a la luz diurna y a la nocturna de los festejos. Rayar es aquí iluminar.

[150] Imposible adivinar a qué se refiere con esta afirmación, que es repetida más adelante (si no interpreto mal el manuscrito; está bajo el mismo renglón de música, a continuación de los textos superpuestos de dos estrofas).

¡Bien haya el luminar que nos raya![151]

Y que de gracia la ha conseguido hoy Chuquisaca,
será por causas que el Real Acuerdo[152]
con razón halla: ciencia elevada,
consejo recto, recta enseñanza
que a luces altas teje su celo
y su fe labra; sin que a sus armas
falten esmaltes de sangre bárbara.

¡Bien haya el Apolo[153] que hoy nos raya!

Diócesis   Ínclito luminar[154] generoso,
hoy con la presencia clara de otro
luminar ilustre, nos alumbra;
y a esta causa, métricas dedican
las consonancias: ¡bien haya
el Apolo que hoy nos raya!

Fama   Júbilos le repitan alegres
los clarines de la Fama
y dando el eco a los cielos,
porque su esplendor iguala,
músicos a lo divino
le cantan: ¡bien haya
el luminar que nos raya!

Mérito   Célebres le consagre trofeos,
en generosas estatuas,
la Fortuna, cuya voz,
con la de los tiempos varia,
mística diga siempre en Chuquisaca:
¡bien haya el Apolo que hoy nos raya!

[151] Aquí, aunque parece un *tutti*, varía el orden de versos en la parte de la Diócesis; sigo el que aparece en las de la Fama y del Mérito.

[152] Tampoco tengo pistas, de momento, sobre tal Acuerdo.

[153] Ver nota al estribillo de *Por capitán de las luces* y a la tercera copla de *Ruiseñores, venid al aplauso*, en esta misma sección.

[154] Bajo el quinto renglón (musical) del reverso, el papel lleva el texto arriba transcrito; bajo el séptimo renglón, dice nuevamente los mismos versos, con una variante: en vez de «Ínclito luminar», comienza con «Délfico numen».

Hecho un Etna de amor
[337][155]

Recitado   Hecho un Etna[156] de amor, todo abrasado,
                  que por amor se ve sacramentado[157],
                  el Esposo, entre velos gloria ostenta[158],
                  y a él la esposa, velada, se presenta.

Aria   Hoy, en las nupcias,
                  el sacro Esposo
                  celebra el gozo
                  de velación;
                  y a él Manuela[159],
                  muy fina y amante,
                  firme y constante,
                  da el corazón.

[155] CJEF. Portada: «Cantada a violín solo para la profesión de Sor Manuela de San Rafael, Carmelita. Hecho un Etna de amor. Año de [17]75. A la Epístola».

[156] Volcán por antonomasia; designa «lo que está muy encendido y ardiente, y como echando llamas» (Aut).

[157] El Santísimo Sacramento (Cuerpo de Cristo) es representado como un volcán de amor divino, que se entrega como Esposo místico de Manuela.

[158] El poeta muestra a ambos desposados con velos: Jesucristo está presente bajo el «velo» del pan eucarístico, y Manuela con el del hábito monacal.

[159] En trova: «y a él mi Teresa».

Ilustre y muy prudente señor
[365][160]

Recitado   Ilustre y muy prudente señor,
a cuya dedicación dichosa
queda corta la erudición
armoniosa; aunque se excede
tan fervorosa,
ya quisiera celebraros,
gran Marqués, al compás de mis deseos,
oh, sol hermoso; pero quedarán
las voces desvanecidas,
y en sus ecos todas desasidas.

Aria   ¿Quién se atreverá, señor,
a aplaudir indiscreto
sin temer que ya el acierto,
por más que diga de amor,
quede corto a tu esplendor?[161]
Pues tan lucido en nobleza,
tanto como la Marquesa,
dedicas a Cristo esposa
una Manuela dichosa,

---

[160] CJEF (el *Catálogo* de W. A. Roldán omite consignar la procedencia, pero el autor lo hace en el trabajo mecanografiado *Inventarios de las colecciones*). Portada: «Cantada sola, con violines y trompas obligadas para la Profesión de Doña Manuela Bilbao. Año 1772». El poeta celebra, más que a Doña Manuela, al Marqués Bilbao, padre de la profesa (no identificado). Por la homonimia de la destinataria, no debe descartarse que esta pieza haya sido compuesta para la misma que la anterior (*Hecho un Etna de amor*), la actual para su ingreso como novicia, y la otra (de 1775) para su profesión solemne.

[161] He optado, como única solución posible (a mi entender) para una lectura gramaticalmente aceptable, por añadir la preposición «a» en este verso, que podría faltar en el manuscrito, y que no afecta a la métrica. Asimismo, he puesto en subjuntivo el verbo, que en el manuscrito aparece en indicativo.

que de tu purpúreo humor[162]
nació noble flor hermosa,
como entre claveles rosa[163],
oh, Bilbao, gran señor.

Sean tus felicidades,
en consorcio de tu esposa,
tan sublimes, cuyo aumento
les dé envidia a las edades
y se asombre el mismo Tiempo.

[162] Eufemismo para designar la sangre.

[163] Para resaltar el valor de Manuela se usa una comparación muy frecuente para la bella, pero al servicio del sentido místico: ella es rosa escogida por Cristo con predilección, de entre un conjunto de flores más comunes (claveles), las demás jóvenes de su edad.

Ruiseñores, venid al aplauso
[649][164]

Ruiseñores, venid al aplauso[165]
de las ninfas[166] más bellas
que admira el primor,
venid, llegad, cantad
con sonora voz,
que las flores respiran fragancias
cuando las huella[167]
su obsequio mayor[168].

Coplas   1. Toda la hermosura
que así se excedió
campea vistosa,
dejando cautiva
a la admiración.
Venid, llegad, cantad
con sonora voz.

---

[164] ACSB. Portada: «Villancico a cinco. Segundo tono. Ruise[ñores], venid al aplauso. A[ño] 1734. Caima». Está también tachada la indicación «Navidad del Sr.». Parece
una recomposición que hace referencia a atildados miembros de la Audiencia (ver tercera y cuarta copla) que podrían estar reunidos en un festejo.

[165] La parte de Bajo no lleva otro texto que «Avecillas, venid» como estribillo.

[166] Deidades doncellas que pueblan las fuentes, el campo y los bosques. Son considerados espíritus de la Naturaleza en general, cuya fecundidad y gracia personifican.
Puede tratarse de las mujeres presentes en el hipotético festejo.

[167] En algunas particelas se lee el verbo en plural, en varias de las repeticiones
del verso; lo considero errata.

[168] Las damas (ninfas) objeto del culto de los amantes (ruiseñores) son el mayor
obsequio de las flores. Se supone el motivo tópico de que los pies de la bella hacen
florecer el suelo donde pisan. Comp.: «[...] alegra con tu vista aquestos prados, / y
míralos agora / inútiles, gastados, / después que de tus pies no son pisados» (Sedeño,
«Casteo solo», vv. 96-100).

2. Aplausos las aves
en dulce canción
hacen con gorgeos,
formando en las ramas
verde facistol[169].
Venid, llegad, corred
con sonora voz.

3. Si a la luz de Febo[170]
celebra su voz,
hoy contemplan astros[171]
que en lo regio y sabio
dan envidia al sol.
Venid, llegad, corred
con sonora voz.

4. Nobilísimos héroes
de ilustre blasón,

[169] El facistol es un mueble piramidal, giratorio, sobre el que se colocan los libros corales. Estos son de gran tamaño, de tal modo que todos los integrantes del coro de canónigos puedan leer del mismo libro. Es frecuente la metáfora del árbol como facistol de pájaros. Sin embargo, aquí la voz poética designa con el facistol al mismo coro de aves.

[170] Nombre de Apolo, que era considerado personificación del Sol. Lo regio corresponde al Sol como rey de los planetas: «La luz de todos los planetas les viene del Sol, que hace el día» (León Hebreo, *Diálogos de amor*, 103b); «y porque el Sol da claridad a la Luna y a los demás planetas y estrellas, le llaman señor y regidor de las estrellas» (Pérez de Moya, *Philosofía secreta*, lib. II, cap. XVII, Declaración). La relación entre Apolo y la sabiduría aparece explicada, entre otros sitios, en Pérez de Moya (lib. II, cap. XIX, art. II): «O porque el Sol, entendido por Apolo, es un planeta que, según los astrólogos, a los que nacen en su ascendente les inclina a saber sciencias, o porque este Apolo, en cuanto hombre fue, según Theodoncio, el primero que conoció muchas virtudes de hierbas y el que las aplicó a las enfermedades, por lo cual [...] no sólo le tuvieron por inventor de la medicina, mas aun por dios de la sabiduría».

[171] Los astros son «estrellas grandes como Orión y Bootes» (Isidoro de Sevilla, *Etimologías*, lib. III, cap. LIX, 2). Nótese el juego dilógico: la voz de estas aves (ver copla segunda) se oye habitualmente de día, pero esta vez, el hacerlo de noche permite que los astros, por el privilegio de contemplar el espectáculo de las bellas ninfas, superen al sol. A la vez, los «astros» son personajes presentes en la celebración, quienes detentan poder (participan de lo «regio») y son alabados por su sabiduría.

prudente senado[172]
de quien la justicia
jamás se apartó,
venid, llegad, cantad
con sonora voz.

[172] Senado: «por extensión se toma por junta o concurrencia de personas graves, respetables y circunspectas» (*Aut*). En textos latinos de los siglos XVI y XVII suele usarse la palabra «senatus» para referirse a las personas que, en una ciudad, constituyen en conjunto su representación oficial; y en La Plata se la usaba para designar a los integrantes de la Real Audiencia (por ejemplo en los autores que escriben los textos encomiásticos publicados en los preliminares de ambos volúmenes del tratado *De regio Patronatu*, de Pedro Frasso).

¡Fuera, que va de invención!
[846][173]

¡Fuera!, que va de invención![174],
para aplaudir al Pastor
que está en su sitial[175].

---

[173] CJEF. El ítem del Archivo incluye una portada que dice «Navidad del Señor. Trunco». Hay dos juegos manuscritos con la misma música. El que transcribo es para ocho voces y le falta el Tenor del segundo coro, que cantaría las coplas quinta y décima (falta también el Bajo, pero solía ser instrumental). El texto más trunco, que no se incluye aquí, es navideño; coincide en algunos versos y en la estructura con un pliego de «Villancicos que se han de cantar» en la catedral de Barbastro, del año 1677 (Huesca, Imprenta de Juan Francisco Larumbe), que se conserva en la Biblioteca Nacional de Madrid, 6, 3. Los dos textos fueron publicados parcialmente en Fortún, *Antología* (el navideño en pp. 29-30; el de circunstancias en pp. 33-35).

[174] En las fiestas cortesanas de la Península, ya en el siglo xv, eran muy frecuentes los acertijos donde se daban cita elementos iconográficos y textuales. El *Cancionero de Rennert* ofrece buenos ejemplos de motes, letras e invenciones.

[175] La circunstancia a que alude el poema es el recibimiento de un nuevo obispo (o arzobispo, si ocurrió en la misma La Plata, lo cual es muy probable). Esto no solamente se evidencia por la introducción («el pastor que está en su sitial») o la mención de mitras (tercera copla), sino por Iris (que aparece en la primera, sexta y séptima), por los «favores» que siempre se esperan del recién llegado (séptima) y por las «penas de ausencias» (novena), que es un tema recurrente en documentos y poemas de La Plata. La pieza podría haberse compuesto para el arzobispo electo de La Plata Pedro Vázquez de Velasco, por las alusiones a su linaje noble (segunda copla) y a la academia de la que formó parte (sexta), ya que estudió hasta doctorarse en la Universidad de San Francisco Xavier, de la que fue después profesor, cargo que obtuvo por oposición. Era ya obispo de Santa Cruz de la Sierra cuando recibió el nombramiento de arzobispo de La Plata, y murió en Mizque en 1712 (año en que también falleció el compositor a quien se atribuye la obra, Juan de Araujo), antes de tomar posesión del nuevo cargo (García Quintanilla, 1964, pp. 228-29). Esta conjetura podría tal vez dar lugar a mayores certezas con una revisión de los lemas de los escudos familiares (los episcopales no dan luces sobre esto); no sería extraño encontrar alguno con la expresión «ex bello pace» o su contraria, con las que juega repetidamente el poema, junto con otras diversas claves para comprender muchas de las expresiones obscuras de las coplas.

Y salga lo literal[176]
a la palestra ingeniosa[177],
tan famosa
que las musas le van a ver,
y después de cantar en pie
a sus pies toman lugar[178].

¡Andar, andar, ea, vaya!
Vaya de competencia,
vaya de copla y de verso,
vaya de juego de letras,
vaya de graves asuntos,
vaya de motes y lemas[179],
vaya de emblemas y símbolos,
vaya de glosa y de décima[180],
vaya de Pindos[181] y Píndaros[182],
vaya de justa y poética[183],

[176] Lo literal es aquí la materia sobre la que operan los dobles sentidos, el figurado, los acertijos, etc.

[177] Palestra: «metafóricamente se toma por el teatro o el paraje público en que se ejercitan los ingenios en la disputa o argumento» (*Aut*).

[178] Las musas son hijas de Zeus y Mnemósine (hay también otras genealogías); se relacionan con la idea de la primacía de la música en el Universo: no son solamente las cantoras divinas, sino que presiden el pensamiento en todas sus formas. El tomar lugar a los pies del Pastor después de haber intervenido podría ser parte del juego previsto en la celebración.

[179] Mote: «sentencia breve, que incluye algún secreto o misterio, que necesita explicación» (*Aut*); lema: «aquel pequeño argumento, o título que pertenece a los versos, empresas, emblemas y otras composiciones, así para explicar con pocas palabras el pensamiento de la obra, si es simbólica, o el asunto de ella, si es de otra especie» (*Aut*).

[180] Décima: poema de diez versos con específicas combinaciones de rima. «Banquete de las Musas. El primer plato fueron romances, *décimas*, redondillas, y todo verso español» (*Aut*).

[181] Pindo es el nombre de un monte de Tracia consagrado a Apolo y a las musas.

[182] Poeta griego, autor —entre otras cosas— de los *Epinicios*, colección de odas en que se celebra a los vencedores de juegos olímpicos. Su presencia en estos versos es coherente con la justa de la que habla la obra.

[183] En el manuscrito puede leerse «vaya de justa y poética, vaya de poética». Evito la repetición.

vaya de española crespa[184]
vaya, vaya.
Y yo diré, aun siendo tan lacia[185],
que soy latinesca,
ea, vaya, ea, vaya.
Vaya de empresas[186],
ea, vaya,
y a no ser *ex bello pax*[187],
ex pace bellum hoy sea.

Coplas   1. Mi[188] Clío, como Octaviana[189]
su entrada feliz celebra,

---

[184] Metafóricamente se dice del estilo elegante y realzado; por ejemplo «el poeta dessas endechas escribe de lo más crespo» (*Aut*).

[185] Uso trilógico. Lacio (*latium*) es a la vez: a) el valle del que toma el nombre la lengua latina; b) «flojo, marchito o ajado [ ] *Santiag. Quar. Serm. 5 consid. 1*. El ejemplo de la rosa del sol lo deja muy fácil, que mientras el sol la mira está alegre, derecha y hermosa, y cuando se le retira al Occidente ella queda *lacia*, mustia y melancólica» (*Aut*); y c) antónimo de «crespo» en su sentido recto (ensortijado, referido al cabello), que aparece unos versos atrás.

[186] Con las palabras empresa, emblema y jeroglífico suele designarse un mismo género, literario y visual a la vez, cuyos elementos generales son un mote, un grabado o dibujo donde aparecen símbolos relacionados con el texto del mote, y una glosa. Fue muy cultivado en el Renacimiento (desde su modelo, *Emblematum liber*, de Alciato, de 1531) y durante todo el Siglo de Oro, no solamente en España. P. M. Daly señala que se publicaron en Europa unas seis mil obras de este género (Cull, 2000, p. 128).

[187] «La paz como consecuencia de la guerra»; en el verso siguiente invierte los términos, «a partir de la paz, la guerra», refiriéndose a la competencia de ingenios, la cual sólo es posible en un clima pacífico.

[188] Los posesivos, que se repiten en cada copla, pueden significar la posesión del arte o forma de pensamiento presidido por la Musa correspondiente, por parte de sendos personajes presentes, o de todas por la «academia» (la Universidad de La Plata, ver nota a la sexta copla). En ese sentido, como si se tratara de una cualidad propia, lo utiliza Manuel de León Marchante cuando escribe «A María en argumentos / hoy defiende mi Talía» (*Obras poéticas posthumas*, p. 278).

[189] Es misterio lo que pueda significar aquí este nombre. La pista lleva a sujetos muy distintos: desde la esposa de Marco Vipsanio Agripa, contemporáneo (y cuasi sucesor de) Augusto, hasta una de las tres bibliotecas vaticanas. Clío es Musa de la Historia; por lo dicho hasta aquí, parece que se refiere al gusto y familiaridad con la Historia de uno de los sujetos que participan en la celebración; tal vez se alegra con la llegada del homenajeado por su familiaridad con dicha disciplina.

pues el cerco de su Sol
corona de iris le cerca[190].
Y diga el mundo que ha sido
in ingressu augurium[191].

2. Mi Talía cantará
que fue de un Sol su nobleza
pues lo antiguo de su casa
blasona de solariega.
Y diga el orbe que es
parentis illustrior soboles[192].

3. Mi Euterpe sagradas altas
sus dignidades venera,
pues el pensar en sus mitras
se le puso en la cabeza.
Y diga el canto que su honor
es *supra caput*[193].

4. Mi Terpsícore sus méritos
los tiene por primaveras,
pues fragancias de virtudes

---

[190] El arco iris; «se llama también al que media o pone paz entre los que están discordes. Es tomada la analogía de haber puesto Dios el arco iris en el cielo por señal de paz con los hombres» (*Aut*). Por lo general, se esperaba que un nuevo obispo consiguiera pacificar conflictos y problemas de competencias entre las autoridades civiles y eclesiásticas, que eran muy frecuentes en La Plata; al punto de que una obra que gozó de un éxito sostenido a lo largo de los siglos coloniales fue *Gobierno pacífico y unión de los dos cuchillos, pontificio y regio*, de Gaspar de Villarroel, obispo de Santiago de Chile y después arzobispo de La Plata (ver Eichmann, 2001, pp. 40-44). La corona de Iris podría ser alusión a la mitra como símbolo de aquella función o actividad moderadora.

[191] Literalmente «vaticinio en la entrada»; al igual que otras frases latinas de fin de copla, no está clara la interpretación porque desconocemos aquello a que hace referencia. Es posible que fuera el mote de un emblema.

[192] «Parente illustrior soboles», en el manuscrito. He escogido el genitivo, aunque ninguna solución a la vista me pareció óptima (no creí conveniente hacer más de un cambio): 'muy ilustre progenie de su padre'.

[193] Puede traducirse como «sobre la cabeza» (obviamente en alusión a la mitra) o también «por encima del límite», es decir, en la más alta eminencia.

sólo entre flores campea[194].
Y diga el Pindo que exhala
ex odore virtus[195].

5. Mi Erato ...[196]

....

Y diga el cielo que es
electum in electum[197].

6. Mi Calíope tan uno
le vio con esta academia[198],
que su arco[199] en los colores
aunque es otro es ella misma.
Y diga el Iris que en todo
es *alter et ipse*[200].

7. Mi Urania, no ya de paso,
sus favores le celebra[201],
pues de asiento a todas horas,
lo benéfico dispensa.

---

[194] Terpsícore es musa de la poesía ligera y la danza. Las primaveras pueden ser aquí los años, numerosos como las virtudes del homenajeado; éstas a su vez serían fruto arraigado por muchos años de práctica.

[195] «Fuerza (o valor) gracias al perfume». El buen olor simboliza la buena fama y costumbres. San Pablo, en *Corintios* II, 2, 14-17 dice «Gracias a Dios, que [...] derrama por medio de nosotros en todas partes el buen olor de Cristo delante de Dios...». Rabano Mauro glosa el texto paulino del siguiente modo: «odor est suavitas sanctitatis, ut Cantico: 'Et odor unguentorum super omnia aromata', id est, suavitas virtutum tuorum omnia excedit dulcia huius vitae» (DA).

[196] La copla falta en el manuscrito, salvo los versos finales. Me pareció evidente que Erato debía ocuparla, y doy por supuesto el posesivo.

[197] «Excelente para la elección». Se celebra su nombramiento.

[198] Probablemente, como ya vimos, la Universidad de San Francisco Xavier; responsable, al parecer, de la recepción.

[199] La Musa de la poesía épica interviene en el juego dilógico con la palabra «arco».

[200] «Otro y el mismo».

[201] Al igual que los astros (objeto del conocimiento de Urania, Musa de la Astronomía) no se detienen, celebrará continuamente (o sea, no «de paso») los favores constantes del nuevo prelado, considerado astro benéfico.

Y diga Apolo que es iris
quotidie et noctu[202].

8. Mi Polimnia publica
en su arco paz y guerra,
pues de punta en blanco armado,
le miró por una flecha[203].
Y diga el gozo que es luz
pacis et armorum[204].

9. Mi Melpómene a la par
le endechará sus ausencias[205]
dando en lo negro del traje[206]
el blanco a que tiran penas[207].
Y diga el golpe que es
sin color *prae dolore*[208].

10. ....[209]

....

Y diga el aire
que *Manna et licem affert*[210].

---

[202] «Cada día, y también de noche»

[203] El masculino «armado», referido a Polimnia, apoya la identificación de la Musa (de atribuciones variables en la mitología) con un personaje de la Universidad. Flecha: «Por metáfora se llama cualquiera cosa que molesta y causa desabrimiento y pena. Dícese muy regularmente del dicho picante y del amor» (*Aut*). No hay elementos para saber a qué se refiere el texto, aunque pueden notarse los juegos dilógicos.

[204] «De la paz y de las armas».

[205] Melpómene es la musa de la tragedia; su papel le corresponde plenamente.

[206] El traje sacerdotal.

[207] Otra dilogía con blanco (color y a la vez objeto sobre el cual se dispara), que a la vez ocasiona el juego de antítesis con el color del traje.

[208] «A causa del dolor».

[209] Acabadas las Musas, no acierto a adivinar a quién puede atribuirse esta copla. Podría conjeturarse Apolo, por ser quien las preside.

[210] «Que trae maná y agua». En el manuscrito se lee «liscem», que parece errata; propongo «licem», de lix, licis, agua, que viene mencionada junto con el maná en muchos pasajes bíblicos en los que se recuerdan los beneficios que Dios otrogó al pueblo israelita en el desierto, al salir de Egipto, (ver *Deuteronomio*, 8, 15-16; *Salmos*, 104, 40-41; *2 Esdras*, 9, 20). En *Éxodo*, 16 y 17, respectivamente, están las narraciones sucesivas del maná y del agua. En el texto, ambos beneficios podrían significar los sacramentos, en concreto el Bautismo y la Eucaristía.

Hoy a tu dulce venida
[1090][211]

Hoy a tu dulce venida[212]
esta ciudad rendida
cultos brinda, mi señor
Y en afectos que acrece
satisfacciones ofrece
en el templo de tu amor[213].

Recitado   Nace de tu ausencia
en Hado fatal,
a este tu rebaño,
inaudito daño;
y de tu presencia
oh, suave Pastor
las luces del bien.
No huyas, mi amado, ven[214].

Aria   ¡Ay, ay, que en el pecho
no cabe el ardor
de tanto amor
que llego a sentir!

[211] CJEF. Portadas: «Hoy a la dulce crueldad. Del Dr. Leyseca. Año 1764» y «Hoy a la dulce crueldad». Solo. El ítem contiene dos juegos de particelas. La que transcribo aquí lleva también el texto de *Hoy a la dulce crueldad*, que se encuentra en la sección de Letras de Amor. Las coincidencias entre ambos textos no son numerosas, salvo tres versos de la segunda aria: «¡Ay!, que en el pecho / no cabe el ardor / [...] / que llego a sentir».

[212] Este es sin duda otro poema de bienvenida a un Obispo entrante.

[213] El amor humano fue presentado desde la literatura medieval como un culto que poseía su propia liturgia. Aquí se aplican los mismos cánones al amor a la nueva autoridad, artificio común en el Siglo de Oro.

[214] Señala los prolongados periodos de vacancia de sede episcopal en La Plata, tema que, como ya se dijo, dio lugar a diversas quejas.

¡No más enojo,
baste de desdén!
Ven, mi amado, ven
a este tu redil.

II. LETRAS DIVINAS

1. JESUCRISTO

a. Epifanía

Los negrillos de los reyes
[640]¹

Introducción   Los negrillos de los reyes
          vienen esta noche regia²

---

¹ ACSB. Portada: «Negritos a dúo para la Navidad del Señor. Con violines». Tres voces, una de ellas a cargo de la introducción a solo y las otras dos en diálogo. Para «Negritos», ver Estudio introductorio, *Formas poéticas*. Como toda habla de grupo que aparece en obras literarias, el «habla de negro» se constituye ligada a dos factores: reproducción de la realidad (sobre todo en los comienzos de su aparición literaria) y estilización creadora, con su correspondiente codificación (ver Granda, 1978, pp. 216 y ss.). Utilizo como guía para la identificación de los cambios fonológicos y morfosintácticos el trabajo de Panford, 1996. Al analizar solamente cuatro obras, el autor no abarca todos los fenómenos, pero es muy útil como referencia general. Solamente señalo la primera vez en que se da cada tipo de fenómeno; en algún caso ofrezco alguna ayuda adicional, cuando por la presencia combinada de varios de ellos una expresión es difícil de interpretar. Además, señalo cuáles son los cambios que no registra Panford. Illari (1995, p. 384), afirma que el compositor es Ceruti. El texto de esta pieza fue publicado parcialmente en Seoane-Eichmann, 1993, pp. 95-96.

² En este verso y en el anterior se supone aquí a los «negritos» formando parte del cortejo de los Reyes Magos. Para esto hay que tener en cuenta que San Mateo (2, 1) habla solamente de magos (sabios), mientras que la tradición les añade el títu-

con su villancico al canto
compuesto de nota negra[3].

Que salga de buena tinta
su regocijo quisieran,
sus conceptos de Etiopía[4]
y sus solfas de Guinea[5].

Estribillo   Resuene la tlompetiya[6],
suene la cascabeliya,
catañuela[7] y banderiya,
que ha nacito[8] la Diosa[9].
Tututurutú

lo de reyes. Sobre esto ver nota en *¡Aquí, zagales!*, de esta misma sección. Para el relato completo transmitido por San Mateo, ver *Vaya de jácara nueva*, más adelante en esta sección, que sigue casi paso a paso los sucesos del Evangelio.

[3] El poeta introduce dilogías jocosas como ésta; en la siguiente estrofa está la mención a la «tinta», etc.

[4] «Etiopía es significada en dos partes, esto es: en la oriental, la cual es llamada Morbena, donde son las gentes más negras que en otra parte [...] Y en Etiopía está el reino de Saba, donde fue uno de los reyes que vinieron a ofrecer a Nuestro Señor a Belén, y fue señor de Etiopía» (Mandavila, *Libro de las Maravillas del mundo*, cap. XLII).

[5] No se hacía mucha diferencia entre Etiopía y Guinea, tal vez porque desde la Antigüedad se identificó con el nombre de «etíopes» a los africanos negros. Covarrubias anota que Guinea era «la tierra de los negros o etíopes en Africa». De Guinea era fama que sus pobladores eran más negros que el carbón. Hablar de «solfas de Guinea» también es dilógico, por referencia al guineo, «una danza de movimientos prestos y apresurados; pudo ser que fuese traída de Guinea, y que la danzasen primero los negros, y puede ser nombre griego del verbo *kineo, moneo, incitor*, por la agilidad y presteza de la danza» (*Cov*). Nótese que estos dos versos finales de estrofa aluden a la letra (conceptos de Etiopía) y a la música (las solfas).

[6] Yeísmo. En Charcas siempre existió la distinción entre /j/ y /ʎ/, hasta hoy.

[7] Elisión de /s/, en sílaba interior y final.

[8] Ensordecimiento /d/ > /t/, no identificada por Panford en las obras que analiza. No es caso aislado en este poema; más adelante vemos: venido > venito.

[9] Paragoge de /o/ final (Dios > Dioso) y confusión de género, bastante frecuente (p. ej. soldado > soldada, o en nuestro poema: estandarte > estandalta, etc.). Podría también pensarse en una confusión /o/ > /a/: Dioso > Diosa; Panford identifica esta forma en *El santo negro Rosambuco* de Lope de Vega y en *El negro del mejor amo* de Mira de Amescua. Este fenómeno parece contradecir la regla fonológica según la cual «las vocales suelen hacerse más posteriores» (p. 128), pero en general viene motivada por otras causas, como la mencionada en primer lugar.

tataritatá
que chacharachá[10],
tipilitipí
tatatá tatalá tatatá.

Vióro[11] Flaziquíyo[12],
no samo[13] en Angola,
que samo en Plotala[14],
mirando la Aurora[15],
tututurutú,
tataritatá
que ha nacito la Diosa.

Y qué fiesta disponemo
para la gente que bemo[16]
ha venito a los Maitines
juzgando vel matachines[17]

---

[10] La introducción de versos agudos, considerados cacofónicos en el Barroco, responde también a intención jocosa, a la vez que a la representación onomatopéyica de percusión de instrumentos.

[11] «Viólo»; confusión de lateral y vibrante: /l/ > /r/.

[12] Confusión similar aunque opuesta, /r/ > /l/, muy frecuente (como se ve más adelante p. ej. en negro > neglo); a ello se suma la elisión de /n/ (no registrada por Panford) y elisión de /s/: Francisquillo > Flaziquíyo.

[13] Confusión /o/ > /a/, elisión de /s/ final y confusión de verbos estar > ser; o sea: estamos > somos > samo.

[14] Paragoge de /a/ final (no señalada por Panford). «Que estamos en el Portal».

[15] «La metáfora de la aurora aplicada a María está ya en el *Cantar de los Cantares*, 6, 9: '¿Quién es ésta, dijeron, que va subiendo cual aurora naciente, bella como la luna [...]?'. Este verso se aplica en la liturgia a la Virgen Santísima» (DA). También la encontramos en textos litúrgicos: «[...] ex te enim ortus est sol iustitiae, Christus Deus noster» (Antífona *ad Magnificat* de la solemnidad de la Concepción; en la colección de códices corales de La Plata, vol. LG22, f. 17 y vta.; también LP6, f. X vta. y XI). Fray Luis comenta este simbolismo en relación con el rocío, para Cristo, en el vientre de la Madre. Calderón utiliza este símil repetidas veces, incluso en el título de la comedia *La Aurora en Copacabana*.

[16] Hacía siglos que ya no había distinción entre bilabial y fricativa; y en el siglo XVII se utilizaban de modo indistinto las grafías «b» y «v» para el fonema /b/ y sus alófonos. He optado, sin embargo, por dejar la forma manuscrita, pero sin intención de identificarla como aspecto del habla de negro.

[17] Danza española de los siglos XVI y XVII. Covarrubias señala el carácter atlético de esta danza, que compara con las fuerzas de Hércules. Por su parte, Panford afirma

como si no fuela branca[18],
tututururutú,
tataratatá,
que ha nacito la Diosa.

-Halemo la plosisiona
de Colpus Chisti[19], pues sabe
que za[20] la misma que cabe

que la última sílaba significa «tambor» en idioma fante. Emilio Cotarelo y Mori, afirma que «este baile grotesco sirvió en España, principalmente para dar fin a las mojigangas, cuando no tenían otro medio mejor de ponerles término. Así, por ejemplo, en la *Mojiganga del Diablo* (1698), se dice al final que saldrán todas las figuras: «a acabar la mojiganga / en traje de *matachines*, / con que formando una danza / daremos fin a la fiesta». Lo característico de los *matachines* era su traje extravagante sin responder a ninguna idea determinada, a veces de salvajes, y los movimientos descompuestos y exagerados, aunque siempre rítmicos y coordinados entre los que los ejecutaban al son de la música. Los matachines se usaron en Francia e Italia, y de ellos, así como de los españoles, hay mucha memoria. Además de baile era una especie de representación pantomímica» (Cotarelo y Mori, 1911, pp. CCLIII-CCLIV). Rafael Ramos indica que «no todas las apariciones de los matachines implican que éstos bailen la danza que lleva su nombre [...]. 'Matachín' fue, en principio, el nombre de un personaje de espectáculos callejeros, como Polichinela o Arlequín. Debía efectuar algún tipo de baile estrambótico [...] vestido de manera ridícula [...] y empuñando una espada, pues suele aparecer como valentón» (Ramos, 1996, pp. 309-10). Añade otros datos de interés: el personaje, al menos al principio de su aparición en el teatro menor del Siglo de Oro, no hablaba; lleva una careta con nariz descomunal; se pueden distinguir al menos dos tipos de bailes de matachines, uno de los cuales (el que triunfó desde mediados del siglo XVII) vinculan al personaje «matachín» con la figura de Scaramuccia y con la *Commedia dell'Arte*, de donde se había originado. La música que servía de acompañamiento sólo puede verse en textos tardíos, de principios del siglo XVIII. Estos elementos permiten situar con bastante precisión la manera en que nuestra sociedad entendía la palabra.

[18] Sugiere el texto lo extraño que resulta que la gente blanca confunda el canto de Maitines con la danza de matachines, cuando en realidad los personajes están dando pie a la confusión, ya que los instrumentos que están disponiendo (como se ve al comienzo del estribillo) son más apropiados para la danza que para el canto de la Hora canónica. Como se vio en el Estudio introductorio (*Fiesta y poesía cantada*) no faltarían danzas en los Maitines de la Catedral, pero difícilmente se incluiría esta forma de danza.

[19] Omisión de /r/ (no registrada por Panford), probablemente por asimilación progresiva.

[20] Formas raras: está / soy / es > sa (con cambio de punto de articulación en la consonante: /θ/), y también ensá; «pues sabe / que es».

en el vidro[21] de la Hostia[22],
y es tligo que ahora está paja[23].

- Bien ha dicho, elmano, plima[24],
la plosesiona se haga,
y tóquese la atabala[25],
y resuene la clarina[26],
y comiense la estandalta,
tututurutú,
tatataritá
que ha nacito la Diosa.

- Tantum nenglo saclamenta[27].

- ¡Jezú, qué glan dispalata!

Vaya de fiesta, vaya,
y turu[28] lo nengla

[21] No-diptongación, como también > tambén. Aparentemente se trata de una asimilación regresiva. Este fenómeno no es necesariamente propio del habla de negro, puesto que vemos la misma forma en varias obras de Lope de Vega; en el *Laurel de Apolo*, silva primera, verso 242: «en quien el claro sol principio hacía / en cada vidro de su templo al día [...]» (ed. Ch. Giaffreda, pp. 320-21).

[22] Se refiere al vidrio de la Custodia donde se expone la Hostia consagrada.

[23] Jesús es trigo en el pan Eucarístico; cuando es recién nacido, en la metáfora, es sólo un retoño de trigo (está paja). La Eucaristía presupone la Pasión, a la que se alude en las tres últimas estrofas. La consideración simultánea de los tres momentos más celebrados de la vida de Cristo (Cuna-Pasión-Eucaristía) se desarrolla a finales de la Edad Media, de la mano de la *devotio moderna* y de la espiritualidad franciscana, dedicada a la contemplación de Cristo en su dimensión humana.

[24] En lenguaje de negros 'primo' era el tratamiento usual para los cónyuges; ver *El Hamete de Toledo*, verso 131 y nota, (*Comedias burlescas del Siglo de Oro*, eds. Arellano y otros).

[25] El atabal, «por otro nombre atambor, o caja, por ser una caja redonda, cubierta de una parte y de otra con pieles rasas de becerros» (*Cov*). Según este autor proviene de la voz hebrea *betel*, que significa redondez.

[26] Atabales y clarines son instrumentos guerreros. Se identifica la procesión como un cortejo guerrero.

[27] Parodia de «Tantum ergo sacramentum», última estrofa del himno eucarístico *Pange lingua [...] corporis*, cuya ubicación litúrgica corresponde a las Vísperas de la fiesta de Corpus Christi. «Nenglo» (es decir «negro») en lugar de «ergo» es disparate, como responde la otra voz.

[28] La confusión /o/ > /u/ se debe a la tendencia ya explicada de hacer más posteriores las vocales (en este caso la influencia portuguesa no está ausente); por otra

se vista re gala[29]
resuene clarina
retumbe atabala;
y a la plosesiona
se escuche en la danza[30]:
tututurutú
que chacharachá
tatatá tatalá tatatá.
Tipilitipí
tatatá tatalá tatatá.

Coplas   – Para hacer plosesiona de Colpus,
y muy conceltara[31]
salga Antón a quital los jonvillos[32],
que calle embarasan.
Y turo lo nengla
se vista re gala,
resuene clarina,
retumbe atabala[33]
que chacharachá,
tipilitipí,
tatatá tatalá tatatá.

parte, tenemos la confusión /d/ > /r/ (puede pensarse en una asimilación doble, ya que se pasa de la linguodental a la linguoalveolar entre dos vocales posteriores) y la elisión de /s/.

[29] «Y todos los negros / se vistan de gala».

[30] Que una procesión de Corpus incluyera una danza tampoco era inusual en la época. Covarrubias, en la voz «danza», transmite la anécdota de un danzante que de camino a una fiesta de Corpus Christi quedó ebrio en una taberna, y después de dormir un día entero preguntó por dónde iba la danza. El autor añade, tal vez para remover el rechazo escandalizado que algunos europeos habían manifestado ante las expresiones de la religiosidad popular, que «el hacer danzas en las fiestas del Señor es antiguo, desde el tiempo de David, que danzó delante del arca del Señor, aunque a su mujer Micol le pareció descompostura [...]».

[31] «Concertada».

[32] Panford identifica la epéntesis intersilábica de /n/; esto permitiría leer «jovillos»; tal vez se trate de novillos; en cualquier caso es algo que interrumpe el paso.

[33] En la parte de Tiple segundo se lee «resuene atabala», por errata; sigo las otras ocurrencias de esta vuelta.

- Los tres reyes seamo plimela
que guiona le haga[34]
y en el medio Melchor[35] que za[36] nengla
que turo lo campa[37].

Y turo lo nengla
se ponga re gala,
resuene clarina,
retumbe atabala
que chacharachá
tipilitipí,
tatatá tatalá tatatá.

- Cofladía el pendona[38] no saque
en palo arrugara[39]
que lo niño zan[40] guapo y no gusta
bandera plegara[41].

[34] Antón hace la función de llevar el guión de la cofradía, que es una «cruz que lleva delante el prelado o la comunidad como insignia propia» (*Aut*); a la vez que despeja el camino de «jonvillos», encabeza la procesión.

[35] Melchor es aquí, al igual que en *Vaya de jácara nueva* (en esta misma sección), el rey negro. En cambio en *Los coflades de la estleya* (también de esta sección) es Gaspar.

[36] «Es».

[37] Campar: «sobresalir entre los demás, o hacerles ventaja en alguna habilidad» (*Aut*). En el texto, la cofradía apoya su orgullo colectivo en el rey negro, al que coloca en ventaja respecto de los otros dos. El verbo campar está emparentado con «campeador», que significa «el que sobresale en el campo con acciones señaladas por lo cual adquiere el renombre de valeroso y esforzado, nombre que se dio por excelencia al Cid Rui Díaz de Vivar» (*Aut*).

[38] El pendón o estandarte de la cofradía. Los negros tuvieron aquí cofradías; atestigua Pedro Ramírez del Aguila, de una de las capillas de la Catedral de La Plata, que es «muy rica, de bóveda con muchas piñas doradas, su advocación de Santa Ana *donde los morenos le tienen fundada una cofradía*, costó su edificio cuarenta mil pesos» (*Noticias políticas de Indias*, p. 146; la cursiva es mía), por lo que no extrañaría al público escuchar este texto, que los presenta encabezando la procesión de su cofradía. En el sur de la Península Ibérica se sabe que «los negros, esclavos o libres, abundaban en determinados barrios (como San Bernardo, San Roque y San Ildefonso, en Sevilla), tenían capillas propias en las iglesias, formaban cofradías, se reunían en plazas [...] se hacían notar como grupo social peculiar y, finalmente, se fusionaban crecientemente con la población blanca» (Granda, 1978, p. 222).

[39] La cofradía no debe sacar el pendón arrugado en su mástil.

[40] Fenómeno no identificado; aventuro «za» (es decir, «es») con /n/ paragógica.

[41] No quiere que la bandera esté plegada.

Y turu lo nengla
se vista re gala, [etc.]

– Saclistanes no ande[42] a plofía[43]
de atrás o adelanta
que Jezú a la Cluz más antigua
la puso a la espalda[44].
Y turu lo nengla
se vista re gala, [etc.]

– Sacal pasos[45] a la plosesiona
plesiso se haya,
que aunque Niño ha nacito, ya yora
por semana santa.
Y turu lo nengla
se vista re gala, [etc.]

– De la cena, pues nengla ayunamo,
el paso se haga[46]
pero Judas maldita no ponga
que soglan canaya[47].
Y turu lo nengla
se vista re gala, [etc.]

---

[42] Confusión de número: anden > ande.

[43] «Porfía»; por inversión.

[44] La orden consiste en que los sacristanes no pujen por destacarse en la procesión, mostrándose cerca de la cruz que lleva Antón, sino que imiten a Jesús, cuya Cruz
(la más antigua, origen de la otra) no era símbolo vistoso sino instrumento de supli-
cio, y la llevó a la espalda.

[45] Paso: «cualquiera de los acaecimientos de la Pasión de Cristo nuestro Señor»
y también «la efigie que se saca en Semana Santa, y llevan las cofradías en andas»
(Aut). La recomendación consiste en quitar pasos, abreviar la procesión, para que el
niño Jesús no deba observar todo lo que deberá sufrir en Semana Santa.

[46] No ha de omitirse el «paso» de la Cena, porque los negros ayunan. Este ayuno puede ser una alusión a la escasa alimentación, pero en el contexto parece más
apropiado interpretarlo como compensación a los ayunos prescritos en el calendario
eclesiástico o al ayuno eucarístico.

[47] Cambio de punto de articulación: /b/ > /g/, además de la ya vista confusión
de /r/ con /l/. No pongan a Judas en la representación de la Cena, porque ya so-
bran canallas.

¡*Aquí, zagales!*
[811][48]

¡Aquí, zagales!
¡Aquí, pastores!

Aquí, aquí, que florecen los hielos,
aquí, aquí, que se hielan las flores,
aquí, aquí, que se humillan los montes,
aquí, aquí, que se elevan los valles[49].
¡Aquí, zagales, aquí, pastores!,
aquí, aquí, que hoy es Dios quien se humilla,
aquí, aquí, quien se eleva es el hombre:
aquí, aquí, que el Oriente tributa,
aquí, aquí, hoy al Sol[50] ricos dones.

---

[48] ACSB. Portada: «Sacado el año de 1726. Natividad del Señor a ocho. Para la Natividad del Señor. Araujo». Después de la fecha, viene la palabra «Salves», tachada. El texto está publicado en la *Lyra poética de Vicente Sánchez*, pp. 240-41: corresponde a los textos cantados en la iglesia del Pilar de Zaragoza en la noche de Reyes del año 1670 (hay también pliego suelto de ese lugar y fecha). Diez años antes había aparecido esta composición, para una función que probablemente tuvo lugar en Madrid (ver ítem 136 del *Catálogo de Villancicos de la Biblioteca Nacional; siglo XVII*). Añado las coplas 3 y 5, que no están presentes en el manuscrito del ABNB y en notas señalo otras diferencias (salvo simples repeticiones de palabras). La obra fue reestrenada en Bolivia, y ha sido grabada en el CD *Barroco en Bolivia-Música de Navidad*, vol. 1, 1997. Recientemente fue publicado el texto y la partitura por Nawrot-Prudencio-Soux, 2000.

[49] La transcripción que ofrecen Nawrot-Prudencio-Soux, 2000 (vol. II, p. 113) lleva invertido el orden de los versos de los montes y de los valles.

[50] El Oriente son los Reyes Magos, que llevan dones al Sol-Jesús. «El sol como símbolo de la divinidad es muy conocido; funciona simbólicamente como imagen de Dios, fuente de toda luz. El significado de iluminación dado a la imagen del sol como símbolo de Cristo que libera al hombre de las tinieblas del pecado, tiene en la tradición cristiana amplia representación» (DA); Arellano continúa con una larga serie de citas que no incluyo. Añado solamente dos cosas: de un lado, la simbolización de la divinidad por medio del sol, en la zona andina, tuvo gran éxito gracias al sustrato cultural indígena; esto podría pesar favorablemente en la elección del texto. De otro, el

Aquí, zagales, aquí pastores
y veréis callandito[51] un Infante
tiri, tiri, tiritar con dos soles[52].

Coplas   1. Ya la plata de los riscos
desatada en hilos corre,
que esta noche, por el oro
que un Sol esparce,
cambian su plata los montes[53].

2. Por gala escarchada, el campo
verde librea vistióse.
Nada es firmezas la tierra,
y en[54] unas pajas,
todo es el cielo temblores[55].

3. Para Dios, más que en el campo
hay hielo en los corazones
y aunque hoy le acobarda el hielo
¡ay de la culpa,

hecho de que aunque la liturgia de Navidad incluyera un pasaje donde se compara a Jesús con el sol («orietur sicut Sol salvator mundi»; Antífona de *Laudes*, en *Breviarium Romanum*, Pars hiemalis), la Catedral de La Plata, como institución con tradiciones litúrgicas propias, no cantaba esa antífona sino otra cuyo incipit es «Gloria in excelsis Deo...», como se comprueba en la colección de códices corales descrita en *Melos damus vocibus*, vol. I. Los breviarios editados en Europa eran de uso general por los seculares (y también por los regulares); a excepción, precisamente, del cabildo catedralicio.

[51] «Callando» en el manuscrito. He preferido la versión del impreso de la BNM, por mayor regularidad métrica.

[52] Los dos ojos de Jesús. Juego extremo de opósitos.

[53] Los montes dejan correr el agua, que se deshiela por la acción del sol. Las metáforas implicadas llevan más lejos, ya que la plata es agua y a la vez la gracia santificante, movida (derretida, desatada) por la acción del Sol (Cristo) que les da valor sobrenatural (esparce su oro). Esta imagen metalúrgica tendría especial acogida en La Plata.

[54] En la *Lyra poética* se lee «y entre unas pajas». Aquí sigo al manuscrito.

[55] La correspondencia entre el aspecto del cielo y el de la tierra, entre los seres celestes y los terrestres, o en el estado de ambos, motivo frecuentísimo en toda la literatura occidental, aquí es aumentada por el hecho de que el cielo (Jesús, Dios hecho hombre) está en la tierra, y se presenta como niño que tiembla de frío. En la cuarta copla se le reprocha al cielo físico por no mantener dicha correspondencia.

si una vez el hielo se rompe![56]

4. Su ceño el Cielo depuso,
que fuera de sus rigores[57];
villana impiedad, que viendo
su Dios desnudo,
esté el cielo con capote.

5. Dio la noche envidia al día
porque hoy brilló con dos soles[58]
y con tener menos humos
de su luz queda
desvanecida la noche[59].

6. Hoy, de Arabia donde reinan[60],

---

[56] Identificación del hielo con la ausencia de amor, a causa de la culpa. Jesús (Dios-hombre) alcanza el perdón de las culpas humanas, y como Sol, derrite el hielo (provee de amor al hombre); el «desmedro» de la culpa, entonces, beneficia al hombre. Jesús como destructor del pecado es celebrado en la liturgia de Navidad con palabras de San León Papa: «Una cunctis laetitiae communis est ratio: quia Dominus noster peccati mortisque destructor, sicut nullum a reatu liberum reperit, ita liberandis omnibus venit. Exultet sanctus, quia propinquat ad palmam; gaudeat peccator, qui invitatur ad veniam; animetur gentilis, quia vocatur ad vitam» (lectio IV ad Matutinum, en *Breviarium Romanum*, Pars hyemalis).

[57] Antes de Cristo el hombre se hallaba bajo la Antigua Ley, como siervo. La Encarnación del Verbo hizo posible la adopción del hombre como hijo de Dios: «ut eos, qui sub lege erant, redimeret, ut adoptionem filiorum reciperemus» (*Gálatas*, 4,5), es decir, «el cielo depuso [...] sus rigores». El texto señala el contraste con el aspecto del cielo físico.

[58] Los ojos de Jesús, como ya se dijo.

[59] Aquí se juega con la asociación luz-bien, tinieblas-mal. Con las expresiones «menos humos» y 'noche desvanecida' se indica que el infierno (dominio del mal) retrocede. La liturgia de la Vigilia de Navidad lo expresa del siguiente modo: «Orietur sicut sol Salvator mundi» (Antiphona citada) y «Crastina die delebitur iniquitas terrae» (Resp. breve ad Sextam-Nonam, *Breviarium Romanum*).

[60] La tradición que hace reyes a los Magos de que habla San Mateo (ver tercera nota a *Los negrillos de los reyes*), «se ha producido según unos pasos conocidos: fueron Tertuliano (160-245) y Prudencio (s. IV) quienes primero asimilaron los Magos a los Reyes, teniendo presente, sin duda, el testimonio de los *Salmos*: 'Reges Tharsis, et insulae munera offerent: Reges Arabum, et Saba dona adducent: et adorabunt eum omnes reges terrae' (*Salm*. LXXI, 10-11)» (*Libro de la infancia y muerte de Jesús (Livre dels tres reys d'Orient)*, ed. Alvar, 1965, p. 71). Asimismo, el número de tres prevaleció sobre otras conjeturas por razones escriturarias (San Mateo habla de tres dones, de donde se infirió el número de los tres donantes), iconográficas (las representaciones en

con tres misteriosos dones[61],
por tener de gracia grados[62],
tres de corona
llegaron, puestos en orden.

7. Si no violentan los astros
mueven las inclinaciones,
y como la Estrella[63] inclina,

---

las catacumbas, salvo raras excepciones como la de Domitila, del siglo ɪᴠ, que muestra cuatro Magos; ver Íñiguez, 2000, p. 63), litúrgicas (las reliquias conservadas en la iglesia de San Eustorgio de Milán y llevadas en el siglo xɪ a Colonia eran de tres cuerpos) y simbológicas («In eo quod a magis tria offerunt, in trinitate unitate, declaretur», San Hilario, *Sermón de Epifanía* (sigo en esto a M. Alvar, *Libro de la infancia y muerte de Jesús*, p. 72). En cuanto a la localización de Arabia (aunque no exclusiva) como lugar de procedencia de los Magos, se funda tanto en el *Salmo* citado como en *Isaías* 60, 6. «Inundatio camelorum operiet te, dromedarii Madian et Epha; omnes de Saba venient, aurum et thus deferentes».

[61] Los dones son misteriosos por el simbolismo que conllevan. Como recuerda M. Alvar en la obra citada, San Bernardo y Nicolás de Lyre no le otorgan valor simbólico sino práctico, porque pensaban que el oro iba destinado a sustentar a la Sagrada Familia, el incienso para combatir los hedores del establo y la mirra como vermífugo para fortalecer el cuerpo del Niño. Pero el *Livre dels tres reys d'Orient* (es decir, el más antiguo testimonio literario que refleja las tradiciones que han prevalecido en todo Occidente sobre esta materia, redactado a mediados del siglo XIII), recoge el simbolismo asentado por San Ireneo de Lyon (*Contra Haeres*, lib. III, cap. 9), que más tarde repetirá San León Magno (Sermo XXXI, 113, XXXIII, 119, XXXVI, 133): se le ofreció oro como rey, incienso como Dios y mirra por su condición de hombre mortal (Alvar, 1965, p. 74). Esto mismo encontramos en diversos pasajes litúrgicos del *Breviarium*: la Antífona de *Benedictus* de la infraoctava y la lectio VII de Maitines, *De homilia sancti Gregorii Papae*. Continuando la misma homilía, la Lectio IX muestra un nuevo simbolismo: el oro es la sabiduría, el incienso la fuerza de la oración, y la mirra el sacrificio personal o mortificación: «Auro namque sapientia designatur, Salomone attestante, qui ait: 'Thesaurus desiderabilis requiescit in ore sapientis'. Thure autem, quod Deo incenditur, virtus orationis exprimitur, Psalmista testante, qui dicit: 'Dirigatur oratio mea sicut incensum in conspectu tuo'. Per myrrham vero, carnis nostrae mortificatio figuratur. Unde sancta Ecclesia de suis operariis usque ad mortem pro Deo cantantibus dicit: 'Manus meae distillaverunt myrrham'».

[62] Grados «significa también estimación y calidad de una cosa. Lat. *Dignitatis gradus*» (*Aut*); aquí, grados de gracia.

[63] Se refiere a la estrella de Belén (sobre la influencia de los astros, ver nota a *Hoy a la dulce crueldad*, en la sección de Letras de Amor). En nuestro poema es el astro noble (el sol-Jesús) el que por medio de la Estrella de Belén inclina a los reyes hasta sus pies.

hoy a sus plantas,
los inclinó el Astro Noble.

8. Adoraron al Infante,
y aunque los aguarda Herodes,
a sus cortes se volvieron,
de las espadas,
burlando a Herodes sus cortes[64].

---

[64] Cortes: la primera vez alude a las cortes (lugar de residencia del soberano, así como los organismos de gobierno) de los Reyes Magos, y la segunda a los cortes de las espadas de Herodes.

Cayósele al Alba
[831][65]

Cayósele al Alba[66],
del pecho un Clavel[67];
y abajo se vienen
los cielos tras él.

¡Ay, ay, ay, qué, qué,
qué flor tan hermosa
se tiene mi Rey!

Pues siendo el Amor
a cuyo poder
el cielo y la tierra
es un «sí es, no es»[68],

---

[65] ACSB. Portada: «Cayósele al Alba. Tres a la Navidad del Señor. Araujo». El texto está publicado en un pliego titulado *Villancicos que se han de cantar en la Real Capilla de su Magestad, la noche de los Santos Reyes de este año de 1698,* que se conserva en la BNM, 314, 2. Incluyo las coplas 3 y 8-12 que se hallan en el pliego pero no forman parte de la obra musical del ABNB. La obra fue vuelta a cantar y grabar; he localizado los siguientes CD: en Bolivia, *Barroco en Bolivia-Música de Navidad,* vol. 2, Coral Nova y Orquesta de Cámara de La Paz, Director R. Soriano, Cantus CA 015-2. 1997; en otros países, «L'or et l'argent de l'haut Pérou», del Ensemble Elyma, 1994; *Música del pasado de América,* vol. 2 «Virreinato del Perú», Camerata Renacentista de Caracas, de 1999. Está publicada, con texto y partitura, en Nawrot-Prudencio-Soux, 2000.

[66] María es designada «Alba» o «Aurora» indistintamente; el *Diccionario de Autoridades* registra el mismo significado. Ver nota al estribillo de *Los negrillos de los reyes,* en esta misma sección. Leemos en Ramos Gavilán: «[...] en unas andas (que ellos [los indios] llaman huanto) que para el efecto había mandado hacer, hizo que pusiesen la Santa Imagen y así salieron con ella de la ciudad una venturosa mañana, llevando el *alba* consigo» (*Historia,* lib. II, cap. IV). La cursiva es mía.

[67] Góngora: «Caído se le ha un clavel / hoy a la Aurora del seno» (*Obras completas,* ed. Carreira, pp. 565-566). Téngase en cuenta que el clavel «es el rey de los vergeles» (*Aut*).

[68] Se confunden la tierra y el cielo, por la presencia de Jesús niño, que es Dios, *caelicola* (expresión usual en textos medievales) y el Cielo mismo, y a la vez hombre, *terricola.*

Clavel encarnado[69]
se ostenta en Belén.

¡Ay, ay, ay, qué, qué,
qué flor tan hermosa
se tiene mi Rey!

Pues siendo gigante,
tan niño se ve,
que sobre las pajas
se deja caer:
por dar qué decir
y dar qué entender.

¡Ay, ay, ay, qué, qué
qué flor tan hermosa
se tiene mi Rey![70]

Coplas

1. Un Rey poderoso
que puede tener
el Cielo a su mando
y el Orbe a sus pies,
permite le ofenda
del aire el desdén.

2. Buen modo, por cierto,
de darse a temer:
temblar como Niño
desnudo en Belén,
viniendo a la Tierra
su fuego[71] a poner.

3. ¡Envuelto en pañales!
el que con querer
bordó de luceros

---

[69] Uso dilógico: encarnado es el color del clavel (uno de ellos, ya que hay claveles de todos los colores, «no sólo sencillos como morados, blancos, encarnados, etc., sino también mezclados y de varios matices», *Aut*) a la vez que participio atribuíble al Verbo hecho hombre por la Encarnación.

[70] Sigo el pliego impreso, que coloca esta vuelta solamente después de las coplas cuarta, octava y duodécima.

[71] El fuego del amor. Ver nota a *¡Aquí, zagales!*, de esta sección, tercera copla.

la cándida piel[72],
volumen a donde
sus glorias se leen.

4. Es sabio que nadie
le puede entender
y hoy día su ciencia
de suerte se ve,
que de una zagala
se deja envolver[73].

¡Ay, ay, ay, qué, qué,
qué flor tan hermosa
se tiene mi Rey!

5. Si es Sol a quien deben
las luces el ser,
¿adónde los rayos
están? Pues se ve
de leves aristas[74]
su albor guarnecer.

---

[72] Es decir, la superficie lisa y esférica del *stellarum*, el firmamento estrellado, que es considerado (ver los siguientes dos versos) como el pergamino de un «libro que se descifra mediante la ciencia de la Astrología, o cuaderno de la Naturaleza que los sabios pueden leer. Esta idea que generalmente se atribuye a Salomón, se encuentra en los *Salmos*, con lo cual es más probable que sea de David: «Los cielos cuentan la gloria de Dios, la obra de sus manos anuncia el firmamento; el día al día comunica el mensaje, y la noche a la noche transmite la noticia. No es un mensaje, no tiene palabras ni su voz se puede oír, pero en toda la tierra se adivinan sus rasgos y sus giros hasta el confín del mundo» (*Salmos*, 18, 2-5). Fray Luis de Granada en su *Introducción del símbolo de la fe* comenta estos versículos: "¿Qué es todo este mundo visible, sino un grande y maravilloso libro que vos, Señor, escribistes?" [...]» (DA). La «cándida piel» que se lee en el poema, es decir el firmamento, no es obscuro como lo vemos de noche (según todos los autores desde la Antigüedad), porque la noche es un fenómeno que solamente afecta a la tierra y al resto del mundo sublunar.

[73] Juego de palabras. La zagala (la Virgen María) envuelve en pañales al niño Jesús. A su vez, el poeta tiene en cuenta que «envolver a uno con razones es convencerle y atarle de modo que no sepa qué responder, dejándole confuso y atónito» (*Aut*), sentido con el que juega por contraste con la sabiduría del Verbo.

[74] Arista: «la punta de la espiga delgada como una cerda» (*Aut*). Contraste entre sus rayos y las aristas o pajas donde yace.

6. Por hijo del Alba
se da a conocer;
si perla le cuaja
preciosa ¿por qué?[75]
De escarcha esmalta, do
se ostenta Clavel[76].

7. Dicen los zagales
que vienen a ver
aquella Palabra[77]

[75] El Alba, como ya se dijo, es María. «Las perlas que se cuajan con el rocío de la mañana son más puras y blancas que las que se cuajan con el rocío de la noche» (*Aut*). Por otra parte, «según la antigua tradición, el nacimiento de la perla se debe a la irrupción de un rayo caído del cielo en una concha abierta; [...] El significado simbólico de la concha se basa en su relación con el agua y, con ella, a la luna, y también en la idea de que la perla se forma en la concha como el embrión en el cuerpo de la madre. [...] La perla simboliza de manera excelsa la encarnación, el milagro de la concepción y del nacimiento de Cristo. [...] con toda lógica, Efrén el Sirio comparó a María con una concha. También en el arte medieval, las conchas son un símbolo mariano» (Manfred Lurker, *Diccionario de imágenes y símbolos de la Biblia*, citado por los editores del Auto sacramental *La piel de Gedeón*, ed. 1998, nota a los versos 1088-93).

[76] El alba procede a esmaltar con escarcha a las plantas; aquí, la Virgen viste de blanco a Jesús (en la cuarta copla lo «envuelve»), que es el Clavel encarnado (ver segunda estrofa de la introducción). El blanco significa la caridad y el rojo el amor (ver nota al v. 211 del auto sacramental de Calderón *El divino Jasón*, ed. Arellano-Cilveti).

[77] Aquí Palabra equivale a Verbo. Se hace referencia a la materia (tomo parte de las notas a los versos 1297 y ss. de *El laberinto de Creta* de Tirso de Molina, ed. 2000) «de las apropiaciones de las personas de la Trinidad (amor, ciencia y poder). La ciencia se atribuye a la segunda Persona. Santo Tomás, *Summa*, I, q. 33 -38, especialmente en el *Tratado de la Santísima Trinidad*, se ocupa con detalle de cada una de las tres Personas y la cuestión de las atribuciones (I, q. 39, a. 8 [...]). Es doctrina de la Iglesia católica que el Hijo procede del entendimiento del Padre. Según el *Catecismo romano* (I, 3, 8, 3) 'de entre todas las analogías que pueden establecerse para explicar la índole de esa eterna generación del Hijo, parece la más acertada aquella que se basa en la actividad intelectual de nuestra mente: por lo cual San Juan denomina Verbo al Hijo de Dios. Pues así como nuestra mente al conocerse a sí misma produce una imagen de sí misma que los teólogos han denominado verbo, de manera parecida (y en cuanto es posible comparar lo humano con lo divino) Dios, al conocerse a sí mismo, engendra el Verbo eterno [...] Así pues, la generación del Hijo por el Padre hay que concebirla como puramente intelectual o sea como acto del entendimiento (generatio permodum intellectus)' [...] San Ignacio de Antioquía llama a Cristo 'Verbo

divina de quien
los ángeles dieron
noticia en Belén[78].

8. Y vienen los reyes
a todo correr,
y hallan un Infante
a quien todos tres
después de adorar
llegan a ofrecer:

¡Ay, ay, ay, qué, qué,
qué flor tan hermosa
se tiene mi Rey!

9. El oro le ofrecen,
la mirra también,
e incienso, que saben
que es Dios y Rey[79];
y como son sabios
lo llegan a creer[80].

de Dios', 'pensamiento del Padre', 'conocimiento de Dios'; San Agustín explica la generación divina como acto de autoconocimiento divino [...]». Por otra parte, en cuanto hombre, «el Verbo-Hijo eterno de Dios, se 'encarnó', se hizo carne (en sentido hebreo), es decir, hombre, virginalmente, en las entrañas de la Virgen María. De esta
manera, sin dejar de ser Dios comenzó a ser hombre» (DA). Ver también San Isidoro
de Sevilla, *Etimologías*, l. 7, cap. II, que desarrolla con mucho detalle los significados
de los nombres de Cristo, como después lo harán diversos autores auriseculares.

[78] «Et pastores erant in regione eadem vigilantes, et custodientes vigilias noctis
super gregem suum. Et ecce angelus Domini stetit iuxta illos, et claritas Dei circum-
fulsit illos, et timuerunt timore magno. Et dixit illis angelus: Nolite timere: ecce enim
evangelizo vobis gaudium magnum, quod erit omni populo: quia natus est vobis hodie Salvator, qui est Christus Dominus, in civitate David [...] Et subito facta est cum
angelo multitudo militiae caelestis laudantium Deum et dicentium: Gloria in altissimis Deo, et in terra pax hominibus bonae voluntatis» (*Lucas*, 2, 8-14).

[79] Ver notas a *¡Aquí, zagales!*, sexta copla, en esta sección.

[80] La capacidad de descubrir a un rey y a Dios mismo en un niño de familia pobre, recostado en un establo, es posible por la fe, designada aquí como sabiduría. En
la Sagrada Escritura hay pasajes que contraponen la sabiduría del que alcanza el conocimiento de Dios a las destrezas de los que el mundo considera sabios: por ejemplo 1 *Corintios* 2, 6-7: «Sapientiam autem loquimur inter perfectos: sapientiam vero
non huius saeculi, qui destruuntur: sed loquimur Dei sapientiam in mysterio, quae

10. Pues ya le conocen,
declárese, pues;
mas dirá que el mundo,
(aunque se halla en él)
su venida no
llega a conocer[81].

11. El propio es y el mismo
que es y que ha de ser[82]:
lirio en los valles,
flor del campo[83] y es
león y cordero[84],
piedra[85] y rubia mies[86].

abscondita est [...] quam nemo principum huius saeculi cognovit». Nótese la coincidencia en las perífrasis verbales de las coplas 8-10.

[81] San Juan expresa su asombro ante el desconocimiento de Dios por parte del mundo, a pesar de haber venido a él en forma humana: «In mundo erat, et mundus per ipsum factus est, et mundus eum non cognovit. In propria venit, et sui eum non receperunt» (*Juan*, 1, 10-11).

[82] Estos versos son una traducción en verso de *Hebreos* 13, 8: «Iesus Christus heri, et hodie: ipse et in saecula».

[83] El poeta invierte en estos dos versos el pasaje del *Cantar de los Cantares* que habitualmente la liturgia pone en boca de María: «Ego flos campi, et lilium convallium» (2, 1); y los aplica a Cristo.

[84] «En el *Apocalipsis* Cristo es figurado como león y después como cordero: 'El león de la tribu de Judá, la estirpe de David, ha ganado la victoria para abrir el libro y levantar sus siete sellos', 5, 5; 'y en medio del solio [...] estaba un cordero como inmolado', ibid., 6. San Agustín comenta: 'El que aparece como cordero ante el esquilador sin abrir la boca es león de la tribu de Judá (*Apocalipsis*, 5, 5). ¿Quién es este cordero y león? Padeció la muerte como cordero y la devoró como león [...] Es manso y fuerte, amable y terrible, inocente y poderoso, silencioso cuando es juzgado, rugiente cuando ha de juzgar. [...] En la pasión cordero, en la resurrección león [...]», etc. (DA). Entre otros autores del Siglo de Oro que han desarrollado comentarios sobre esto están Fray Luis de León y Calderón de la Barca.

[85] Son numerosas las metáforas para designar a Cristo como «piedra». De un lado, las que lo hacen como «piedra angular» (*Isaías*, 28, 16; *Salmos*, 117, 22; *Mateo*, 21-42; *Hechos*, 4, 11; *1 Pedro*, 2, 4; *Lucas*, 20, 17-18. Por otra parte está la interpretación espiritual que ofrece San Pablo de los episodios del pueblo hebreo en el desierto, donde bebieron agua que manaba de una roca, que era prefiguración de Cristo (*I Corintios* 10, 1-4).

[86] Metáfora eucarística.

12. Y pues con las luces
que nos da la fe
le hemos visto *Verbum*
Caro factum est[87],
desde oriente a ocaso[88]
mil loores le den.

¡Ay, ay, ay, qué, qué,
qué flor tan hermosa
se tiene mi Rey!

---

[87] Cita textual del Evangelio: «El Verbo se hizo carne» (*Juan* 1, 14).

[88] La expresión «desde oriente a ocaso» para significar el mundo entero se encuentra en multitud de textos. El origen es bíblico; lo encontramos en varios pasajes: *Salmos*, 49, 1; 106, 3 y (con el mismo uso que el de nuestro poema, relacionado con la alabanza universal), en *Malaquías*, 1, 11: «Ab ortu enim solis usque ad occasum, magnum est nomen meum in gentibus [...]».

Los coflades de la estleya
[855][89]

Los coflades de la estleya
vamo turus a Beleya[90]
y velemo a Ziola[91] beya
con Ciolo en lo Potal.

Vamo, vamo curendo[92] ayá,
Vamo, vamo curendo ayá,
oylemo un viyansico,
que lo compondlá Flacico
ziendo gaita su fosico[93],

---

[89] CJEF. Portada: «A seis. Negritos a la Navidad del Señor. Araujo». El texto está publicado en un pliego titulado *Villancicos que se han de cantar en la Real Capilla de su Majestad en los maitines de los Santos Reyes de este año de 1683* (BNM, 208, 7) pp. 11-12; es el séptimo de dicho pliego. Incluyo la segunda copla, que no forma parte del manuscrito musical del ABNB. Cuando hay diferencias entre el manuscrito y el pliego, sigo la forma que aparece en el manuscrito. No repito la explicación de los fenómenos del habla de negro ya indicadas en *Los negrillos de los reyes*, el primer poema de esta sección. Esta es la pieza más difundida de la colección en la discografía boliviana y extranjera, a partir de la transcripción de Robert Stevenson (*The music of Peru*); de momento tengo noticia de las siguientes versiones sonoras: Disco LP *Salve Regina; choral Music of the Spanish New World (1550-1750)*, Roger Wagner Chorale, 1960; Disco LP *Reseña; música renacentista y barroca de archivos coloniales bolivianos*, Coral Nova y orquesta, 1981; *Música del Período Colonial en América Hispánica*, Música Americana, 1993; *Nueva España-Close encounters in the new world*, The Boston Camerata, 1993; *Música de dos mundos-El Barroco en Europa y América*, Música Segreta-Ars Viva, 1994; *Convidando está la noche-Navidad Musical en la América Colonial*, Grupo de Canto Coral, 1998; *Música del pasado de América*, vol. 2 «Virreinato del Perú», Camerata Renacentista de Caracas, 1999.

[90] Confusión (no señalada por Panford) /n/ > /l/, combinada con la de género, él > ella: Belén > Beleya.

[91] Señora > Ziola; en el verso siguiente: Señor > Ciolo.

[92] Simplificación de /rr/: «corriendo».

[93] Aféresis: haciendo > ziendo. Gaita: aparte del instrumento que comúnmente se conoce con este nombre, «se llama también una flauta de cerca de media vara, al

y luego lo cantalá
Blasico, Pelico, Zuanico[94] y Tomá,
y lo estliviyo dilá:

Gulumbé, gulumbé, gulumbá,
guaché, Moleniyo de safalá[95].
Bamo a bel qué traen de Angola
a Ziolo y a Ziola,
Baltasale con Melchola
y mi plimo Gasipar[96].
Vamo, vamo curendo ayá,
gulumbé, gulumbé, gulumbá,

modo de chirimía, por la parte de arriba angosta, donde tiene un bocel, en el que se pone la pipa por donde se comunica el aire y se forma el sonido; en la parte de en medio tiene sus orificios o agujeros para la diferencia de los sones, y por la parte inferior se dilata la boca como la de la chirimía y la trompeta. Úsase regularmente este instrumento para hacer el son, y acompañar las danzas que van en las procesiones» (*Aut*). Hocico: «Comúnmente se toma por la extremidad del rostro, cuando demasiadamente salen los labios, como en las negras [...]». También significa el «extremo de la garganta; porque della se continúan las mejillas, y el remate dellas que es la boca [...]» (ambas citas son de *Cov*).

[94] Confusión de fricativas /χ/ > /θ/. Panford indica /χ/ > /s/; en ambos casos sólo hay el cambio en el punto de articulación; por lo demás, es frecuente la confusión /s/ > /θ/. Nótese que los nombres de los personajes son los mismos que los que se acostumbran en los pastores que aparecen en toda la literatura castellana navideña desde el siglo XV.

[95] Morenillo > Moleniyo. Y propongo azafrán > safalá, por aféresis (/a/), confusión /θ/ > /s/, /a/ epentética entre la fricativa y la lateral, confusión /n/ > /l/ y elisión de /n/; la combinación de todo esto ocasionó que algún autor lo tomara por un topónimo, lo cual es dudoso. La inicial mayúscula del texto no resuelve nada, porque ocurre igual con otros sustantivos comunes. Puede recordarse que el azafrán posee una carga simbólica relacionada con el amor: «Cuentan los poetas que un muchacho llamado Croco, enamorado de una ninfa llamada Smilace (Ovid., *Metam.*, 4 [283] [...]) fue tan excesiva su pasión que derretido en su amor, se convirtió en una flor amarilla, la cual conservó su nombre. Epíteto es muy común de los enamorados [...] el azafrán tiene color de oro, y es apacible, agradable y hermoso a la vista y por esto se ha usado y se usa dar con el color a las tocas, y teñir las aguas que fingiendo en los teatros la pluvia de oro [...]» (*Cov*). El niño Jesús sería llamado, entonces, «Morenillo de azafrán».

[96] Aquí el rey negro es Gaspar. Recordemos que en *Los negrillos de los reyes* y en *Vaya de jácara nueva* es Melchor. Nótese que en este poema los reyes vienen de Angola, la patria de origen de los personajes representados.

guaché, Moleniyo de safalá.

Coplas   1. – Vamo siguiendo la estleya,
            – ella
            – lo negliyo coltezano
            – vamo
            – pues lo Reye cun tesuro[97]
            – turo
            – de camino los tles ban[98]
            – ayá.
Blasico, Pelico, Zuanico y Tomá,
eya, vamo turu ayá.
Gulumbé, gulumbé, gulumbá,
guaché, Moleniyo de safalá.

– Vamo turuz los neglíos
– plimos
– pues nos yeba nostla[99] estleya
– beya
– que sin tantuz neglos folmen
– noche
– mucha lus en lo Poltal
– ablá[100].
Blasico, Pelico, Zuanico y Tomá,
plimos, beya noche ablá.
Gulumbé, gulumbé, gulumbá,
guaché, Moleniyo de safalá.

2. – Vamo a plisa, que hase uscuru,
– turu.
– Y antez que el branco yeguemo

---

[97] Nuevamente estamos cerca de la palabra portuguesa.

[98] 'Pues los reyes, con tesoros / todos / de camino los tres van'.

[99] El cambio /we/ > /o/, como muchos otros fenómenos en estos tipos de pie-zas literarias no son sino importación de hábitos lingüísticos del portugués, que fue la primera lengua occidental con la que los negros tomaban contacto (Granda, 1978, pp. 218 y ss).

[100] A pesar de ser muchos los negros, no hacen noche, porque habrá mucha luz (Jesús) en el Portal.

- nenglo[101].
- Para haser ayá en Beleya
- festa.
- Pus[102] la guía Gasipar
hará;
Blasico, Pelico, Zuanico y Tomá,
turu nenglo festa hará.
Gulumbé, gulumbé, gulumbá,
guaché, Moleniyo de safalá.
- Vamo andando, y tonariyas[103]
- digan:
- a lo niño Diosa en uno
- suntos[104].
- Pus polque la culpa nengla[105]
- muera,
- a venito a deztelar[106]
- el mal.
Blasico, Pelico, Zuanico y Tomá,
digan suntos muera el mal[107].
Gulumbé, gulumbé, gulumbá,
guaché, Moleniyo de safalá.

3. - Vaya nuestra cofladía
- linda
- pues que nos yeba la estleya

---

[101] El deseo de llegar a Belén antes que los blancos (gracias a la guía de su rey) en boca de los personajes negros, es paralelo al de *Los negrillos de los reyes*, donde expresan el afán de que el rey negro destaque sobre los otros dos.

[102] Elisión de /e/.

[103] Tonadilla: «tonada alegre y festiva» (*Aut*). Tonada: «composición métrica, a propósito para cantarse» (*Aut*).

[104] Confusión /χ/ > /s/: juntos.

[105] Los negros van a Belén a que el niño Dios les quite la negritud de las culpas. El efecto es jocoso.

[106] Desterrar.

[107] El pliego de la Biblioteca Nacional de Madrid, que es el único testimonio que conozco para esta copla, omite este verso; entiendo que debe ser por errata, ya que la estructura de las demás coplas sugieren que aquí también se haga recolección, típicamente barroca, después de la diseminación.

- nuestla
- tlas lo Reye, pulque aya
- dansa[108],
- que pala el Niño alegrar
- yrá
Blasico, Pelico, Zuanico y Tomá;
linda nuestla danza yrá.
Gulumbé, gulumbé, gulumbá,
guaché, Moleniyo de safalá.
- Bamo alegle al Poltariyo
- plimo.
- Belemo junto al peseble
- bueye
- que fue desde nacimiento
- neglo
- con la muliya ayá
- ezá[109].
Blasico, Pelico, Zuanico y Tomá,
plimo, neglo, bueye ezá.
Gulumbé, gulumbé, gulumbá,
guaché, Moleniyo de safalá.

[108] Casi no hay poema con personajes negros sin danza. Aquí incluso se afirma la necesidad de su presencia para que pueda haberla.
[109] Está o están.

¡Afuela, afuela! ¡Apalta, apalta!
[962][110]

¡Afuela, afuela! ¡apalta, apalta![111],
que entlamo la tlopa Gazpala[112].
Apalta, apalta, afuela, afuela,

---

[110] CJEF y ACSB. Portada: «Para la natividad de Nuestro Señor Jesucristo. Juguete, Afuela, afuela. Año 1748». Seis voces. Esta obra, del compositor Roque Jacinto de Chavarría, es la primera de la colección de Sucre que fue reestrenada en Madrid, por Julia Elena Fortún, con el aval técnico de Mons. Higinio Anglés, en fecha difícil de precisar (hacia 1960). Más tarde fue objeto de grabaciones, por ejemplo en el CD *Musique baroque à la royale Audience de Charcas*, Ensemble Elyma, 1996. El ítem consta de tres juegos, el más antiguo de los cuales, que procede de la colección de la Catedral, fue compuesto por Roque Jacinto de Chavarría (+ 1716), al que sigo para la transcripción; los otros dos, más recientes, muestran muy pocas diferencias textuales. Según se infiere por la fecha, uno de ellos (1756) es de Blas Tardío de Guzmán (T), que fue interpretado por varones cuyos nombres constan en la parte superior de cada papel. El otro, de 1748, según B. Illari es atribuíble a Roque Ceruti (C), maestro de la catedral de Lima; no se dispone de información para confirmar esta atribución, al menos por ahora. Lleva nombres femeninos, incluido el de una «Madre Barrientos», lo cual permite saber que eran religiosas. Las versiones que fueron vueltas a utilizar en conciertos y grabaciones corresponden a los manuscritos T y C. Julia Elena Fortún publicó en la *Antología de Navidad* (pp. 41-46) el texto de C. El texto está publicado en un pliego titulado *Villancicos que se han de cantar en la Real Capilla de Su Magestad la noche de los Santos Reyes de este año de MDCLXXXVIII*, que se encuentra en la BNM, 230, 3. No señalo todas las diferencias con T y C (salvo en algunos casos, principalmente cuando se trata de cambios de estructura de la obra); en cambio sí aquellas que distinguen el texto manuscrito del impreso, y ello cuando son de palabras, no las meramente morfológicas.

[111] Este verso está tomado del romance anónimo de los amores del moro Muza: «Afuera, afuera, aparta, aparta, / que entra el valeroso Muza / cuadrillero de unas cañas» (Durán, *Romancero General*, núm. 88). Lo encontramos en otras obras del Siglo de Oro, como la comedia burlesca *El Hamete de Toledo* (ver los versos 563-66; utilizo *Comedias burlescas del Siglo de Oro*, ed. Arellano y otros).

[112] Los personajes, que representan «la guardia del rey de Guinea», es «la tropa de Gaspar». Ello explica el tono autoritario y terminante de las órdenes que emiten a lo largo del poema, tendientes a marginar a los blancos. El autor echa mano de un recurso catártico, cuyo difusor en Occidente es Plauto, que consiste en la presentación

que entlamo la[113] gualda
de Reye Guineya.
Tan tararararán[114].
E lo pífalo chiflal[115],
e mandamo echal plegón.
Cuchuchamo[116] lo branco, tenemo
atención.

Manda Reye Gasipala[117]
que neglo vamo re gala
en plusisión al Poltal[118]
a cantal con sonaja e guitarríya[119]
e cantemo tonadíya[120],
e saltemo e bailemo[121],
en lo Poltal de Belé,

paródica e irónica de una especie de mundo al revés, en el que se ve la otra cara de las cosas: «[...] la alteración del orden aparentemente establecido por la condición social de las personas, por los convencionalismos del ambiente o por el imperio de ins tituciones y leyes vigentes y aceptadas» (Fontán, 2001, p. 23).

[113] En las partes de Tiple primero de T y C se lee «ra gualda re reye»; en las de segundo, «la gualda re reye».

[114] En el pliego de la BNM: «Tan, tan, tan».

[115] Pífano (flautín de tono muy agudo que se usa en las bandas militares) > pífalo. Chiflar es silbar con la chifla, que es una especie de silbato. T y C dicen «e lo pífalo soplal».

[116] Cuchuchear: «hablar en tono bajo cerca del oído de otro, sin ser totalmente en secreto» (Aut). Puede que el poeta ponga en boca de los personajes una advertencia a los «blancos» en tono intimidatorio. La intención sería de reforzar el carácter imperioso de las órdenes de Gaspar, el rey negro. T y C colocan «repetamo lo branco...» (en la copia de Tiple segundo, C dice «blanco»), expresión que mostraría el cambio de época: más avanzado el siglo, con el avance de la Ilustración, resultaría escandaloso el «mundo al revés», y se incurre en lo insípido.

[117] T y C dicen «Manda la reye...». Esta estrofa es continuación del estribillo en Chavarría; para T y C se divide en dos partes; la primera es *recitado* y la siguiente *aria*.

[118] T pone «a Plotala» y C «a Plutala». Ambos omiten las dos palabras primeras del siguiente verso: «a cantal».

[119] «Guitarría» en T y C.

[120] Aquí T y C ponen punto, y lo que sigue es aria viva, a cargo del Tiple primero.

[121] BNM: «e que saltemo, e bailemo». T y C coinciden con dicha versión.

con bandurríya[122] y con rabé[123],
e que branco no estornure,
pulque neglo no se apure[124],
pena de peldel tambaco[125]
que entlalemo luego a saco,
e mandámolo plegonal,
pulque venga a noticia de turo
lugal.

- Achú, achú[126].
- Caya, beyaco,
que te embalgalemo tambaco.
Y obedecendo el plegón,
empezamo la plusisión,
a Flasico pul sastle le tocó
el pendón[127].

Vamo, vamo, al poltal de Belé[128],
le, le, le, ay Kirié

---

[122] Bandurria: «Instrumento músico a modo de rabel pequeño con tres cuerdas. Es todo de una pieza cavada, con una tapa de pergamino, o hecho de propósito como la bandola o laúd. Hiérense las cuerdas de rasgado con los dedos, y aunque es rústico y tosco, entre otros instrumentos sobresale con alegría» (*Aut*). «Bandurría» en T y C.

[123] Rabel: «Instrumento músico pastoril. Es pequeño, de hechura como la del laúd. Compónese de tres cuerdas solas, que se tocan con arco, y forman un sonido muy alto y agudo» (*Aut*).

[124] Apurar a uno: «apretarle, estrecharle demasiadamente, y en cierto modo molestarle, para que prorumpa y se inquiete; y por esto se dice que le apuran la paciencia, el sufrimiento, le hacen perder los estribos» (*Aut*). Los integrantes de la guardia prohiben el uso del rapé (costumbre exquisita de los blancos en la época), para que sus estornudos no irriten al rey negro. Las consecuencias del desacato a esta orden se conocen en los versos siguientes: embargo del tabaco, entrando la guardia a saco. T y C ponen «nenglo».

[125] T y C: «pena re peldel tambaco / que entlalemo ruego a saco»; al final de la estrofa, T escribe «pulque venga a noticia / re turo lugá», mientras que C pone «de turo lugá».

[126] El pliego de BNM presenta una suerte de didascalias: «Todos: Achú, achú / 1. Caya [...] / 2. Y obedecendo [...]».

[127] Pendón significa, además de estandarte, «pedazos de tela que quedan a los sastres de las obras que les dan» (*Aut*).

[128] T: «Vamo, vamo, a Plotá le Belé».

ay Kirie, Kirieleysón[129].
- Achú, achú.
- Caya, caya beyaco,
que te embalgalemo tambaco.

Coplas   1. Tocamo la campaníya,
y oldenamo plusisiona,
cantamo Kirieleysona,
y responde la capíya[130].
Tocamo la banduríya,
danzamo floreta[131] al son,
campanela[132] y cuatro pé[133],
le, le, le, ay Kirié,
ay Kirie, Kirieleysón.
- Achú, achú.
- Caya, caya beyaco,
que te embalgalemo tambaco.

2. Entlamo nengla de gala[134]
haciendo la reverencia
pedimo a Dioso risensia[135],
e luego a reye Gazpala,
y emviamo noramala

---

[129] Añado la tilde. «Ay kirie le le, ay kirieleisón» en Chavarría. Sigo en esto a BNM.

[130] Capilla es el conjunto musical estable de la catedral, compuesto de ministriles (quienes tocan instrumentos musicales) y cantores; está a cargo de la música polifónica, que se alterna con el «coro bajo», integrado por canónigos y «salmistas», quienes interpretan canto llano. Esta copla es jocosa, porque los personajes postulan la alternancia de canto llano y polifonía de la capilla musical (nada menos que para el canto penitencial «Kyrie eleison», Señor, ten piedad), con pasos movidos de danza española. Este verso no se encuentra en BNM; T y C escriben «e respondemo ra mongíya», lo cual en el caso de Ċ se debe, seguramente, a la interpretación por un elenco de monjas, pero transforma la copla en un perfecto galimatías.

[131] Floreta: «en la danza española es el movimiento de ambos pies en forma de flor» (*Aut*).

[132] Campanela: «en la danza española se llama así la vuelta que se da con la pierna levantada alrededor, pasando con la vuelta por junto a la otra» (*Aut*).

[133] Cuatro pies (o cuadropeo) es otro movimiento de danza.

[134] T y C: «Entlamo nenglo re gara / haciendo la reverencia».

[135] T y C: «perimo».

con muy poquita ocasión[136]
a ro branco moscaté[137]
le, le, le, ay Kirié,
ay Kirie, Kirieleysón.
- Achú, achú.
- Caya, caya beyaco,
que te embalgalemo tambaco.

3. Adoramo al Niño Dioso,
e tambén a la Siola[138],
e con toníyo de Angola,
le plocuramo reposo,
duélmese el Niño donoso
plemiando la devoción
de lo neglo, y bona fe[139],
le, le, le, ay Kirié,
ay Kirie, Kirieleysón.

- Achú, achú.
- Caya, caya beyaco,
que te embalgalemo tambaco.

4. Entran lo reye adorayo
pulque los guió una estreya[140]
e hayaron otra más beya

---

[136] T y C: «con tura suplicación»; nuevamente se nota el cambio de época.

[137] Moscatel: «llaman al hombre que fastidia por su falta de noticias e ignorancia». Cualquier pequeño motivo bastará para que los guardias de Gaspar desalojen a los blancos, a quienes consideran ignorantes.

[138] T y C: «e també a ra Siora / e con toníyo re Angola / re procuramo ey repozo / duélmase el niño ronoso / plemiando la revosión».

[139] Se entiende «premiando la devoción y la buena fe de los negros». T y C muestran variantes y trovas en vez de «lo neglo»: T: «re Pituquíya»; C: «Zeballos»; los dos presentan trovas con diferentes nombres: «Fracico», «Micaelita», «lo niñitos». Esto permite pensar que la obra sería reutilizada a solicitud de muchos usuarios, pero es obvio que el texto queda con el sentido menguado. Los personajes ya no gozan en esta copla de los privilegios y autoridad que les confería la ficción poética al principio: sin otra intervención que la inconsecuencia en el retoque del texto, ellos recobran la condición cotidiana de servidumbre.

[140] T: «pulque ro guió una etreya / e hayaron otra má beya / lus que es re ro Diosso un rayo, / Sa José, dichoso ayo, / res dio grande admiración / re ra dicha con que se ve».

luz, que es de lo Dioso un rayo.
San José, dichoso ayo,
les dio grande admiración
en la dicha que se ve
le, le, le, ay Kirié,
ay Kirie, Kirieleysón.
− Achú, achú.
− Caya, caya beyaco,
que te embalgalemo tambaco[141].

5. E con afecto ben rico
al Dioso piden perdones,
turos ofrecen sus dones
e neglo mostra fosico,
estaba serca Flasico,
e le pegó un moldiscón
la mula, no sé por qué,
lc, lc, lc, ay Kirié,
ay Kirie, Kirieleysón.
− Achú, achú.
− Caya, caya beyaco,
que te embalgalemo tambaco.

6. Como lo branco estornura,
luego embalgamo tambaco
entlámono ben a saco,
como la Plasa de Bura,
no tenen casa segura[142],
ni vale pedil peldón,
y apelan a San José,
le, le, le, ay Kirié,
ay Kirie, Kirieleysón.
− Achú, achú.
− Caya, caya beyaco,
que te embalgalemo tambaco.

---

[141] Aquí terminan los manuscritos del ABNB. Las dos siguientes coplas sólo se encuentran en BNM.

[142] Está claro que si entran «bien a saco» no hay casa segura; no lo está, por falta de referencias, la comparación con una plaza ni la apelación a San José.

Vaya de jácara nueva
[1134][143]

Vaya de jácara nueva,
vaya la mayor historia,
vaya de un rey tirano[144]
el hecho más inhumano,
que como mal militar
al ver a los tres marchar[145],
viendo su caballería,
degolló de infantería
el más glorioso escuadrón[146]
¡Atención!

Porque es justo que se cuente
cómo vinieron de Oriente[147],
y que su gloria se cante
desde Poniente a Levante
parando al Septentrión,

[143] ACSB. Portada: «Jácara con dos violines y dos trompas para la Navidad del Señor. Año de 1769. Por Mesa». Siete voces. Para el género «jácara», ver el Estudio introductorio (*Formas poéticas*). El texto está publicado en varios pliegos de la BNM, como los *Villancicos que se cantaron en la noche de los Santos Reyes en el Convento del Real Orden de Nuestra Señora de la Merced, Redención de Cautivos de esta Corte, este año de mil seiscientos y noventa y ocho* (BNM 628, 2). El manuscrito está trunco (ver Seoane-Eichmann, 1993, p. 88). En *DATA*, n° 7, pp. 337-57, fue publicada la partitura, con el texto restaurado gracias a los pliegos de la BNM, por Carlos Seoane (por error, los editores atribuímos la autoría del texto a Manuel de León Marchante); añado las partes faltantes, que son la tercera estrofa de cada copla.
[144] Tirano: «se aplica al señor que gobierna sin justicia y a medida de su voluntad» (*Aut*).
[145] En el pliego impreso se lee «a los tres monarcas». Sigo el manuscrito.
[146] El «glorioso escuadrón» de «infantería» es el de los Santos Inocentes, es decir los niños de hasta dos años que mandó matar Herodes en Belén. El ser niños (infantes) da ocasión al poeta para jugar con la antonimia infantería-caballería.
[147] «Ecce Magi ab oriente venerunt Ierosolymam [...]». (*Mateo* 2, 1).

¡Atención!
Vaya de jácara nueva,
vaya
de tres reyes la fineza,
venga,
escuchen su heroica acción.
¡Atención!
vaya su grandeza,
venga,
oigan su alabanza,
vaya.

Coplas   1. Cuenta Mateo[148] un prodigio
y yo crédito le doy
porque dijo el Evangelio[149]
en todo cuanto escribió.

Cuenta que hicieron tres reyes
una peregrinación
a buscar el Sol que nace
desde donde nace el sol.

A su discurso[150] una estrella
felizmente alumbró,
que es razón que ande la luz
con la luz de la razón[151].

---

[148] El relato que sirve de materia al poema proviene de *Mateo* 2, 1-12; 16-17.

[149] Decir el Evangelio equivale a decir la verdad. El Refranero recoge la sentencia «'No es Evangelio' para designar lo que alguno dice que tienen por mentira» (GC,
15895). José de Acosta, antes de ofrecer razones que considera sólidas para sostener
un argumento, dice «Hagamos Evangelio la razón» (*Sermones del Dulcísimo nombre de
María*, Sermón segundo, p. 55).

[150] Uso dilógico; se refiere a discurso como recorrido y como «facultad racional
con que se infieren unas cosas de otras, sacándolas por consecuencias de sus principios» (*Aut*).

[151] El hombre sabio busca conocer a Dios, y comienza su recorrido a partir del
conocimiento sensible de las criaturas, que le permite alcanzar con su entendimiento algunos rasgos del Creador. Pero hay aspectos del conocimiento sobre Dios que
son inalcanzables sin la «luz» (de la fe) que menciona el poeta. Santo Tomás de Aquino
lo explica así: «Praeterea, sicut Augustinus dicit, XIV De Trin., 'sapientia est divina-

De guiarlos a su intento
dio palabra su esplendor
y por cumplir su palabra
al Verbo[152] les enseñó.

2. Unánimes todos tres
iban a su adoración,
que por ir al Trino y Uno[153]
los tres para en uno son.

Llegaron hasta Idumea[154]
adonde Herodes traidor
hizo turbar todo el reino
sólo porque él se turbó[155].

rum rerum cognitio'. Sed cognitio divinarum rerum quam homo potest per sua naturalia habere, pertinet ad sapientiam quae est virtus intelectualis: cognitio autem divinorum supernaturalis pertinet ad fidem, quae est virtus theologica» (*Summa Theologica*, 2-2, q. 45. 1, 2). Ver también *Summa contra gentes*, I, IX.

[152] «Palabra» y «Verbo»: ver nota a copla séptima de *Cayósele al Alba*, en esta sección.

[153] En el pliego impreso se lee «al mismo Uno». El sentido general del texto no cambia, ya que ambas versiones hacen referencia a la trinidad y unidad de Dios. La doctrina de la Trinidad se halla desarrollada (a partir de pasajes bíblicos) ya en diversos *símbolos* de la fe; entre muchas opciones escojo la fórmula llamada *Clemente Trinidad*, si bien es tardía (ca. año 500): «La clemente Trinidad es una sola divinidad. El Padre, pues, y el Hijo y el Espíritu Santo, es una sola fuente, una sola sustancia, una sola virtud, una sola potestad. El Padre Dios y el Hijo Dios y el Espíritu Santo Dios, no decimos ser tres dioses, sino que con toda piedad confesamos ser uno solo. Porque al nombrar a tres Personas, [...] profesamos ser una sola sustancia» (*Denzinger*, 17); los principales autores que se han ocupado de ella son San Agustín, Ricardo de San Víctor y Santo Tomás de Aquino.

[154] «Idumea: 'Roja o terrena, región de Siria, llamada así de Edom, hijo de Esaú'. Nombre griego del país de Edom y de sus habitantes que fue usado a partir de la época helenística. Se sitúa al sur del Mar Muerto hasta el golfo de Aqaba (Elat). Este nombre fue dado a Esaú a causa del color rojo del abundante vello que le cubría (*Génesis*, 25, 15) (Reyre). Idumea aparece como símbolo de los pecadores y demonios (*Salmos*, 136, 7) o de los gentiles (*Deuteronomio*, 23, 7-8)» (DA). Los Magos fueron a Jerusalén, donde reinaba Herodes. Era éste oriundo de Idumea, lo cual ocasiona la rica metonimia.

[155] «Audiens autem Herodes rex, turbatus est, et omnis Ierosolyma cum illo» (*Mateo*, 2, 3).

Los monarcas le preguntan
dónde ha nacido el Señor[156],
y él dice que no lo sabe
porque no conoce a Dios.

Convoca todos los sabios
para explicar su dolor[157],
que escribas y fariseos
siempre andan con la Pasión[158].

3. Que en Belén ha de nacer,
le dicen[159], y él se informa
de los reyes en secreto;
no lleva buena intención[160].

Id a Belén y avisadme
para que le adore yo[161],
les dice, dándose al diablo,
y ellos se fueron con Dios.

Apenas se hubieron ido
cuando a degüello tocó
matando muchos más niños

---

[156] El texto bíblico no es explícito sobre a quién o quiénes dirigen su pregunta los Magos: «Ubi est qui natus est rex Iudaeorum? Vidimus enim stellam eius in oriente, et venimus adorare eum» (*Mateo*, 2, 2). Volvemos a encontrar, entonces, la utilización ajustada al Evangelio, junto con elementos que pertenecen a la creación poética.

[157] «[Herodes] congregans omnes principes sacerdotum, et scribas populi, sciscitabatur ab eis ubi Christus nasceretur» (*Mateo*, 2, 4).

[158] Fariseos: «'del hebreo separado'. Seguidores de una secta que pretendía 'separarse' de la ignorancia religiosa del pueblo, por medio de su profundo conocimiento de la ley» (DA). Junto con los escribas, protagonizaron la oposición a Jesús, que condujo a su Pasión y muerte en la Cruz.

[159] «At illi dixerunt ei: In Betlehem Iudae: sic enim scriptum est per prophetam: Et tu Betlehem terra Iuda, / nequaquam minima es / in principibus Iuda: ex te enim exiet dux, qui regat populum meum Israel» (*Mateo*, 2, 5-6).

[160] «Tunc Herodes clam vocatis Magis diligenter didicit ab eis tempus stellae, quae apparuit eis» (*Mateo* 2, 7). La mala intención que lleva se comprueba después, con la matanza de los niños de dos años abajo.

[161] «Ite, et interrogate diligenter de puero: et cum inveneritis, renuntiate mihi, ut et ego veniens adorem eum» (*Mateo* 2, 8).

que pudiera el sarampión[162].

Siguen los tres reyes sabios
del astro el curso veloz,
que en efecto paró en bien
puesto que en Belén paró[163].

4. Entran dentro donde adoran
en brazos del Alba al Sol,
que el regazo de la Aurora
es su luciente mansión[164].

Tres dones sólo le ofrecen[165],
que aunque generosos son
en tal tiempo no se usaban
tantos dones como hoy.

Todos de amor, en el fuego,
arden víctimas de amor;
mas Melchor, rey de Saba
pone el fuego y el carbón.

Vuélvense, en fin, ostentando
en la alegría interior
que les vino Dios a ver
por venir a ver a Dios[166].

---

[162] El poeta adelanta los hechos, puesto que Herodes no «tocó a degüello» cuando se fueron de Jerusalén hacia Belén, sino después de que hubieron adorado al niño Dios y regresado a su tierra. Es posible que el poeta haya considerado este cambio necesario para que no termine con una escena sangrienta una pieza dedicada a la fiesta de los Reyes Magos.

[163] «Et ecce stella, quam viderant in oriente, antecedebant eos, usque dum veniens staret supra, ubi erat puer» (*Mateo* 2, 9).

[164] La aurora (y el alba) como metáfora de María se vio ya en notas a *Los negrillos de los reyes*, estribillo; y *Cayósele al Alba*, copla 6 (ambos de esta sección). Para Jesús-Sol, ver nota a esta última y a *¡Aquí, zagales!*, en esta sección.

[165] «Dones sólo le ofrecen tres» en el pliego impreso. Es interesante la explicación, que supone usos de la época en que fue escrito el poema.

[166] A lo largo del poema se hallan juegos variados: aquí son opuestos (a ver / a ver); antes se ven antítesis (dándose al diablo / y ellos se fueron con Dios); usos duplicados de palabras en relación dilógica (1, b. «el Sol que nace / donde nace el sol»; 1 c. razón / razón; 2, a. uno / Uno; 3, d. paró / paró; 4, c. fuego / fuego) o simplemente como repetición (1, d palabra / palabra; 4, b. dones / dones; 4, c. amor / amor).

b. Desagravios

¡Ah, Señor, que en lo que viertes...!
[38][167]

¡Ah, Señor, que en lo que viertes
de tanta llaga, me avisa,
al verte crucificado,
que está cerca el homicida![168]
Yo fui, Dios mío, yo fui
el infame patricida,
cómplice de vuestra muerte,
que mi vida lo atestigua.

Yo lo fui ¡oh concïencia,
pulso del alma[169] que indicas
sus males, y al mismo tiempo
la acusas y la castigas!
Yo fui el ingrato aleve
vil autor de esas heridas
que abrió la culpa y conserva
abierta la bizarría[170].

---

[167] ACSB. Portada: «Acto de contrición. Solo. Ha Señor que en lo que viertes».
Para los Actos de contrición, ver estudio introductorio, *Formas poéticas*.

[168] Era creencia popular (y motivo folklórico) que un cadáver volvía a sangrar
cuando se aproximaba quien lo había asesinado.

[169] La expresión 'pulso del alma' la encontramos en Gracián, *Oráculo manual y arte
de prudencia*, n. 223, aplicada a la lengua como facultad de hablar.

[170] Bizarría: entre otras cosas es «gallardía, [...] lozanía» (*Aut*). La voz poética representa al penitente que se asombra de su anterior maldad, por la que, después del
asesinato, mantiene el talante alegre y desenfadado. En la Sagrada Escritura se afirma
que quien peca después del bautismo vuelve a crucificar a Cristo (*Hebreos*, 6, 6). El
manuscrito dice «abiertas la bizarría», errata que afectaría a la concordancia.

Sí, fui, Señor, yo protesto[171];
que esta confesión sencilla,
la hago ante la Clemencia,
huyendo de la Justicia.
Prométoos, Señor, la enmienda
y aqueste llanto me fía[172]
que asientes, cuando mis ojos
a vuestros pies le derriban[173].

Sí, fui mal; ¿puedo negarlo,
cuando en esa faz herida,
con sangrientos caracteres,
están mis culpas escritas?
Mares quisiera llorar
donde mis votos[174] tendrían
tanto más seguro el puerto
cuanto más lejos la orilla[175].

---

[171] Protestar lleva aquí el significado de «declarar el ánimo que uno tiene, en orden a ejecutar alguna cosa», o también «asegurar con ahínco y eficacia» (ambas citas de *Aut*).

[172] «Aqueste»: forma que alterna con «este» en la lengua del Siglo de Oro y que facilita el cómputo silábico (ver *El diablo mudo*, ed. García Valdés, 1999, nota al v. 318).

[173] En el manuscrito se lee «asiendes»; parece errata.

[174] Entre otros significados, voto «se llama también el ruego o deprecación con que se pide a Dios alguna gracia»; también «se toma algunas veces por lo mismo que deseo» (*Aut* en ambas citas).

[175] Esta metáfora alambicada tiene como trasfondo al mar, símbolo del mal, cambiado en bien por provenir del propio e hiperbólico llanto. Cuanto más extenso sea el mar de lágrimas, más queda asegurado el «puerto» (de la salvación), ya que la contrición borra las culpas: la causa del llanto es el amor, que acerca al penitente hasta la clemencia de Cristo crucificado. El Concilio de Trento enumera los medios para lograr la contrición: «examen, enumeración y detestación de los pecados, en la que recorre el penitente toda su vida con amargo dolor de su corazón, ponderando la gravedad de sus pecados, la multitud y fealdad de ellos, la pérdida de la eterna bienaventuranza, y la pena de eterna condenación en que ha incurrido, reuniendo el propósito de mejorar de vida» (*Concil. Trident.*, Sesión XIV, cap. V). Desde la difusión de la *devotio moderna* los autores de espiritualidad ponderan la consideración de la Humanidad doliente de Cristo como medio eficaz de excitar el amor unido al dolor y detestación de los propios pecados. Todos los poemas de esta sección son ilustrativos de ese camino interior de amor a Dios entrelazado por dolor por las ofensas inferidas, que son la causa de la Pasión y muerte de Cristo.

Mas, ¿qué importa que lo estén[176],
si esa sangre que os matiza,
es tinta para ahorrarlas,
aún más que para borrarlas?[177]
Quisiera a importunos golpes,
hacer este pecho astillas
porque a quebrantos soldara
tanta quiebra contraída[178].

¿Qué importa, si al mismo tiempo,
están rasgando a porfía,
tanta espina y tanto clavo,
el papel que las afirma?[179]
Piedad, Señor, perdonadme
por ser quien sois, que acredita
más que el obsequio que acepta,
a un Dios, la ofensa que olvida[180].

---

[176] El sujeto y el atributo están tomados de las estrofa anterior: 'qué importa que las culpas estén escritas'. Todo el poema juega con términos propios de procesos judiciales: «cómplice», «atestigua» en la primera estrofa; «acusas», «castigas» en la segunda; «protesto», «confesión», «justicia», «fía» (tercera), «culpas [...] escritas» (cuarta) «quiebra contraída» (quinta); en la última se menciona incluso el escrito acusatorio («el papel que las afirma») en el que con espinas y clavos (de la Pasión) se raspa y borra la condena escrita.

[177] Según la doctrina del Concilio de Trento, el hombre justificado por la gracia (don de Dios alcanzado por los méritos de Cristo) es también auxiliado por Dios mediante la gracia para perseverar en la santidad recibida (ver *Concil. Trident.*, Sesión VI, can. XXII); es decir, que el hecho de hacer el bien procede tanto del auxilio divino como de la persona que lo hace (ver *Concil. Trident.*, can. XXXII). Esto da pie al poeta a decir que la Pasión de Cristo no sólo borra culpas, sino que también las ahorra, porque posibilita el obrar bien.

[178] Aquí el poeta juega con el oxímoron o técnica de opósitos (quebrar-soldar).

[179] El «escrito» de la culpa es destruido por Jesús en su muerte. La figura es bíblica: «delens quod adversus nos erat chirographum decreti, quod erat contrarium nobis, et ipsum tulit in medio, affigens illud cruci» (*Colosenses*, 2, 14).

[180] Exquisita forma de persuasión. Subyacen las expresiones de *Salmos*, 50, conocido como *Miserere*: «Amplius lava me ab iniquitate mea, et a peccato meo munda me. Quoniam iniquitatem meam ego cognosco, et peccatum meum contra me est semper. Tibi soli peccavi, et malum coram te feci; *ut iustificeris in sermonibus tuis, et vincas cum iudicaris*» (4-6). La cursiva es mía.

¿A quién no mueve a dolor...?
[126][181]

Coplas solas.
Despacio.

1. ¿A quién no mueve a dolor
ver a Cristo allí clavado
y de espinas coronado
dando a Dios satisfacción?[182]

2. Mira allí a tu Redentor,
su sacro cuerpo llagado
que con su vida ha pagado,
siendo tú el justo deudor.

3. Llégate con contrición,
y mira que su costado
es franca puerta que ha dado[183]
a los que lloran su error.

4. Llora, que su espiración
aspira con gran cuidado

[181] ACSB. Portada: «Solo para desagravios. Primer tono. Tiple. A quién no mueve a dolor. 1730». Esta pieza está transcrita en Seoane-Eichmann, 1993 (texto, p. 91, y partitura, p. 152), y grabada en el CD del mismo nombre.

[182] El Concilio de Trento explica que la causa meritoria de la Redención del hombre es el mismo Jesucristo, que con su muerte en la Cruz «satisfizo por nosotros a Dios Padre», «qui cum essemus inimici (*Ephes.* 2), propter nimiam charitatem, qua dilexit nos, sua sanctissima passione in ligno crucis nobis iustificationem meruit, et pro nobis Deo Patri satisfecit» (Sesión VI, cap. VII).

[183] Es motivo frecuente en obras del Siglo de Oro considerar la llaga del costado de Cristo crucificado, abierta por la lanza, como puerta por la que se ingresa a la salvación y al amor de Dios. Fray Luis de Granada escribe lo siguiente: «Llega pues el ministro con la lanza, y atraviésala con gran fuerza por los pechos desnudos del Salvador [...] ¡Oh llaga del costado precioso, hecha más con el amor de los hombres, que con el hierro de la lanza cruel! ¡Oh puerta del cielo, ventana del paraíso, lugar de refugio, torre de fortaleza, santuario de justos, sepultura de peregrinos, nido de las palomas sencillas, y lecho florido de la esposa de Salomón!» (*Libro de la oración y meditación*, cap. XXIV, II).

a que huyas del pecado
solicitando el perdón.

5. Llega la muerte, ¡ay, dolor!,
y la cuenta da cuidado,
mas si de esto no has tratado
llora tu condenación.

¡*Ay, que me anego...!*
[160]¹⁸⁴

¡Ay, que me anego
en triste llanto
y en gemido tierno,
por ser mi culpa
la que puso a mi Dios
en un madero!

Coplas   1. ¡Veros, Señor, en la cruz,
fallecido en el tormento!
Fue por darme vuestra vida
la causa porque yo muero¹⁸⁵.
Ay que me anego [etc.]

2. Vuestra grandeza, Señor,
toda fue de amor extremo,
pues por mi culpa, en la cruz,
sois sacrificio crüento.
Ay, que me anego [etc.]

3. No, benigna majestad,
os desvíes¹⁸⁶, pues que veo
que por mí sois holocausto,
la víctima, altar y fuego¹⁸⁷.
Ay, que me anego [etc.]

---

¹⁸⁴ ACSB. Portada: «Ay que me anego. Acto de contrición. Séptimo tono. 1718. Acto de contrición. 1718». Cuatro voces. En la parte del Acompañamiento se descubre la preocupación del músico: «Estribo para que no se caiga el edificio como cada día me sucede».

¹⁸⁵ El sujeto afirma que muere (de amor) por ver que Jesús le da su propia vida (la de la gracia divina) muriendo en la Cruz.

¹⁸⁶ 'No te apartes'.

¹⁸⁷ La liturgia pascual afirma que Jesús es «Sacerdote, altar y víctima» (*Praefatio V Pasquae*, en el *Missale Romanum*). En el poema se lee otra enumeración de elementos

4. Si mi culpa es sin mesura
vos sois infinito objeto
y a mis lágrimas contritas
vuestro costado está abierto.
Ay, que me anego [etc.]

de los sacrificios, en concreto de los holocaustos que ofrecía el pueblo hebreo a Dios;
el fuego es el mismo Jesús que se consume de amor.

Pésimo infiel
[588][188]

¡Pésimo infiel!
Ingrato, injusto, di,
¿abandonas a Dios,
el que buscándote
contigo anhela vivir?
¡Tú la causa,
tú el motivo
para que el Señor eterno
no deje de llorar!

[188] Estos versos son una trova que se halla en la obra transcrita en la sección de Letras de Amor. La portada, por ello, es común a ambas: «Cantada sola con violines. Pérfido». El texto ocupa solamente los primeros cinco renglones musicales. Falta una voz, pero está completo.

c. Cruz

A la cítara que acorde templó
[46][189]

A la cítara que acorde templó
el más alto primor
por la mano del Poder

[189] ACSB. Portada: «A la cítara. Le falta el bajo». Siete voces (una faltante). Bernardo Illari (ver «No hay lugar para ellos», p. 88, nota 46) atribuye esta obra a Sebastián de los Ríos. Para la lectura de este poema no puede pasarse por alto la compleja simbología que hace de la Cruz una cítara y, de Jesús, Orfeo. Remito a la extensa introducción de Duarte a los dos autos sacramentales de Calderón titulados *El divino Orfeo* en la que muestra detalladamente las vías (textuales e iconográficas) que hicieron de Orfeo una figura apta para representar a Jesucristo: desde el pretendido *Testamento de Orfeo*, escrito por autores judíos de Alejandría, que haría del personaje un defensor «in articulo mortis» del monoteísmo; las semejanzas por las que los paganos relacionaban ambas figuras, principalmente el descenso a los infiernos; la amplia superación de Orfeo por parte de Jesucristo, el Logos, ante cuyo «canto» fueron sometidos los elementos y vencida la muerte, superación que señalan Clemente de Alejandría (*Protréptico*) y Eusebio (*De laudibus Constantini*); el silencio posterior sobre la relación entre las dos figuras hasta el siglo XII, en que se rompe con el himno *Morte Christi celebrata* (8, b.: «Sponsam suam ab inferno / regno locans et superno / noster traxit Orpheus»), a partir del cual abundarán los testimonios: el *Ovide Moralisé* (fines del siglo XIII o principios del siguiente), donde se alegorizan los elementos del relato ovidiano; el *Ovide Moralisé en prose* (siglo XIV) y el *Ovidius moralizatus* de Bersuire (+ 1362), que marca el culmen de esta identificación, materia sobre la que trabajan numerosos autores posteriores, entre ellos algunos de los más grandes del Siglo de Oro, como Gracián y Calderón. El último mencionado es el que más nos interesa a los efectos de este poema, cuya presencia en nuestra colección sería casi inexplicable sin que hubiera mediado la representación en La Plata, como mínimo, de una de las versiones del mencionado Auto. A menos que se hubieran difundido otras obras hoy desconocidas, inspiradas en el libro *Imago primi saeculi societatis Iesu a Provincia Flandro*, publicado en 1640 para celebrar el centenario de la fundación de la Compañía de Jesús. En dicho libro se representa un Orfeo citarista, con un anagrama en el que CITHARA IESU se convierte en EUCHARISTIA; lleva una explicación en verso: «Si

y al impulso del Amor[190],
¡oíd, atención!,
que el acción que la pulsa
es divina y humana[191];
demuestra de amor la pasión[192].

pudo Orfeo revocar los infernales castigos de su pía esposa [...] ¿por qué con la cítara de Jesús la divinidad no podía convertir el mal humano en algo bueno? Allí el diestro amor extendió los nervios y sujeto a la lira de la Cruz poderosa con los clavos, su canción resonó en el cielo, con la que desgarró los lazos de las rocas [...]» (traducción del latín de Duarte, en la obra citada, p. 27). El juego del anagrama es reelaborado por Calderón en la Loa para el auto (ver Duarte, pp. 179-200).

[190] Referencia a la Trinidad: el más alto primor (El Verbo, Jesucristo) realiza la «canción» redentora de la mano del Poder (Dios Padre), y al impulso del Amor (el Espíritu Santo). Duarte anota que «según Lurker, *Diccionario de imágenes*, 29-30, en el arte medieval las arpas de tres ángulos se convirtieron en un símbolo de la Trinidad y hasta el siglo XVII los poetas trataron de relacionar la imagen del arpa con la crucifixión y con la de Orfeo. Pickering, 'The Gothic image of Christ', da numerosos ejemplos de la literatura medieval alemana e inglesa en los que la cítara representa la Cruz en la que murió Cristo. Clemente de Alejandría, PG, 9, col. 310: 'Potuerit autem a psalmographo allegorice accipi cithara, in primo quidem significato, Dominus'. Casiodoro, PL, 70, col. 404, explica que la cítara representa la gloriosa pasión de Cristo, la que con nervios tensados y los huesos enumerados, canta su amargo sufrimiento como en una canción espiritual. Alcuino, PL, 100, col. 1122, explica que las cítaras representan los sufrimientos de Cristo porque, así como al tener las cuerdas más tensas o menos tensas se producen distintos sonidos, los miembros de Cristo expresan los sufrimientos de una manera diferente. También, San Bernardo, PL, 184, col. 655, compara las siete últimas frases de Jesús en la Cruz con las siete cuerdas de la cítara, explicando que así como las cuerdas deben de estar fijas y tensadas al armazón del instrumento, la Cruz, nuevo instrumento, recibe el cuerpo extendido de Cristo y es clavado a ésta. Ver también Curtius, *Literatura europea*, 346: 'Dios es el músico que tañe el instrumento del mundo; Cristo es el divino Orfeo, cuya lira es el madero de la cruz; hechiza con su canto a la naturaleza humana. Este es el *Christus musicus* de Sedulio, y en su origen está el Cristo órfico de San Clemente' [...]» (Calderón de la Barca, *El divino* Orfeo, ed. Duarte, 1999, nota al v. 1102).

[191] En Jesucristo están unidas la naturaleza divina y la humana.

[192] Nótese el uso dilógico de «pasión»: pasión de amor, y la Pasión (los padecimientos de Cristo). En las diversas particelas el texto no presenta dudas de lectura: «de nuestra [...]»; sin embargo, por parecer sin sentido, la considero errata y opto por «demuestra de amor la pasión».

Coplas

Tenor   1. La cítara de Jesús[193]
            con soberano primor
            finas resuena dulzuras[194]
            por el punto del amor[195].

Todos   ¡Atención!, que solo aumento
            por punto llevó[196].

---

[193] En este verso está tachado «-l amor», y arriba está escrito «Jesús». Las coplas son a solo, y ello se corresponde con el sentido del texto, por el carácter único del amor manifestado por Jesucristo en la Cruz, y por la expresión de «solo [...] llevó», unos versos más adelante. Es uno de los tantos casos en que se observa una estrecha relación entre la música y el texto.

[194] Gracián, en *Agudeza y arte de ingenio*, Discurso XLIX, 221 (citado por Duarte en la obra mencionada, pp. 28-29) explica que «El verdadero Orfeo es aquel Señor, que estirando sus sagrados miembros en la lira de la Cruz, con aquellas clavijas de los duros clavos, hizo tan dulce y suave armonía que atrajo a sí todas las demás cosas [...]»; (en páginas anteriores incluye citas de las fuentes de Gracián). Comp. con Calderón, DOS, vv. 1075-78: «Tan dulcemente enamoran / tus voces que al cielo encantan / cuando tus amores cantan / como cuando dulces lloran».

[195] Juego de palabras: por punto, en los instrumentos musicales, se entiende el tono de consonancia para que estén acordes; por otra parte, la palabra «punto» señala el extremo al que puede llegar una cualidad moral, en este caso el amor. Me parece que no falta la intención de aludir veladamente al corazón, como centro del amor humano, que en la Cruz fue traspasado por la lanza.

[196] En el manuscrito se lee «aumente»; parece errata por «aumento» (aunque así se lee en las distintas partes sueltas), ya que resulta difícil interpretar la palabra como forma verbal. Un aumento «por punto» significa en música el paso de una tonalidad a otra. En este sentido, recordemos la observación ya citada de Alcuino: «así como al tener las cuerdas más tensas o menos tensas se producen distintos sonidos, los miembros de Cristo expresan los sufrimientos de una manera diferente». Además, el punto (o puntillo) sirve para aumentar en la mitad el valor de duración de una nota; si aumenta un tiempo a una nota de dos, llega a tres tiempos, lo cual tradicionalmente se llama «perfección» (en referencia a la Trinidad, desde los primeros tratados musicales de la Edad Media, y las llamadas «reglas franconianas»). En la notación proporcional, ese aumento es el restablecimiento del valor normal de las notas, lo cual tiene correspondencia con la acción redentora de Cristo, de restaurar la naturaleza humana.

Alto   2. La Cruz por clave señala
                 el término[197], una canción[198];
                 que el valor del padecer
                 dio la música, el valor[199].

Todos   ¡Atención!, que con esa clave
                 los cielos abrió[200].

Tiple   3. Tan peregrino artificio[201]
                 lo apasionado le dio,
                 que halló camino al deleite
                 por los pasos del dolor[202].

Todos   ¡Atención!, que cualquiera paso
                 su sangre costó[203].

[197] Uso dilógico: «término» es equivalente a extremo; y en música es lo mismo que punto o tono.

[198] Parece errata en el manuscrito «un canción»; téngase en cuenta, sin embargo, que «canción» es también «el metro que se hace para cantar, que hoy generalmente se llama tono» (*Aut*).

[199] Adopto la siguiente interpretación: 'la valentía del padecer dio la música, y dio el valor (de la tonalidad)'; ya que hay valores rítmicos, melódicos, interválicos, etc.

[200] «Clave» en el siglo XVIII significaba también «tonalidad». La música de Jesús en la Cruz es el mismo padecer, como vimos. Y es tradicional considerar a la Cruz como llave (clave) para abrir el cielo.

[201] Peregrino: «por extensión se toma algunas veces por extraño, raro, especial en su línea o pocas veces visto»; y artificio es «el primor, el modo, el arte con que está hecha una cosa» (ambas citas de *Aut*).

[202] Fray Luis de Granada compara la alegría de las almas del Limbo liberadas por Jesús en su descenso a los infiernos, con la de Jesús mismo, quien vio compensados todos los dolores pasados en la Cruz: «mucho mayor era sin comparación la que el Salvador tenía viendo tanta muchedumbre de ánimas remediadas por su pasión. Por cuán bien empleados darías entonces, Señor, los trabajos de la Cruz, cuando vieses el fruto que comenzaba ya a dar aquel árbol sagrado [...] ¿Qué sentiría el Salvador cuando se viese cercado de tantos hijos, acabado el martirio de la Cruz, cuando se viese aquella oliva preciosa con tantos y tan hermosos pimpollos en derrredor de sí?» (*Libro de la oración y meditación*, cap. XXV, II).

[203] Por «paso» se entiende, en música, modulación. A la vez, en el poema se hace alusión a los «pasos» del Vía Crucis.

Tenor   4. Proporcionándose al gusto
          canciones, vianda[204] cifró
          y en divino sostenido[205]
          nos dio el sustento mejor.

Todos   ¡Atención!, porque observa en esto
          proporción mayor[206].

[204] La unión de «canciones» con «vianda» (y la mención posterior del «sustento») manifiesta la relación, conocida por el poeta, de ambas formas del referido anagrama: Cithara Iesu (Cruz)-Eucharistia (manjar del Cuerpo de Cristo).

[205] Cifrar «metafóricamente vale lo mismo que compendiar, epilogar, abreviar, reducir muchas cosas a una o lo que es dilatado por sí a una o brevísimas cláusulas» (*Aut*). En este caso, Jesucristo abrevia elementos aparentemente tan dispares como las canciones y el alimento. La metáfora es llevada al extremo en los versos siguientes ya que es precisamente su divino «sostenido» (elevación del tono; del hombre), es decir su canción en la Cruz, lo que hace posible dar el alimento de su cuerpo (el «sustento mejor»). Por otra parte «cifrar» es palabra que indica en música todo lo que debe saber un músico para el arte de la composición. «Cifra» tiene a su vez dos significados: es la tonalidad, y también la forma de escribir las tablaturas para los instrumentos de pulso, como la cítara.

[206] En el sistema de notación proporcional la proporción mayor es la prolación perfecta mayor, llamada así por referencia a la Trinidad de Dios, en la cual la semibreve vale tres mínimas, a diferencia de la menor, en la que vale dos mínimas. En la notación moderna equivaldría a los compases 9/8 (mayor) y 6/8 (menor). Por otra parte, «desde la Antigüedad clásica, la belleza del universo está en las justas proporciones o en su estructura matemática. Platón en el *Timeo* expone la concepción musical de la naturaleza como armonía y simetría» (Duarte, en la Introducción a *El divino Orfeo*, p. 48). Para la presencia de esta concepción clásica en poemas de la colección del ABNB, ver Eichmann, 1998, pp. 200-02).

d. Ascensión

Triunfe el poder
[929]²⁰⁷

Triunfe el poder
pues sabe vencer
con triunfo de amor
y afecto de amar.
Y siendo el querer,
de Cristo el placer,
se queda y se va²⁰⁸.

Viva el candor
todo celestial,
y cante el primor
canción sin igual;
y el aire es vergel
que eleva un Clavel
Dios, flor singular²⁰⁹.

---

²⁰⁷ ACSB. Portada: «Segundo salmo. Para la Ascensión. A cuatro. Segundillo. Triunfe el poder. Teodoro [de Ayala]. 1740». Es difícil saber a qué se refiere la expresión «segundo salmo», ya que estas piezas no se solían cantar en reemplazo de salmos, sino de los responsorios que siguen a cada *lectio* de Maitines (ver estudio introductorio, *Fiesta y poesía cantada*).

²⁰⁸ Jesucristo, al ascender al cielo (*Hechos* 1, 9), se va; pero también se queda sacramentalmente, en la Eucaristía.

²⁰⁹ «Clavel-Dios»: ver notas a los versos introductorios de *Cayósele al Alba*, en la sección Epifanía.

Recitado   Corone su leal frente
                  desde Oriente a Poniente,
                  triunfando, su victoria,
                  porque ciña laureles en la gloria[210].

[210] El laurel es atributo tradicional de Apolo «por ser caliente, aromático y siempre verde, y porque se coronan con él los sabios poetas y los emperadores cuando
triunfan, los cuales todos están sujetos al Sol, que es dios de la sabiduría y causa de
las exaltaciones de los imperios y de las victorias. [...] este árbol se llama lauro, por
ser entre los árboles como el oro entre los metales; también porque se escribe que
los antiguos le llamaban lauro por sus loores y porque se coronaban con sus hojas los
que eran dignos de eternos loores» (León Hebreo, *Diálogos de Amor*, p. 106a; 108a-b).

¿Adónde, remontada mariposa…?
[940][211]

¿Adónde, remontada mariposa[212]
el vuelo llevas, el aliento animas?,
si ese sagrado fuego que pretendes
¡de todo un Dios![213] la llama inmortaliza[214].

¡Detente, aguarda, espera![215],
no los tornos repitas[216],
que abrasarse en su incendio luminoso

---

[211] ACSB y CJEF (en el *Catálogo* solamente aparece la segunda colección; el trabajo de Roldán titulado *Inventarios de las Colecciones* permite conocer la otra procedencia). Portadas: «A la Ascensión del Señor y a Nuestro. Dúo con violines. A dónde remontada. Roque Ceruti. Año de 1756» (juego de ACSB); en el mismo ítem, el otro juego (de CJEF) indica «A dónde remontada», está dedicada a San Pedro Nolasco, con retoques para Santa Teresa y San Pedro de Alcántara. La de ACSB está transcrita en Seoane-Eichmann, 1993, (texto, p. 92, y partitura, pp. 153-63) y grabada en el CD del mismo nombre.

[212] La voz poética se dirige, al parecer, al alma que desea seguir a Jesucristo en la Ascensión. Y le advierte que solamente puede seguirlo con las alas del amor, y no con las del discurso.

[213] Las palabras «todo un Dios» fueron añadidas sobre (o debajo, dependiendo de las partes sueltas) «un Serafín», tal vez porque el texto estaba pensado para celebrar a San Francisco. En la primera copla se observa que «Jesús» también es un añadido.

[214] La imagen de la mariposa que se acerca a la llama hasta quemarse en ella es muy común en el Siglo de Oro. Señala Escudero que «aparece innumerablemente en la tradición emblemática […] y es común ya en los textos sagrados de la India y en los escritores grecolatinos. En la poesía petrarquista se aplicará al amante que se quema en el resplandor de la amada» (Calderón de la Barca, *La cisma de Ingalaterra*, ed. Escudero, nota a vv. 409 y ss.).

[215] Comp.: «Espera, aguarda, detente […]» (*Coloquio de los Once cielos*, ed. Eichmann, 2003, verso 66).

[216] «Torno», aparte de otras cosas significa «la vuelta alrededor, movimiento o rodeo» (*Aut*); el *Diccionario de Autoridades* coloca como ejemplo unos versos de Quevedo (Orland., Cant. I) muy a propósito: «Armas, y corazones previnieron / para ser mariposas en sus tornos».

el astro superior, aun fuera dicha.

¡Repara, atiende, mira!,
que rondan su esplendor indeficiente
celestes genios, sacras jerarquías.

Coplas   1. Si en la luz de Jesús
quemarte solicitas,
mientras más a la hoguera te conduces
más lejos de la llama te retiras[217].

2. De sus hermosas luces
resplandores convidan:
si del amor las alas van seguras
del discurso[218] los vuelos no revistas.

3. No te arrojes incauta,
porque de presumida
el fondo de sus glorias saber quieres:
sabe que Amor solo, allá, las registra.

4. Ama, para y adora,
engrandece y admira;
que a Etnas[219] mariposas no se acercan,
y sólo Dios registra aquella mina[220].

---

[217] La hoguera del amor de Dios se presenta aquí como antítesis de la llama del infierno.

[218] Dilogía: por discurso se entiende tanto «la carrera, el camino que se hace a una parte y a otra, siguiendo algún rumbo» como «facultad racional con que se infieren unas cosas de otras, sacándolas por consecuencias de sus principios» (ambas citas son de *Aut*). Las dos acepciones son apropiadas para el alma-mariposa, quien con su capacidad de dicurrir no puede alcanzar la luz de Dios, ya que es el amor lo que le permite acercarse.

[219] Ver nota a *Hecho un Etna de amor*, en la sección «de circunstancias».

[220] Mina: «se llama asimismo el nacimiento y origen de las fuentes» (*Aut*).

¡A la cima, al monte, a la cumbre...!
[1172][221]

¡A la cima, al monte, a la cumbre,
corred, corred, zagales,
que el Amor se nos va por el aire![222]
¡Corred, corred aprisa,
que se lleva el alma y la vida![223]
¡A la cumbre, al monte, a la cima
corred! Corred veloces,
que ese que pisa las nubes,
Serafines[224] y Querubes[225],

---

[221] ACSB. Portada: «Para la Ascensión del Señor. Maestro [Blas] Tardío [de Guzmán]». Cuatro voces. Esta obra fue grabada en el CD del Ensemble Elyma *Le Phénix du Mexique* en 1999. El cuadernillo del disco afirma que presenta «villancicos escritos en Chuquisaca [...] en base a textos de Sor Juana Inés de la Cruz» (p. 41); sin embargo no alcanzo a ver más que un lejano parecido entre el estribillo de nuestro poema y el del villancico sorjuanesco (se trata del quinto de la fiesta de la Asunción de 1676; en la edición de Méndez Plancarte, t. II, pp. 9-10); las coplas no muestran ninguna semejanza.

[222] En todo el poema subyace la identificación velada de Jesucristo con Cupido.

[223] Vuelve a aparecer de nuevo el deseo de seguir a Jesucristo hasta el cielo, como en el poema anterior.

[224] San Isidoro de Sevilla explica que la palabra «serafín», proveniente del hebreo, «significa ardiente, y se llama así porque entre ellos y Dios no existen más ángeles, y por tanto por estar más cerca del Señor están más inflamados de la luz divina» (*Etimologías*, lib. 7, cap. V, 24). Continúa diciendo que ocultan el rostro y los pies del que se sienta en el trono (sigue a *Isaías*, 6, 2) con lo que se da a entender «el desconocimiento que que tenemos del pasado, anterior a la creación, y del futuro, después del mundo. Cada uno de los querubines tiene seis alas, dando a entender que sólo conocemos de la creación del mundo la obra de los seis días. Y clamando unos a otros por tres veces la palabra *Santo* nos dan a entender el misterio de la Santísima Trinidad» (*Etimologías*, lib. 7, cap. V, 24).

[225] Los querubines son los ángeles que ocupan el segundo puesto en categoría, después de los serafines: «son los que tienen los más sublimes ministerios angélicos y más altos poderes del cielo. Es palabra hebrea que significa multitud de ciencia [...]» (S. Isidoro, *Etimologías*, lib. 7, cap. V, 22).

es Amor, y se conoce
por el aire, en el aire:
¡Corred, corred, zagales!

Coplas   1. Si ese que asciende, camina
por montañas de diamante[226],
no es novedad que sus luces
las del mismo sol apaguen;
que no concurren ni sobresalen
astros o estrellas con luminares[227].

2. Si de seráficas plumas
alas peregrinas hace[228],
no es novedad que los vientos
le envidien vuelo y donaire[229];
que nunca han visto Deidad afable
que así los pise sin que los aje.

[226] Se refiere a las esferas del cielo, que son luminosas y transparentes.

[227] Luminar: «[...] Llámanse así regularmente el Sol y la Luna, dándoles el nombre de luminar mayor y menor» (*Aut*). Los astros son, (ver nota a *Ruiseñores, venid al aplauso*, sección de Letras de Circunstancias) estrellas grandes, que junto con las demás son incomparablemente menores en importancia al sol y a la luna, mirados desde la tierra. Aquí queda «postergada» la jerarquía del sol, el cual comparado con Jesucristo que asciende al Cielo, queda confundido con los demás astros y estrellas. Nótese que cada copla se introduce con una cláusula condicional, a la que sigue una consecuencia, introducida con la fórmula «no es novedad que...»; en la primera copla se pone de relieve la luz de Jesucristo (comp. «Ego sum lux mundi», *Juan* 8, 12) en comparación con astros y estrellas; en la segunda, la «agilidad» de su cuerpo resucitado y glorioso, siguiendo el episodio de *Hechos*, 1, 9 («et cum haec dixisset, videntibus illis, elevatus est; et nubes suscepit eum ab oculis eorum») comparándola con los vientos; en la tercera se pondera la divinidad de Jesucristo, y en la cuarta su realeza. Las dos últimas ofrecen el espectáculo de una entrada triunfal, en la que el soberano es precedido por un desfile de tropas (las estrellas) y recibido por los cortesanos (los ángeles).

[228] Peregrinas: ver nota a la tercer copla de *A la cítara que acorde templó*.

[229] Estos versos permiten pensar en la posible utilización de la pieza musical en lugar del responsorio de la *Lectio VIII* de los maitines de la Ascensión, cuyo texto, precisamente, dice: «Ponis nubem ascensum tuum, Domine; qui ambulas super pennas ventorum, alleluya. Confessionem et decorem induisti amictus lumen sicut vestimentum» (en la colección de códices corales platenses, vol. LP9, f. 62 v.). Otros pasajes de la festividad se recogen también en el poema: «qui scandis super sidera» (responsorio breve de Prima).

3. Si por la cóncava estancia
cruzan tropas celestiales,
no es novedad que se juzgue
todo el cielo por el aire[230];
que esos palacios no materiales
se hacen teniendo a Dios delante.

4. Si como Dueño abrir manda
esas puertas eternales[231],
no es novedad que le adoren
los cortesanos más graves;
que se engrandecen los que al Rey hacen
algún obsequio como le cuadre.

---

[230] El aire y el cielo son realidades distintas; sin embargo, San Isidoro observa que «nosotros vulgarmente llamamos [al aire] cielo, como cuando, buscando la serenidad o las nubes, preguntamos: ¿cómo está el aire?, y otras: ¿cómo está el cielo?» (*Etimologías*, lib. 13, cap. V, 3). Es lo que sugiere el poeta.

[231] Referencia a *Salmos*, 23, 7 ss: «Attollite portas, principes, vestras, / et elevamini, portae eternales, / et introibit rex gloriae. / Quis est iste rex gloriae? / Dominus fortis et potens, / Dominus potens in praelio».

2. SANTA MARÍA

a. Concepción

Animado Galeón
[117]²³²

Recitado   Animado galeón²³³, que en gloria eterna
              navegas mar de gracia²³⁴, en vez de espuma,
              y, formando tu quilla tabla humana,
              burlas el riesgo, nave soberana.

---

²³² CJEF. Portada: «Cantada con un violín solo. A Nuestra Señora. Animado galeón». Solo. Esta pieza está transcrita en Seoane-Eichmann, 1993 (texto, p. 57, y partitura, pp. 113-21) y grabada en el CD del mismo nombre.

²³³ La imagen de María como nave es frecuente; sólo en la *Lyra poética* de V. Sánchez la encontramos en cinco ocasiones (pp.: 245-46, 253-54, 256, 262 63 y 268). El origen está en el pasaje bíblico de *Proverbios*, 31, 14, pasaje en el que el autor sagrado compara a la «mujer fuerte» con la «nave del mercader que trae el pan de lejos». El símil es evidente, ya que María trae a Jesús, que en el sacramento de la Eucaristía se ofrece como pan para el hombre. En la *Letanía* compuesta por Fray Diego de Ocaña (manuscrito M-204 de la Universidad de Oviedo, f. 160-61), que llamamos *Potosina*, se encuentra la invocación «Navis institoris». Ramos Gavilán: «[María] es navío ligero, que lleva el Pan de lejos, es navío de guerra, que quiere Dios hacerla a la armada del pérfido Satanás, que anda haciendo guerra y destrozo en el mar de este mundo [...] y así se da prisa a llevar el socorro de Pan [...]» (*Historia*, lib. III, Quinto Día).

²³⁴ La gracia es un don gratuito de Dios, por el que el hombre es capaz de alcanzar el bien perfecto, la contemplación de la divina esencia, y por el que sus obras pueden ser meritorias (ver DA). La relación del agua con la acción regeneradora de Dios es manifestada de varias maneras en los textos bíblicos: el Espíritu de Dios se cernía sobre las aguas en los orígenes del mundo (*Génesis*, 2, 1); Dios se sirve de las aguas del Diluvio para regenerar la humanidad (*Génesis* 6-8); se sirve también de las del Mar Rojo para salvar al pueblo israelita (*Éxodo*, 14), etc. La culminación de esta relación se porduce en el sacramento del Bautismo. Entre innumerables textos de Padres de la Iglesia, San Jerónimo escribe: «todo queda limpio en la fuente de Cristo. [...] Se me acabaría el día si quisiera reunir de las Escrituras santas todo lo que se refiere al poder del bautismo y exponer los misterios del segundo nacimiento o, por mejor decir, primero en Cristo» (*Cartas*, 69, ed. Ruiz Bueno, t. I, pp. 653, 661-62).

¡corre felice[235], si tu rumbo cierto
de los mismos escollos hace el puerto!

Aria   Luzca estrella
clara y bella,
la divina peregrina,
sacra luz de tu fanal[236],
donde undosa mariposa[237]
sirve amante más constante
lo voluble del cristal[238].

Recitado   Y aunque allí el Aquilón soberbio[239] embiste

---

[235] Felice: ver nota a *Hoy, a la dulce crueldad*, en la sección de Letras de Amor.

[236] La última ocurrencia referida de María-Nave de Vicente Sánchez muestra a la Virgen con un fanal luminoso: «Nave que a Belén caminas / con fanal de Estrella errante / dando la esperanza velas / de los suspiros al aire». La literatura mística suele recurrir a la imagen de la vidriera de una lámpara para referirse al modo en que el alma se deja iluminar libremente por Dios. «Si la vidriera tiene algunos velos de manchas o nieblas, no la podrá esclarecer y transformar en su luz totalmente como si estuviera limpia de todas aquellas manchas [...] si ella estuviera limpia y pura del todo, de tal manera la transformará y esclarecerá el rayo, que parecerá el mismo rayo y dará la misma luz que el rayo» (San Juan de la Cruz, *Subida*, pp. 239-40; ver también cap. 14, p. 304, y nota 9, que muestra los pasajes complementarios y su utilización por autores anteriores, como Taulero). La aplicación del símil a la Virgen se encuentra (entre otros) en Ramos Gavilán: «viene [Dios] en persona, y uniéndose con ella en sus entrañas con vínculo de Hijo natural la deja tan lúcida y resplandeciente, que ya [María] huella la luna, y tiene por ropaje al Sol» (*Historia*, lib. II, cap. XVIII).

[237] Mariposa: «las velas del barco al viento evocan la imagen de la mariposa» (*El divino Jasón*, ed. Arellano y Cilveti, nota a versos 55-56, p. 147). Comp. ese pasaje del auto (versos 53-56): «[la nave Argos] Contra Marte y contra Palas / las velas y jarcias mueve, / que, mariposa de nieve, / apague al sol con las alas».

[238] La mariposa es, en la poesía petrarquista, símbolo del amante que se quema en el resplandor de la amada (ver DA y nota *¿A dónde, remontada mariposa...?*, primera estrofa, sección Ascensión). La metáfora es compleja: la nave (María) navega en mar de gracia divina; es mariposa amante cuyos movimientos siguen las mudanzas u ondas de ese mar, que se designa como 'cristal voluble', (esta última figura es muy corriente en la literatura aurisecular), impulsada por el soplo de la gracia de Dios. En el siguiente recitado aparece el Aquilón, viento contrario cuya acción no alcanza a la embarcación.

[239] Uno de los cuatro vientos principales, el que viene de la parte septentrional (*Aut*); suele utilizarse como opuesto al austro, viento benéfico, el cual a su vez se asocia con la casa de Austria. Duarte señala que el Aquilón es también «el norte, el lugar de la obscuridad de donde vienen reyes destructores en diversos pasajes de la

a zozobrar el norte que le asiste[240],
(por horror se mire fracasado
como los otros, el bajel sagrado[241]),
allí dándola cierto se previene[242];
el más tranquilo paso al puerto tiene.

Aria   Y así el buen viaje le dé
una y otra alegre esfera[243],
pues es nave tan velera[244];
el tesoro fiel se ve.

Biblia: *Daniel*, 11, 8: 'ipse praevalebit adversus regem aquilonis'; 11, 11: 'Et provocatus rex austri egredietur et pugnabit adversus regem aquilonis'; 11, 15: 'Et veniet rex aquilonis et comportabit aggerem'. Lucifer piensa colocar su trono en el lado del Aquilón: ver *Isaías*, 14, 11-14. El rey del Aquilón representa al demonio y del Aquilón viene todo el mal [...]» (nota al verso 14 de DOS); comp.: «¡Rey del Aquilón soberbio, / rey de Colcos, que te roban / los tesoros [...]» (Calderón de la Barca, *El Divino Jasón*, versos 870-72).

[240] Zozobrar: «peligrar la embarcación a la fuerza y contraste de los vientos; y muchas veces se toma por perderse o irse a pique» (*Aut*). El Aquilón embiste para hacer zozobrar o perder el Norte que asiste a la nave (ver nota a la primera copla de *Por capitán de las luces*, en la sección de Letras de Circunstancias), que aquí es Dios, para que se vea fracasada.

[241] Bajel: «Embarcación grande con todos sus árboles y aparejos correspondientes a navío, por ser lo mismo que cualquiera nave que anda por los mares» (*Aut*).

[242] Prevenirse es, entre otras cosas, «disponerse con anticipación, prepararse de antemano para alguna cosa» (*Aut*). Esto alude a la Concepción inmaculada (ver última nota de este poema) y a la preservación de toda mancha en la Madre de Dios. No deja de haber alguna obscuridad en estos versos: se previene cierto (que equivale a firmísimamente); pero no alcanzo el sentido de «dándola».

[243] Puede referirse al sol y a la luna, indicando lo sostenido de su navegación; o a las esferas celeste (que es «la esfera» por antonomasia, ver *Aut*) y terrestre: «la que se compone de los dos elementos, tierra y agua. Su consideración pertenece a la geografía» (*Aut*).

[244] Velero, ra: «adj. que se aplica a la embarcación muy ligera, o que navega mucho» (*Aut*).

Y no es mucho que hoy esté
burlando injusta porfía
si el galeón Santa María[245]
concebido en gracia fue[246].

[245] El nombre de «Santa María» no es raro para embarcaciones.

[246] La doctrina de la Inmaculada Concepción consiste en afirmar que María fue preservada de la culpa original con la que todo hombre nace, como privilegio que Dios le concedió en atención a que sería la madre del Redentor, y otorgándole por adelantado la gracia de la redención. La solemne disputa que se convocó en 1305 en la Universidad de París dio ocasión al oxoniense Juan Duns Scoto a esgrimir argumentos a favor de esta doctrina. «La Sorbona, ya al día siguiente de la disputa, de acuerdo con el Sr. Obispo de París y con asistencia de los legados [pontificios] hizo voto de celebrar todos los años la fiesta de la Inmaculada. Más tarde, en el siglo XV, determinó no conferir grados académicos universitarios a ninguno que antes no prometiera defender la doctrina de Escoto» (Villada, 1904, p. 25). Las universidades de España y América habían permanecido neutrales sobre la cuestión hasta 1617, año en que el rey Felipe III instó al Papa a que definiera la cuestión. A partir de 1618 los claustros académicos se comprometen a jurar la defensa de esta doctrina (ver Pérez, 1904, p. 95). Los más esclarecidos escritores de la época también acogieron con entusiasmo el movimiento: pueden recordarse algunas letras sacras y la pieza dramática *La limpieza no manchada* de Lope de Vega y de Calderón los autos sacramentales *La primer flor del Carmelo*, *Las órdenes militares*, *La Hidalga del valle*, *¿Quién hallará mujer fuerte?*, todos ellos de inspiración concepcionista; con referencias al tema, Calderón también escribe *Las espigas de Rut* y *El primero y el segundo Isaac*. Aicardo (1904, pp. 113-23) estudia la correspondencia entre los cuatro primeros autos y otras cuatro pinturas de Bartolomé Esteban Murillo; correspondencia que se verifica incluso respecto de las fechas de composición. La autoridad suprema de la Iglesia esperó, sin embargo, hasta el siglo XIX para pronunciarse respecto de la Inmaculada Concepción, precisamente a causa de las disputas entre escuelas teológicas, en particular entre las órdenes de San Francisco (a favor) y de Santo Domingo (en contra), cuyo arranque se remonta al siglo XIII.

Cierto es
[189]²⁴⁷

Cierto es, cierto es,
que a quien Dios escogió para Madre
no pudo mancharse ni pudo caer.
Y a la culpa que quiso ofenderla,
debajo rendida la tuvo su pie[248].
Cierto es, cierto es.

Coplas

1. Ser pudo, no hay duda,
y pues pudo ser
quién habrá que niegue
la acertó la ley[249].
Cierto es, cierto es.

2. Que si el poder vale
y el amor también,
la privilegiaron
amor y poder[250].
Cierto es, cierto es.

---

[247] ACSB. Portada: «Dúo para nuestra Reina y Señora. Cierto es». El texto de esta pieza fue publicado en Seoane-Eichmann, 1993, p. 94.

[248] La iconografía concepcionista muestra a María pisando la cabeza de la serpiente. La figura se inspira en el llamado «protoevangelio», de *Génesis* 3, 15, pasaje en el cual Dios maldice a la serpiente, y anuncia su derrota por parte de la mujer: «Inimicitias ponam inter te et mulierem, / Et semen tuum et semen illius: / Ipsa conteret caput tuum, / Et tu insidiaberis calcaneo eius».

[249] Por «ley» parece referirse el poeta al argumento escotista (ver la nota de la siguiente copla), o a la voluntad de Dios, cuyo conocimiento es posible gracias al mencionado argumento.

[250] Observan los editores de Tirso de Molina (*Autos sacramentales II*, 2000, p. 51) que «fue el franciscano Juan Duns Scoto (1270-1308) quien formuló esta doctrina, llamada de la redención preservativa, siguiendo a su maestro Guillermo de Ware: fue conveniente (por su divina maternidad) que la Virgen María fuera inmune del pecado; pudo tener (por el poder de Dios) esa inmunidad; por consiguiente, la tuvo [...]».

3. Y aunque en la tormenta
no escapó bajel,
la nave María
nunca dio al través[251].
Cierto es, cierto es.

4. Porque no fue intento
del Supremo Rey
que el decreto hablase
con la hermosa Ester[252].
Cierto es, cierto es.

La formulación se divulgó más tarde con la sencilla síntesis «potuit, decuit; ergo fecit»: era conveniente, pudo hacerlo, luego lo hizo.

[251] Para la nave como metáfora de María, ver nota al primer recitado de *Animado Galeón*, en esta sección. En el manuscrito se lee «otra vez»; lo considero errata. Dar al través significa «dar al traste» (*Aut*).

[252] El nombre significa «'oculta'. Ester es la esposa hebrea escogida por el rey Asuero después del repudio de la insumisa Vastí (Bastí). Ester 'ocultó' al rey sus orígenes hebreos pero tuvo que revelarlos cuando fue perseguida por Amán. La patrística hizo del triunfo de Ester y de su elección un símbolo del pueblo cristiano, escogido en vez del hebreo (Reyre)» (DA). Más tarde se aplicó a María, como tipo de la Iglesia. El «decreto» que no se cumplió con Ester, era la pena de muerte. En efecto, todo el que entraba en la sala del rey sin haber sido llamado expresamente, debía morir a menos que el monarca persa perdonara la intrusión. Ester lo hizo, con riesgo de su vida, para evitar el exterminio del pueblo judío tramado por Amán; su belleza cautivó al rey, quien pasó por alto la transgresión. No es el único texto del Siglo de Oro en el que se nombra a María «Ester divina»: en *La Buena Guarda* de Lope de Vega, la Abadesa Clara, que se escapa del convento con el mayordomo, encomienda a la Virgen el cuidado de sus monjas con estas palabras: «Hermosa Virgen cándida cortina / de aquel sol de justicia soberano. / Raquel del gran Jacob, Ester divina, / salud eterna del linaje humano, / preciosa piedra imán que al norte inclina [...]» (versos 1119-23, en la edición de Artigas, p. 129)

Copia el Sol a candores
[200][253]

Copia el Sol a candores y el Alba a glorias[254]
azucenas, jazmines, claveles y aljófar[255]
por colores sagrados del Sol divino[256].

Coplas   1. En el vergel más hermoso[257]
luce el Sol, porque la Aurora
matiza el jazmín de perlas

---

[253] ACSB. Sin portada. Dúo. Repetida la parte de Tiple primero, con variantes que anoto.

[254] Estamos ante un complejo poema alegórico. El Sol (Dios) copia o reproduce sus candores en el Alba (María), la cual copia o refleja sus glorias. La mención de los colores en el final de cada estrofa sugieren el motivo de *Deus pictor*. La aurora (y el alba) como metáfora de María se vio ya en notas a *Los negrillos de los reyes*, estribillo y *Cayósele al Alba*, copla 6, ambas en la sección Epifanía.

[255] Las distintas flores mencionadas, junto con el aljófar, son símbolos de cualidades o virtudes de Santa María. Recuérdese que «el lenguaje simbólico de las flores está muy vigente en el Barroco. Ver J. Gállego, 1972, pp. 235 y ss: 'este idioma floral, hoy olvidado, estaba muy de moda en el siglo XVII' (p. 236). Así la rosa significa amor o silencio, el clavel el amor humano (a veces el divino), la violeta modestia, la azucena pureza, etc.» (DA). Aljófar: «especie de perla que según Covarrubias se llaman así las que son menudas [...]. Se suele llamar por semejanza a las gotas de rocío; y regularmente los poetas llaman así también a las lágrimas y a los dientes de las damas» (*Aut*).

[256] Este despliegue de colores se relaciona, en las coplas segunda y tercera, con las virtudes de María que se corresponden con las luces y colores del Sol divino. El resultado no es otro que el arco Iris, que aparecerá en la sexta copla. Comp.: «Realzóla el Sol divino, vistióla de su gracia, y bordóla con mil virtudes, gracias y primores [...] dejándola mucho más hermosa que el arco del cielo, que éste dio Dios por señal de confederación y paz, que no destruiría la tierra» (Ramos Gavilán, *Historia*, Lib. III, Segundo Día). La parte repetida de Tiple primero lleva para el final del verso las palabras «de pura aurora».

[257] La figura de huerto, vergel o jardín, para referirse a María, proviene del *Cantar de los Cantares* 4, 12: «Hortus conclusus, soror mea, sponsa».

y escarcha el vergel de aljófar[258],
por colores sagrados del Sol divino.

2. En el jazmín, su pureza[259],
que la celestial Paloma[260],
de sus plumas traducidas,
la escribe sobre sus hojas[261]
por colores sagrados del Sol divino.

3. De este árbol bello y temprano
en el aljófar se nota,
para tributos lucidos,
sus virtudes numerosas
por colores sagrados del Sol divino.

4. En el Clavel, la sangre[262];
señas que a penas y glorias
por ella el dragón le vierte[263],
y de ella el cielo la toma
por colores sagrados del Sol divino.

5. Por su candor la azucena,
con actitud imperiosa

[258] El jazmín produce flores blancas, designadas aquí como perlas, las cuales brillan con la luz de la aurora; ésta, a su vez, realiza la acción de «escarchar» con el aljófar (perlas menudas), metáfora del rocío que trae; escarchar, entre otras cosas, significa «rizar o encrespar», y en este sentido es verbo activo» (*Aut*).

[259] En este verso está sobreentendido «luce», de la estrofa anterior.

[260] Referencia al Espíritu Santo, Tercera Persona de la Trinidad, para la cual es apropiada la figura de la paloma (ver *Mateo* 3, 16; *Lucas*, 3, 22; *Juan* 1, 32).

[261] Exquisita metáfora, que pasa de las plumas (blancas, símbolo de pureza) de la paloma a la escritura o al dibujo con pluma sobre las hojas... del jazmín.

[262] Vuelve a quedar tácito el verbo de la estrofa anterior («se nota»). En *Cayósele al Alba*, sección Epifanía (y en Góngora), hemos visto a Jesús identificado con el clavel.

[263] La unión de los sustantivos «pena» y «gloria» se encuentra cuatro veces en el *Vocabulario de refranes y frases proverbiales* de Gonzalo Correas (12072, 22373, 15485 y 15486), aunque en sentido negativo («sin pena ni gloria»). Aquí la sangre vertida es la de Jesús (el Clavel) en la Cruz, que como se sabe, es causa tanto de pena como de gloria. Sigo para el dragón a DA: «'Por este nombre de dragón es significado el demonio en las Sagradas Escrituras y particularmente en muchos lugares del *Apocalypsi*, cap. 12: *Michael et Angeli eius praeliabantur cum dracone*' (Cov). Ver en *Apocalipsis*, 12, 3:

florecen rayos las luces,
iluminan por las sombras[264],
por colores sagrados del Sol divino.

6. De su esplendor los colores
son éstos, que en ella forman:
el sol, iris de sus luces,
el arco de sus victorias[265],
por colores sagrados del Sol divino.

'y era un dragón descomunal, bermejo, con siete cabezas y diez cuernos' o la bestia (*Apocalipsis*, 13, 1 y ss.) que obedece al dragón, y que tiene también siete cabezas; y *Apocalipsis*, 20, 1: 'Vi descender del cielo a un ángel [...] Y agarró al dragón, a aquella serpiente antigua, que es el diablo y Satanás'; no se olvide que en la iconografía apocalíptica es muy usual la representación del infierno como las fauces de un dragón que echan fuego, representación relacionada con *Apocalipsis*, 6, 1-17; este dragón es vencido por la sangre del cordero en la visión de San Juan[...]». La cita más interesante del *Apocalipsis*, por su relación con los versos del poema, es 12, 1 y ss, ya que muestra a la Mujer vestida de sol, con la luna a sus pies, coronada con doce estrellas, a quien el dragón enfrenta para devorar al hijo varón que estaba por dar a luz.

[264] En la parte repetida de Tiple primero se lee «iluminan flor las sombras».

[265] El juego dilógico es extremo, ya que se trata de una antítesis: arco de victorias (arco guerrero) es arco iris, de paz, «[...] que Dios instituyó como señal de la alianza con los hombres después del Diluvio universal (*Génesis*, 9, 13). El arco iris tiene tres colores en los textos áureos: verde, rojo y pálido o pajizo. El verde es muy conocido símbolo de la esperanza; el significado del verde y el rojo en el arco iris se explica por ejemplo en los vv. 565-70 de *El divino Jasón*: 'En lo verde consiste la esperanza / del linaje que fue polvo primero, / en el rojo se ve la confianza / de la púrpura y sangre del cordero / que a la Pascua de Dios abrió el camino / puesto en la mesa del Fasé divino'. Para Basilio el Grande, el arco iris con sus tres colores básicos simboliza la Trinidad[...]» (DA). Nótese la exacta presencia de los tres colores, con su preciso simbolismo, en nuestro poema.

Siempre, Purísima, te adoraré
[688][266]

Siempre, Purísima, te adoraré[267],
será mi pecho siempre constante
a tu deidad.
A tu pureza celebraré,
amante y fino de tu beldad.

Coplas   1. Así, limpísima, veneraré,
y tu ser puro, todo ilustrado
de claridad.
En mis tormentas[268] te invocaré,
estrella y norte[269], toda piedad.
Siempre [etc.]

2. El perfectísimo, alto Poder
en ti copió, en perfección,
su Majestad[270].

---

[266] ACSB. Portada: «Tono a la purísima Concepción a dúo y a coros. Siempre Purísima». Seis voces.

[267] Adorar «vale también por ponderación amar y querer bien y con extremo a una persona, de la cual se está apasionado» (*Aut*). La utilización de esta palabra (que en sentido recto solamente se aplica a Dios), al igual que la expresión «tu deidad», que le sigue están tomadas de la tradición del amor cortés, que imitaban a su vez el lenguaje religioso en sus códigos de «culto a la dama». Casi todo lo que contiene la estrofa podría leerse en una obra amatoria.

[268] Sigo la parte de Tiple primero; el segundo dice «tormentos», lo cual alejaría de la idea náutica que viene a continuación.

[269] Norte: ver nota a la primera copla de *Por capitán de las luces*, sección de Letras de Circunstancias. Por otra parte, en la liturgia se designa a María como Estrella: 'stella maris' y 'stella matutina': ver la antífona *Alma redemptoris mater*; y sobre todo el himno mariano 'Ave maris stella, / Dei mater alma, / atque semper virgo / felix caeli porta'; y en la letanía es también 'stella matutina'» (DA).

[270] Recuérdese el texto de la estrofa introductoria de *Copia el Sol a candores*, de esta sección anterior: María es «copia», re-presentación o autorretrato que Dios (*Deus*

Imagen bella, te admiraré,
que trajo al tiempo la eternidad[271].
Siempre... [etc.]

3. Tu inocentísimo, intacto ser
es blanco hermoso, a que se flecha
mi voluntad[272].
De tu belleza contemplaré
la luz que anuncia felicidad[273].
Siempre [etc.]

4. Tu floridísimo, nevado pie
no le tocó la venenosa
mordacidad[274].
Tu noble triunfo entonaré
y gima el fiero dragón fatal[275].
Siempre [etc.]

5. Tu dichosísimo origen fue,
por tu pureza, oriente[276] claro
de santidad[277].

---

pictor) hace. Ver también nota a *¿Quién llena de armonía las esferas?*, en esta sección y el texto y notas de *Aquí de los pintores*, sección Natividad.

[271] Referencia a la maternidad divina de María. En la antífona *ad Magnificat* (ya citada en nota a *Los negrillos de los reyes*, segunda estrofa del estribillo, sección Epifanía, se muestra a Santa María como aurora por la que amanece el Sol (Jesús), quien «confundens mortem donavit nobis vitam aeternam». En estos versos «eternidad» es metonimia del mismo Dios encarnado.

[272] Juego dilógico: blanco es el color, y es el destino de la flecha.

[273] La luz de María es, como ya vimos en otros poemas, luz de aurora, de alba; y en cientos de poemas auriseculares, el alba ríe, es sinónimo de alegría.

[274] Está velado aquí el motivo del áspid oculto entre flores; ver dos poemas más adelante, *¡Ah de la oscura, funesta prisión!*

[275] Para la identificación del dragón con el demonio, ver nota en *Copia el Sol a candores*, en esta sección, copla cuarta.

[276] El oriente es, además del punto cardinal, el nacimiento de alguna cosa; y también: «en las perlas se llama aquel color blanco y brillante que tienen, lo que las hace más estimadas y ricas».

[277] La ascendencia de María cuenta con personajes santos e ilustres, como evoca la liturgia de la solemnidad de la Concepción: «Conceptio gloriosae Virginis Mariae ex semine Abrahae, orta de tribu Iuda, clara ex stirpe David» (Primera antífona de

De gracia fuente, te buscaré[278],
cristal de pura serenidad[279].
Siempre [etc.]

6. En devotísimo, fausto placer
te celebramos, Luna sin mancha
de obscuridad[280].
Astro benigno, te observaré
que nos destierra la adversidad.
Siempre [etc.]

Vísperas; en la Colección de códices platenses, LP6, f. 8 y vta., y LG22, f. IX–X). Está
claro que se toman los nombres de más relieve de su genealogía.

[278] «La fuente es símbolo universal de vida espiritual y salvación. En la iconografía católica, por ejemplo, es atributo de la Virgen María y se reitera en numerosos
contextos con significados varios, pero siempre en este sentido nuclear [...] la
Inmaculada Concepción se representa en la iconografía a menudo con los atributos
de la Sulamita del *Cantar de los Cantares*, 6, 13, de los que se hacen eco las letanías
medievales; entre ellas la 'fuente de los huertos, el pozo de aguas vivas', *Cantar*, 4, 15
[...]» (DA). En la *Letanía Potosina* leemos «Puteus aquarum viventium». Ramos Gavilán:
«[María] es el estanque donde recogió Dios la gracia para repartirla a su Iglesia [...]»
(*Historia*, lib. II, cap. XXXIV); y también: «pozo de aguas vivas» (lib. III, Cuarto Día,
Carta de Esclavitud).

[279] La designación del agua como cristal es común en el Siglo de Oro. A la vez,
el poeta alude al pasaje del *Apocalipsis* en que Juan ve descender la Esposa del Cordero,
es decir, la Nueva Jerusalén: «et ostendit mihi civitatem sanctam Ierusalem descen-
dentem de caelo a Deo, habentem claritatem Dei: et lumen eius simile lapidi pretio-
so, tamquam lapidi iaspidis, sicut crystallum» (*Apocalipsis* 21, 10-11). La alusión no está
solamente dada por el cristal, sino también por la serenidad, ya que Jerusalén significa «verá lo perfecto, la paz» (ver, para las etimologías, DA).

[280] En el *Cantar de los cantares* (6, 9) la voz del Esposo que se admira de la belleza de su Esposa exclama: «Quae es ista [...] pulchra ut luna, electa ut sol [...]?».
Muchos autores han utilizado el símil María-Luna, entre ellos San Bernardo (ver L.
Navás, «Una corona», p. 243). Ramos Gavilán: «Compárase la Virgen a la Luna y de
ella dice el sapientísimo Gregorio Véneto que siendo el Sol padre, las influencias para
dar vida a los vivientes, derrama sus virtudes en la luna, para que después ella haciendo oficio de madre, produzca sus efectos en la tierra y prosiguiendo su discurso
adelante, halló esta correspondencia entre Dios y la Virgen [...]» (*Historia*, lib. II, cap.
XXVII). Se le apropia el nombre de Luna, además, porque el devoto ha de tener «en
sí la hermosa luna de María, en medio de su alma tan fija como está la luna en el
cielo, remedando cuanto en sí fuere esta luna hermosa en la caridad [...], procurán-
dola tener con todos sus hermanos» (*Historia*, lib. III, Primer Día). Y también: «Luna

7. Puro, santísimo, defenderé
tu ser exento de la común
fatalidad[281].
Triunfante, libre, te elogiaré
en esta alegre festividad.
Siempre [etc.]

sois, que os criaron para que alumbréis en la noche de la culpa [...]» (*Historia*, lib. III, Primer Día). «Pulchra ut luna» es expresión que, entre otros sitios, encontramos en la *Letanía Potosina*.

[281] El pecado original.

¡Sin pecado!
[695][282]

¡Sin pecado!, canten todos[283]
por la Reina de los cielos,
¡canten que nos da la vida
de aquel pecador primero![284]

Clarines, trompetas,
pífanos[285] y cajas,
¡háganle la salva!

Con júbilos desmedidos
trinen alegres gorgeos,
asalten los corazones[286]
sin que paren dentro el pecho[287].

Clarines, trompetas,
pífanos y cajas,
¡háganle la salva!

Al pecado ha vencido

---

[282] CJEF. Portada: «Solo y a dúo con el violín. Para Nuestra Señora. Año de 1798».
Solo.

[283] Los estandartes de las cofradías de la Virgen del Rocío (en Huelva, España)
se llaman «Simpecado». Aquí aparece la expresión como grito de guerra por la Reina
(de los cielos); a lo que acompañan instrumentos militares mencionados en la estrofa siguiente: clarines, cajas, etc.

[284] Se refiere a la vida de la gracia, que perdió Adán, el primer pecador, quien
trajo la muerte al mundo; María trajo a Jesús, que da la vida: «Et sicut in Adam omnes moriuntur, ita et in Christo omnes vivificabuntur» (1 *Corintios*, 15, 22).

[285] El manuscrito presenta la palabra «añafiles» tachada, y corregido aparece «pífanos»; en el siguiente verso «díganle», tachado, y su cambio por «háganle».

[286] Nuevamente el poeta utiliza un término guerrero, de tomar por asalto «los
corazones».

[287] En el manuscrito «entro»; lo considero errata por «dentro».

y a las garras del Averno[288].
Mire si es poco, que estamos
de contentos casi muertos.

Clarines, trompetas,
pífanos y cajas,
¡háganle la salva!

¡Tan hermosa como triunfa
del escuadrón del infierno!
A fe que es mucha señora,
pues que vence con extremo[289].

Clarines, trompetas,
pífanos y cajas,
¡háganle la salva!

---

[288] El Averno es en la literatura clásica latina la boca de los infiernos (ver Virgilio,
Aen., VI, 237 y ss). «Es voz poética, aunque tal vez usada en prosa. Dícese de un lago
que hay en Campania en el reino de Nápoles, que despide vapores sulfúreos» (*Aut*).
[289] «Con extremo. En extremo. Modos adverbiales que valen muchísimo, suma y
excesivamente, con grande exceso, tanto y en tanto grado, y así de otros modos, con-
forme a lo que quisiere dar a entender la frase o cláusula donde se hallen» (*Aut*).

¡Ah de la obscura, funesta prisión!
[779][290]

- ¡Ah, de la obscura, funesta prisión![291]
- ¡ah, del glorioso luciente zafir![292]
- ¿Quien incita el dominio crüel?
- ¿quien alienta el imperio feliz?[293]

- ¡Escuchad, atended, advertid!,
que hoy amanece la luz,
libre de sombra infeliz
donde la gracia del Sol[294]
siempre estará en el zenit[295].
¡Escuchad, atended, aplaudid!,
que hoy se concibe la Flor[296],
planta del eterno abril[297],
que al áspid[298] llegó a vencer
para que no pueda herir.

---

[290] CJEF. Portada: «Villancico a ocho para la Concepción de Na. Sa. Ah, de la obscura. Araujo». Esta pieza fue grabada por el Ensemble Elyma en el CD musical de la colección «Les chemins du baroque-Pérou-Bolivie», *L'or et l'argent de l'haut Pérou*, 1994.

[291] «Ah de» es apóstrofe (de destinatario genérico) para llamar. Se entabla un diálogo entre el cielo (que llama a la tierra, es decir a la «prisión» o más bien a los carceleros, los demonios) y la tierra (que llama zafir al cielo).

[292] Ver nota a *La rosa en su matiz*, sección de Letras de Amor.

[293] Se alternan voces que se dirigen a su respectivo bando, verso a verso (después en estrofas enteras, antes de las coplas), en términos de incitación guerrera.

[294] Sol: Jesucristo. La gracia del Sol es la gracia de Dios.

[295] Ver nota a *¡Guerra! ¡al arma!*, sección «De circunstancias».

[296] La imagen de la flor para designar a María es tomada por la liturgia del *Cantar de los Cantares*, 2, 1: «Ego flos campi, et lilium convallium».

[297] Ver nota a *La rosa en su matiz*, sección de Letras de Amor.

[298] Víbora cuyo veneno es tan eficaz que, si no es cortado al momento el miembro mordido, causa la muerte. El motivo del áspid que se oculta precisamente entre las flores es muy utilizado por los poetas del Siglo de Oro; su antecedente es el ver-

- ¡Escuchad, atended, aplaudid!
Tristezas aumente
el centro de horror,
publique la guerra
al cielo y la tierra;
inciten las Furias[299]
voraces injurias,
y en nuevos horrores
a tantos candores
obscuro se oponga
el humano borrón[300],
y eclipse sus luces
sin nueva excepción[301].
La guerra mortal
en funestos clarines publicad.

- La gloria feliz
en divinas canciones repetid,
pues, ya que ha logrado
victoria sin lid,
¡tinieblas del Averno[302], llorad!,
¡planetas del Empíreo[303], reíd!

---

so virgiliano «latet anguis in herba» (*Bucólica* 3, 93). Duarte, en nota al v. 278 de DOS, muestra pasajes de diversos autores que lo utilizan. Para el motivo iconográfico de María pisando la cabeza de la serpiente, ver primera nota a *Cierto es*, en esta misma sección.

[299] Las Furias (también Erinnias o Euménides) son las divinidades griegas encargadas de la venganza, que persiguen sin cuartel al criminal. «Las furias infernales que los poetas fingieron ser ejecutoras o verdugos de los que los jueces han condenado a padecer tormentos en el lugar que dijimos Tártaro son: Thisiphone, Megorea y Alecto [...]» (Pérez de Moya, *Philosofía Secreta*, lib. VII, cap. XIII). En nuestro poema las furias son los demonios, que quieren hacer presa de todo el género humano.

[300] El pecado original.

[301] El ejército infernal, con sus tinieblas, pretende impedir la irrupción de la luz.

[302] Ver nota a *¡Sin pecado!*, en esta misma sección.

[303] Empíreo: «El cielo, supremo asiento de la divinidad y morada de los santos, superior a los demás cielos [también designados con frecuencia con la palabra «esferas»], el que abraza en sí y dentro de su ámbito al primer móvil. Entre los poetas se toma por cosa celestial, suprema o divina» (*Aut*). El poeta contrapone los estados de ánimo de los dos extremos físicos del universo, identificados con el cielo y con el infierno.

Coplas   1. Hoy se concibe la rosa[304]
del más generoso,
fragante jardín[305],
cuyo inmenso fruto
el común tributo
del primer delito
sabrá redimir[306].

2. Hoy amanece la bella,
prudente, divina,
sacra Abigaíl[307]
cuya hermosa mano
del rey soberano
en piedad las iras
podrá convertir.

3. Hoy se concibe gloriosa
la[308] más peregrina,

---

[304] «La rosa es la reina de las flores, de suavísimo olor que mata a los escaraba-jos» (DA). San Bernardo dice que «Eva fue espina, María rosa. Eva espina hiriendo, María rosa templando los afectos de todos. Eva espina clavando en todos la muerte; María rosa, devolviendo a todos saludable suerte» (citado por Navás, 1904, p. 229). En la letanía *Lauretanta* encontramos la expresión «Rosa mystica» y en la *Potosina* «Pulchra velut rosa», «Flos vernans rosarum» y «Rosa puritatis». En el manuscrito se lee el añadido «celebra» para cantar en lugar de «concibe»; probablemente haya teni-do lugar su canto adaptado para Santa Rosa de Lima.

[305] Se contrapone el jardín de Edén con el «hortus conclusus» del *Cantar de los Cantares* (ver *Copia el sol a candores*, en esta sección, y notas).

[306] Jesús es el fruto del vientre de María; es inmenso por ser Dios, y el motivo de su venida al mundo es la Redención.

[307] Abigaíl era esposa de Nabal. Su historia se narra en el libro 1 *Samuel*, 25. Nabal se había negado a acoger a David, y éste se dirigía a sus tierras para devastar-las cuando Abigaíl le salió al encuentro con dones, con lo que logró apaciguarlo. En estos versos se atribuye a María la acción de apaciguar la justicia de Dios. Ramos Gavilán, después de narrar el caso de un hombre que había ido a Copacabana con intención de dar muerte a alguien que le había ofendido, lo cual no sólo fue estor-bado por la Virgen, sino que ella obró el milagro de su arrepentimiento, exclama: «¡Oh hermosa Abigaíl, y cómo sabes sosegar los vengativos y apasionados corazones, serenando las tormentas y humillando las encrespadas olas de sangrientos pensamientos que se levantan en el hinchado corazón del vengativo» (*Historia*, lib. II, cap. XXXIII).

[308] El manuscrito, por errata, dice «las».

triunfante Judit[309],
cuya fortaleza
la infame cabeza
del fiero Holofernes
sabrá destruir.

4. Hoy aquel ave renace,
que siempre elevada[310]
con vuelo sutil,
con dulces gorgeos
cantó los trofeos
del divino humano
hijo de David[311].

[309] Judit: «'Que alaba a Dios'. Heroína que salvó al pueblo hebreo matando a Holofernes, general de Nabucodonosor [...]» (DA), cortándole la cabeza.

[310] Son muchos los textos en los que María es figurada como ave. Elevarse: «transportarse en contemplación, levantando el espíritu a la contemplación y consideración de las cosas inmateriales y divinas, que común y regularmente se dice arrobarse» (Aut). Aunque en el verso anterior, por el hecho de renacer, parece tratarse del ave Fénix, que como se sabe (ver nota a Aunque de alegría son, sección de Letras de Circunstancias) suele utilizarse para designar seres únicos o sin par, aquí es una alusión al ave del paraíso: «En sentir del B. Alberto Magno, María es «como celeste ave que vuela por el cielo de la contemplación sobre las plumas de los vientos. Lo que del 'Ave del Paraíso' decían los antiguos, que andaba siempre volando por las alturas del cielo, sin posarse jamás en la tierra; eso mismo de María puede repetirse, cuya alma, embebida siempre en Dios y en las cosas celestiales desde el instante de su Inmaculada Concepción, jamás fue manchada con el lodo de la tierra por la más leve culpa; de suerte que por esta razón y por la hermosura incomparable de su alma, puede María apellidarse la verdadera Ave del paraíso de la Iglesia» (Navás, 1904, p. 233).

[311] La mención de los trofeos es posiblemente una referencia al Magníficat, himno que compone María cuando está en casa de su prima Santa Isabel (Lucas 1, 46-55), cuyo tema es precisamente la liberación obrada por Dios. El «divino humano hijo de David» es Jesucristo.

¡Hola, hao, ah de las sombras!
[850][312]

- ¡Hola, hao! ¡ah de las sombras![313]
- ¿Quién llama?
- La Aurora clara[314].
- ¿Y qué quiere?
- Surcar el piélago negro
de la noche, tan gallarda
que donde pusiera el pie
imprima la luz que raya[315].

¡Plaza! ¡Plaza![316]
Pues retírese lo denso,
y en la profunda campaña
lo que al instante se mire
sea el primor de una Gracia[317].
¡Plaza! ¡Plaza!
Que son créditos del día

---

[312] ACSB. Portada: «Hola, hao, ah, de las sombras. A la Concepción de Na. Sa. A ocho. Don Juan de Araujo». Está interpretada por Coral Nova y grabada en el CD *Alabanzas a la Virgen*, 1996.

[313] Las intejecciones con que comienza el poema dan inicio al brevísimo parlamento entre dos bandos enemigos, los moradores de la luz matinal y los de las sombras nocturnas. La voz que anuncia a la Aurora habla desde una posición de superioridad: 'hola' es «modo vulgar de hablar para llamar a otro que es inferior» (*Aut*). Dan el efecto de personajes que hablan de lejos: 'hao' (o ahao) es «un modo de llamar a otro que se halla distante» (*Aut*); por último, «ah de» es también apóstrofe de llamado.

[314] Ver notas a *Los negrillos de los reyes*, estribillo y *Cayósele al Alba*, copla 6, ambas en la sección Epifanía.

[315] La luz que despide.

[316] Exclamación en demanda de espacio para que pase un personaje.

[317] Las Gracias son «divinidades de la belleza, y tal vez, en su origen, potencias de la vegetación. Esparcen la alegría en los corazones de los humanos, e incluso en el de los dioses» (Grimal, *Diccionario de mitología griega y romana*).

las risas de la mañana[318].

¡Ay, qué graciosa!
Más, ¡ay, qué bizarra,
qué airosa, qué bella,
qué libre que pasa
entre opacas
nieblas de plata!

¡Plaza! ¡Plaza!
Pues que pisa sin riesgos
golfos de humana[319],
viento en popa navegue
mares de gracia[320].

Coplas   1. Hablemos como se debe,
no hagamos tema la Gracia[321],
que al misterio en las disputas[322],
las plumas tienden sus alas[323].

2. Ya que no luchan las sombras[324],
ni tiene nubes el Alba[325],

---

[318] Identificación María-mañana (o Aurora) y Jesús-Día (o sol).

[319] Por golfo, en la lengua corriente, se entendía «mar profundo, desviado de tierra en alta mar que a doquiera que extendamos los ojos, no vemos sino cielo y agua» (*Cov*).

[320] Ver nota a *Animado galeón*, primero de esta sección. Con las expresiones «golfos de humana» y «mares de gracia» alude respectivamente a la humana condición y a la gracia divina.

[321] Aquí la misma palabra se usa para designar a las divinidades dichas arriba y a la gracia santificante. «Hacer tema» es discutir. La voz poética se muestra reacia a discutir sobre la gracia en referencia a María, en alusión a las disputas teológicas sobre la Inmaculada Concepción.

[322] Referencia a los desarrollos del pensamiento teológico, que con frecuencia se exponía por medio de ejercicios académicos denominados «disputas», cuyo origen se remonta a la Escolástica medieval.

[323] Se avisa el peligro de que eleven su vuelo las plumas con que los autores escriben al intervenir en las disputas, lo cual no conviene al tratarse de este misterio, por los ya mencionados choques entre las escuelas (ver nota al último verso de *Animado galeón*, primero de esta sección).

[324] El poder tenebroso no puede luchar con María; las sombras, ante la luz, desaparecen.

[325] La Concepción Inmaculada es alba sin 'nubes', es decir, sin pecado.

sea María en su aurora,
del Sol la primer mañana.

3. Cortó al dragón la cabeza
la hermosa Judit sin mancha[326],
y entre el acero y la vida,
sirve de triunfo a sus plantas[327].

4. Ya de la primer rüina
el Arco de paz señala[328],
restaurando una Paloma[329],
de los collados, el Arca.

[326] Ver nota a la tercera copla de ¡Ah de la oscura, funesta prisión!

[327] La cabeza del dragón es trofeo que luce a sus pies. La mención del acero se debe a que Judith cortó la cabeza de Holofernes con la espada de éste.

[328] El arco de paz es el arco Iris que puso Dios como señal de pacto con los hombres después del diluvio (Génesis, 9, 12-16). El arco iris «se llama también al que media o pone paz entre los que están discordes [...]» (Aut). Es frecuente la identificación de María con el arco iris. Comp. «Salieron los indios una mañana de la ciudad de La Paz, llevando consigo la [imagen de la Virgen tallada por Francisco Tito Yupanqui] que es hermosa ciudad de refugio y paz verdadera [...] pues en ella se hicieron las dichosísimas paces entre Dios y el hombre» (Ramos Gavilán, Historia, lib. II, cap. V).

[329] También es frecuente como figura de María la paloma que llevó el ramo de olivo hasta el arca de Noé, en señal de que las aguas del diluvio ya no cubrían la tierra (Génesis, 8, 11).

Parabienes, zagalejos
[872][330]

Parabienes, zagalejos,
albricias dadme, zagalas,
que ya sale, que amanece
la bella Aurora de gracia.

Parabienes, albricias, que viene el Alba[331],
lucida y hermosa, triunfante[332] y bizarra,
alegre y risueña, de fiesta y de gala,
desterrando del mundo sombras opacas[333].

Parabienes, albricias, que viene el Alba,
precursora del Sol en el día de gracia;
que amanece, que sale, la Aurora y el Alba,
y en rocíos del cielo fragancias exhala[334].

---

[330] ACSB. Portada: «Concepción. Se sacará. Qué bueno. Se sacó para Guadalupe el año de [1]730». Siete voces. Es obra de Araujo. Está grabada en el CD de Coral Nova *Alabanzas a la Virgen*, 1996.

[331] En la parte del Alto del primer coro se lee «[...] que sale el Alba».

[332] «Triunfante» en las partes del segundo coro; «fragante» en los papeles del Tenor y del Alto del primer coro. He optado por poner uno de los dos adjetivos, para evitar que, con ambos, resulte verso hipermétrico.

[333] En poemas anteriores ya se han visto con cierta frecuencia los juegos de luz y sombra.

[334] Fray Luis de León comenta el simbolismo de María como aurora «en relación con el del rocío para Cristo, en *De los nombres de Cristo*, ed. C. Cuevas, 1984, p. 189: 'porque había comparado al aurora el vientre de la madre y porque en el aurora cae el rocío con que se fecunda la tierra, prosiguiendo en su semejanza, a la virtud de la generación llamóla rocío también. Y a la verdad así es llamada en las divinas letras, en otros muchos lugares, esta virtud vivífica y generativa con que engendró Dios al principio el cuerpo de Cristo, y con que después de muerto le reengendró y resucitó'» (DA). La identificación de Jesucristo con el rocío se expresa en la liturgia: el versículo y responsorio para después del Himno, en las Vísperas de Adviento, es: «V. Rorate caeli desuper, et nubes pluant iustum. R. Aperiatur terra, et germinet salvatorem», texto a su vez tomado de *Isaías*, 45, 8.

Coplas   1. Hermoso bello prodigio,
que en la celestial idea
sin sombras de original,
salió copia de pureza[335].

2. Norte fijo de esperanzas[336],
luciente del mar estrella[337],
libre sola en el naufragio
de la general tormenta[338].

3. Fuerte mujer[339] que en el cielo
al dragón de más soberbia,
con tierna pequeña planta
quebró la vana cabeza[340].

[335] Metáfora que alude a la doctrina neoplatónica según la cual la perfección es mayor cuanto más un individuo se asemeje al arquetipo, al modelo que se halla en Dios (la «celestial idea»). El tercer verso juega con una aparente contradicción, «sin sombras de original»; dilogía referida al pecado original y sus tenebrosas consecuencias. En el último verso se halla otro juego dilógico: la palabra copia se puede entender como 'reproducción' y a la vez como 'abundancia'.

[336] Norte: ver nota a la primera copla de *Por capitán de las luces*, sección de Letras de Circunstancias.

[337] Encontramos esta expresión, «Clara stella maris» en la *Letanía Potosina*. El texto parece tener también a la vista la *Letanía Lauretana*, que invoca a María como «Spes nostra» y «Stella maris» (ver Dornn, *Letanía Lauretana*). El primer verso de esta copla une ambas ideas, ya que el «Norte fijo» designa a la estrella Polar, la cual siempre se encuentra al norte. Comp. *Siempre, Purísima, te adoraré*, en esta misma sección (copla primera, y nota).

[338] El pecado dañó a todos los mortales a excepción de María. Ver nota a *Animado galeón*, en esta sección.

[339] Referencia al «Elogio de la mujer fuerte», en *Proverbios*, 31, 10-31, cuyas palabras iniciales («¿Quién hallará mujer fuerte?»), como ya se dijo en nota al primer poema de esta sección, utiliza Calderón de la Barca como título de un auto sacramental, del año 1672.

[340] Hay dos pasajes bíblicos extremos que muestran la Mujer enfrentada con el dragón (o serpiente): el llamado «protoevangelio» de Génesis, 3, 15 (ver nota a *Cierto es*, en esta sección) y el libro del *Apocalipsis*, 12, 1 y ss, que presenta a la Mujer vestida de sol, con la luna a sus pies, coronada con doce estrellas, a quien el dragón persigue para devorar al hijo varón que está por dar a luz. Comp.: «Oh serenísima Reina de los Ángeles [...], desde chiquita pudísteis quebrar al dragón la cabeza, dejándole sin presa en vuestra purísima Concepción [...]» (Ramos Gavilán, *Historia*, lib. II, cap. XXXII).

4. Primogénita que el Padre
de siempre eterna potencia,
por privilegios de gracia,
te hizo de tributo exenta[341].

5. Celestial Reina María,
pura Madre de clemencia[342],
vuestra Concepción escudo
sea de nuestra defensa.

[341] Antes de que la Redención fuera llevada a cabo por Jesucristo, la única persona humana que gozó de la dignidad de hija de Dios —por la gracia, don gratuito del mismo Dios (ver nota a *Animado galeón*, en esta sección)— fue María. La voz poética pone este dato en relación con *Mateo*, 17, 24-25, pasaje en el cual Jesús le recuerda a Pedro que los reyes no exigen tributo ni censo a sus propios hijos.

[342] Subyacen aquí otros tres títulos de María que se encuentran en la *Letanía Lauretana*: «Regina Angelorum», «Mater purissima» y «Virgo clemens» (ver Dornn, *Letanía Lauretana*).

¿Quién llena de armonía las esferas?
[887]³⁴³

¿Quién llena de armonía las esferas?³⁴⁴
¿Qué alegres confusiones se atropellan?
¿Quién mueve aqueste alboroto?
¿Qué novedad es ésta?
Aplausos son sonoros.
¿Qué mueve alados coros?³⁴⁵
La admiración se eleva³⁴⁶,

---

³⁴³ CJEF. Portada: «Para la Virgen. Villancico a siete. Para la Concepción. Quién llena de armonía. Primer tono. Del maestro Don Juan de Araujo. 1727». Está grabado en el CD de Coral Nova *Alabanzas a la Virgen*, 1996.

³⁴⁴ Según la concepción clásica y medieval, el universo físico está constituído por un conjunto de esferas concéntricas o «cielos», que giran alrededor de la tierra, la cual está más «abajo» (es decir, al centro), y permanece inmóvil. Cada una engloba a las inferiores. En la Antigüedad se consideró que el universo estaba compuesto por ocho esferas, además de la tierra. Desde Pitágoras se atribuyó a los movimientos de los planetas y al de la esfera de las estrellas fijas (el Firmamento) la emisión de un sonido universal, que el hombre es incapaz de percibir. El sonido que producen es armónico, y equivale a las vibraciones de las ocho cuerdas que componen el octacordio, en el siguiente orden: la Luna (Mi), Mercurio (Fa), Venus (Sol), el Sol (La), Marte (Si), Júpiter (Do), Saturno (Re) y el Firmamento (Mi agudo). Siguen otras tres esferas que son aportaciones medievales: el Cristalino, el Primum Mobile y el Empíreo, este último ya incorpóreo. En el mismo siglo XVIII, el músico Pablo Nasarre (entre otros muchos autores) dice que las diferencias tonales que producen las esferas se debe, entre otras causas, a «la desigualdad de los cuerpos, pues unas son mayores que otras, así también son distintas las distancias, así consideradas desde la tierra a cada una de ellas, como consideradas en la circunferencia de cada una» (*Escuela música*, Parte I, Lib. I, cap. IV, p. 9). Ver la introducción a mi edición del *Coloquio de los Once cielos*, 2003.

³⁴⁵ Los ángeles forman coros. San Isidoro señala que a los ángeles «los pintores les ponen alas para significar su celeridad en todas las cosas, como se suele poner alas al viento para indicar su velocidad» (*Etimologías*, lib. VII, cap. V, n. 3). Son nueve los coros u órdenes de ángeles, de menor a mayor: ángeles, arcángeles, tronos, dominaciones, virtudes, principados, potestades, querubines y serafines (ver *Etimologías*, lib. VII, cap. V, n. 4).

³⁴⁶ Variante: en la parte del Tenor se lee «la admiración celebra».

pues tanta confusión
reduce en suspensión[347].

Pues sepa la tierra,
que el cielo celebra
del Alba más pura
la gracia y belleza
y que al fiero enemigo del hombre
le pudo Ella sola
cortar la cabeza[348].

Coplas   1. De la Concepción del Verbo
hoy ha salido un retrato[349],
por ser Dios original[350],
de quien no tuvo el pecado.

---

[347] Reducir, entre otras cosas, es «resolver o convertir una cosa [...] en otra substancia» (*Aut*). Suspensión: «detención o parada [...] vale también duda o detención en algún movimiento del ánimo» (*Aut*).

[348] Hay una trova de la Ascensión en el primer Tenor: «Pues sepa la tierra / que el cielo celebra / el triunfo más raro / del Sol de justicia / que al cielo se eleva / y rompiendo los aires famoso / del Empíreo cielo / franquea las puertas». Los primeros versos de la introducción pueden utilizarse indistintamente para los dos temas (Concepción y Ascensión). Otros versos añadidos en el primer Tenor, para dos coplas, hacen del mismo manuscrito una nueva obra: «El Clavel, Verbo encarnado, / exhaló en naturaleza / un olor todo de gracia / que eleva al cielo la tierra. / Triunfante asciende a los cielos, / y dorando las esferas / huella las altas Virtudes / y a las Potestades huella».

[349] La concepción de María es «retrato» que anticipa, en perfecciones, lo que será la del Verbo encarnado. El motivo de *Deus pictor* es de origen tardoantiguo. Orígenes, en su comentario a la creación, tras observar que el hombre fue hecho a imagen de Dios, asocia la actividad de Dios con la pintura: «Filius Dei est pictor huius imaginis. Et quia talis et tantus est pictor, imago eius obscurari per incuriam potest, deleri per malitiam non potest. Manet semper imago Dei, licet tu tibi ipse superducas 'imaginem terreni'» (*In Genesim homiliae*-sec. Translationem Rufini-ho. 13, par 4). San Ambrosio de Milán también hace un desarrollo parecido: «Noli tollere picturam Dei et picturam meretricis adsumere [...] Grave est enim crimen ut putes quod melius te homo pingat quam Deus. Grave est ut de te dicat Deus: 'Non agnosco colores meos, non agnosco imaginem meam, non agnosco uultum, quem ipse formavi'» (*Exameron*, dies 6, cap. 8, par. 47). Opera también el motivo de la mujer como obra maestra de Dios (ver nota a *La rosa en su matiz*, sección de Letras de Amor).

[350] Original: «usado generalmente como substantivo se toma por la primera escritura, composición o invención que se hace o forma para que de ella se saquen las

2. María es quien se concibe,
cuyo heroico ser intacto,
ignoró en los de la gracia,
los instantes de lo humano[351].

3. Tan divino privilegio
no se admire por extraño
porque en empeños de Dios
ni aun milagros son milagros.

4. Dios en soberana idea
la formó de Adán[352], logrando
un instante de inocencia
contra mil siglos de ingrato[353].

copias o modelos que se quiera: como el original de una escritura, contrato, pintura, etc.» (*Aut*). Aquí Dios es el original y María la copia.

[351] Desde el instante de su concepción, María goza del don de la gracia divina, de modo que ingora las desdichas de la caída, designados aquí como 'lo humano', dando por sobreentendida su acepción negativa («caído»). Subyace la antítesis humano-divino.

[352] Dios formó a la mujer de una costilla de Adán (*Génesis*, 2, 21-22). Según la exégesis tradicional, «María, madre de Cristo, el nuevo Adán, es la 'nueva Eva' que rescata a los hombres de la culpa original» (DA). María es concebida sin mancha de pecado, gozando de manera anticipada la Redención obrada por Cristo; por ello puede expresarse que fue formada del nuevo Adán.

[353] Recuérdese que la raíz de todo pecado es la soberbia. Es el primer pecado del hombre en el paraíso; la ingratitud es una de las manifestaciones de la soberbia (Santo Tomás, *Summa*, 2-2, 162, 4 ad 3: «duae primae superbiae species ad ingratitudinem pertinent»).

De aquel inmenso mar
[945][354]

Recitado   De aquel inmenso mar interminable
                bello arroyuelo puro se desliza,
                y en el ruido de perlas que autoriza[355]
                hasta el terso murmurio es inefable[356].
                Mas ¿qué mucho, si al ímpetu luciente
                en su cristal la gracia es la corriente?[357]

Aria viva   ¿Quién será este arroyo puro
                que con peregrinos[358] modos
                hoy, que nace como todos,
                trae origen celestial?[359]
                ¿Quién será el que del obscuro

[354] ACSB. Hay dos portadas: una de ellas dice «Cantada sola a Nuestra Señora. Ceruti», y en la otra se lee «Cantada sola con violines a la Purísima Concepción. De aquel inmenso mar. Don Roque Ceruti».

[355] Las perlas son imagen tópica de las gotas. Autorizar «se toma también por engrandecer, ilustrar y acreditar alguna acción, realzándola, y haciendo que sea plausible y digna de mayor respeto y estimación» (*Aut*).

[356] El inmenso mar, en el lenguaje culterano de este texto, es Dios mismo, o la gracia divina (como expresa el último verso del recitado), de la cual fluye la vida de María.

[357] Construcción obscura, por el uso del hipérbaton y tal vez por latinismo gramatical (*sum* con dativo): 'qué mucho, si al ímpetu luciente (es decir, al caudal brillante del arroyo) pertenece la gracia como corriente, en su cristal (en sus aguas)?'.

[358] Peregrino: «por extensión se toma algunas veces por extraño, raro, especial en su línea o pocas veces visto» (*Aut*).

[359] En el manuscrito se lee «trae origen tan celestial»; he suprimido «tan» para evitar la hipermetría, que en el canto del aria pasaría desapercibida. No puede descartarse su atribución al copista, o a errata. El origen celestial es una referencia a la gracia divina; también, en sentido «físico», a las aguas ubicadas en el Cristalino, noveno cielo en la cosmología medieval, o (según la *Divina Comedia*, Paraíso, canto XXX) en el Empíreo. Estas aguas purifican la visión intelectual de quien las bebe; se identifican con las que Dios separó de las aguas inferiores haciendo un globo (el Firmamento) dentro del cual dispuso el universo visible (*Génesis*, 1, 6-7).

valle riega la ribera,
y pasando por su esfera,
no toca tierra letal?[360]

Recitado   Mas ¿quién, sino el espejo de belleza,
que solo en sí retrata la pureza?[361]
Pues para hacer feliz su jerarquía,
aun las aguas apelan de María[362],
y es que ellas, de su instante puro y raro[363],
con lengua de cristal hablan más claro[364].

Aria alegre   Corra, pues, aun en cauce de humano,
puro arroyo que es tan soberano,

[360] Obscuro valle: la antífona de Completas llamada *Salve Regina*, probablemente inspirada en *Salmos*, 83, 7 («in valle lacrymarum, in loco quem posuit») lleva la expresión «in hac lacrymarum valle» para referirse al mundo habitado por el hombre. La voz poética se asombra de que el arroyo (María) pueda pasar por dicho valle y regar sus orillas sin contagiarse de su ponzoña mortal. La obscuridad es puesta con mucha frecuencia en relación con la muerte, en los textos bíblicos: en el Antiguo Testamento la expresión «umbra mortis» (en distintos casos) aparece en *Job*, 3, 5; 10, 22; en *Salmos*, 22, 4; 43, 20; 87, 7; 106, 10 y 14 y en *Isaías*, 9, 2.

[361] Es muy frecuente en la iconografía y en la literatura aurisecuarles la representación y designación de María como «espejo sin mancha», que reproduce con fidelidad la luz y la imagen de Dios. Proviene de la apropiación a María de las palabras de la Sagrada Escritura referidas a la Sabiduría, en el libro homónimo: «Candor est enim lucis aeternae, et *speculum sine macula* Dei maiestatis, et imago bonitatis illius» (*Sabiduría*, 7, 26; la cursiva es mía). Las letanías *Lauretana* y *Potosina* invocan a María como «Speculum iustitiae».

[362] Las aguas, para realzar su importancia apelan a la jerarquía de María que, representada aquí como arroyo, viene a ser la culminación de ellas, su representante más excelente. Al alabar su excelencia (versos siguientes) se acreditan a sí mismas. En cuanto a la jerarquía «física» de las aguas, San Isidoro anota que «es elemento preponderante entre todos los demás. Las aguas suavizan el cielo, fecundan la tierra, se incorporan al aire con sus evaporaciones, suben a lo más alto y se apoderan del cielo. Y ¿qué cosa más admirable que las aguas que están en el cielo?» (*Etimologías*, lib. XIII, cap. XII, n. 3).

[363] El manuscrito muestra una variante: «y es que ellas, de su oriente puro y raro». Probablemente sea una trova a la Natividad, porque en el penúltimo verso del poema aparece otro texto alternativo en el mismo sentido.

[364] La alegoría es muy delicada. El 'instante puro y raro' no es otro que el de la Concepción inmaculada, de la cual las aguas están capacitadas para hablar con claridad, por la relación por la relación del agua con la acción regeneradora de Dios, tal como se vio en nota al primer recitado de *Animado Galeón*, en esta sección.

para hacer más patente el favor,
si su espejo en su luz reflectido
hoy se advierte que se ha concebido[365]
sin la mancha de mísero horror.

---

[365] El manuscrito tiene variante también para este verso: «hoy se advierte que rara ha nacido».

Si a silogismos de gracia
[1094][366]

Si a silogismos de gracia[367]
vencido quedó el dragón,
y contra toda su astucia,
es ésta la conclusión:
luego no cayó[368]
la que para Madre
hoy se concibió.

Repitan en aplausos:
no cayó;
los ángeles y hombres a una voz:
luego no cayó, luego no cayó

---

[366] CJEF. Portada: «Villancico a cuatro. A la Concepción. Con violines y trompas. Si a silogismos de gracia. Doctor Leyseca. Año de 78». El Texto está publicado en un pliego que lleva por título *Letras de los villancicos que se cantaron en la Santa Iglesia Cathedral de Cádiz, en los solemnes Maytines de la Purísima Concepción de María Santísima Señora Nuestra, este año de 1741. Puestos en música por don Miguel Medina y Corpas, Maestro de Capilla en dicha Santa Iglesia,* Cádiz, imprenta de don Miguel Gómez Guiram. Se encuentra también en Seoane-Eichmann, 1993, pp. 78-79.

[367] Como ya se dijo (nota a *Cierto es,* de esta sección), el argumento clásico de los escolásticos para afirmar la Concepción Inmaculada de María, así como sus otros privilegios, se resume en la fórmula *decuit, potuit, ergo fecit.* En las cuatro coplas de este poema se alude a ello como *silogismos de gracia.* La Monja de Ágreda, en la *Mística ciudad de Dios,* explica que para las dignidades de Madre y Esposa de Dios, María «fue adornada y preparada por el mismo Dios omnipotente, infinito y rico sin medida y tasa: ¿qué adorno, qué preparación, qué joyas serían estas [...]? ¿Reservaría por ventura alguna joya en sus tesoros? ¿Negaríale alguna gracia de cuantas con su brazo poderoso la podía enriquecer y aliñar? ¿Dejaríala fea, descompuesta, manchada en alguna parte o por algún instante? ¿Sería escaso o avariento con su madre y esposa el que derrama prodigiosamente los tesoros de su divinidad con las almas, que en su comparación son menos que siervas y esclavas de su casa?» (Parte I, lib. I, cap. XVII, n. 251).

[368] En el pliego impreso: «luego no cayó, luego no cayó».

la que para Madre
hoy se concibió.

Coplas

1. La que se concibe Reina
para ser de su nación,
redentora con su Hijo
¿hoy esclava? No, no, no[369].
Repitan en aplausos:
no cayó;
los ángeles y hombres a una voz:
luego no cayó, luego no cayó
la que para Madre
hoy se concibió.

2. Si cuando la común ruina
toda la tierra asoló,
el círculo de los cielos
sólo esta Niña giró[370],
repitan en aplausos [etc.]

3. Si en la culpa cayó Eva
porque a la serpiente oyó,
María, que a sólo el ángel[371]
humilde y fiel escuchó,
repitan en aplausos [etc.]

4. Si su Esposo[372] toda pura,
toda hermosa la eligió,
luego en instante ninguno
con mancha la descubrió[373].
Repitan en aplausos [etc.]

---

[369] En cada copla del pliego impreso, a este verso sigue solamente: «Luego no cayó, / luego no cayó».

[370] Hizo invertir el orden habitual de la configuración del universo, por el hecho de haber logrado atraer los 'cielos' (la gracia divina, y más tarde a Dios, que se hizo hombre en su seno) a la tierra.

[371] Sigo la particela del Tiple primero; las demás omiten la preposición «a».

[372] El Espíritu Santo.

[373] La copla está inspirada en el *Cantar de los cantares*, 4, 7: «Tota pulchra es, amica mea, et macula non est in te».

b. Natividad-Guadalupe-Salves[374]

¡Ah, qué linda perla...!
[37][375]

¡Ah, qué linda perla
nos ha dado el cielo!,
¡ay, ay!,
en esta morena[376],
en este portento,
en este milagro,
luna y sol a un tiempo[377],
alivio del hombre,
amparo y consuelo.

Coplas   1. Linda morenica,
más bella que el cielo
pues de vos aprende
a lucir hoy Febo[378].

2. Si en la tierra naces,
para alivio nuestro,

---

[374] La fiesta de la Natividad de María (8 de septiembre) en Charcas es también la de Guadalupe, cuya devoción procede del santuario medieval de Extremadura. El canto de obras llamadas «salves», que suelen ser paráfrasis poéticas de la antífona *Salve Regina* (también las hay sin paráfrasis, que acaban con la antífona misma como coda), tiene lugar en las tardes de la novena a la fiesta de Guadalupe. En esos días la imagen es quitada de la Capilla que lleva su nombre y se coloca en la Catedral.

[375] ACSB. Sin portada. Dúo.

[376] La ponderación de la belleza morena reaparece en las coplas 3-5; subyace el pasaje del *Cantar de los cantares* (1, 4) en que habla la voz de la Esposa: «Nigra sum, sed formosa, filiae Ierusalem».

[377] Nuevamente el subtexto es del *Cantar de los cantares*, 6, 9 (ver nota a la sexta copla de *Siempre, Purísima, te adoraré*, sección Concepción).

[378] Febo: ver nota a la tercera copla de *Ruiseñores, venid al aplauso*, en la sección de Letras de Circunstancias.

¿qué, en los peligros,
temer a los riesgos?

3. Al nacer parece
que burlas a Febo
pues solas tus sombras
vencen sus reflejos[379].

4. En tu rostro está
lo hermoso y moreno
también que de entreambos
se forma un compuesto.

5. Hasta vuestros ojos,
con sus rayos negros
arpones de luces
tiran que es contento[380].

6. A todos alegra
vuestro nacimiento
porque es la esperanza
de nuestro remedio.

[379] En el manuscrito «vence sus reflejos». He normalizado la concordancia. La voz poética expresa que a pesar de ser morena, María emite una luz superior a la del sol, idea ya enunciada en la primera copla. Recuérdese la figura de María vestida de sol, inspirada en el *Apocalipsis*, 12, 1: «Et signum magnum apparuit in caelo: Mulier amicta sole [...]».

[380] «Rayos negros»: de un lado está la utilización *a lo divino* del motivo petrarquista de los rayos que despiden los ojos de la amada, que hieren a quien la mira. Por otra parte, el poeta puede haberse inspirado en las exposiciones de San Juan de la Cruz sobre el *rayo de tiniebla*: «la contemplación por la cual el entendimiento tiene más alta noticia de Dios llaman teología mística [...] porque es secreta al mismo entendimiento que la recibe y por eso, la llama San Dionisio *rayo de tiniebla* [...] cuanto las cosas de Dios son en sí más altas y más claras, son para nosotros más ignotas y obscuras» (*Subida al Monte Carmelo*, lib. 2, cap. 8, n. 6). El editor señala que la expresión de Dionisio pseudo Areopagita (en *De mystica Theologica*) fue convertida en adagio durante la Edad Media.

Aquí de los pintores

[123][381]

Aquí de los pintores más diestros,
más célebres[382], vengan y traigan
los Parrasios[383], los Floros, los Cleantes[384],
vengan y traigan sus tablas,
sus dibujos, sus diseños, sus colores.
Digan si han visto los Timantes[385],
los Zeuxis[386], los Apeles[387]

---

[381] ACSB. Portada: «Tres con violines al nacimiento de Nuestra Señora. Aquí de los pintores más diestros. Año de 1803». Bernardo Illari, en «Las identidades de Mesa» (p. 296), afirma que esta obra es de Manuel Mesa antes del último cuarto del siglo xviii. La caligrafía de la copia, añade, pertenece a Matías de Baquero y Aguilar.

[382] Los pintores convocados son seis afamados del gremio, entre los que están los más reconocidos de la Grecia clásica y helenística. A excepción de Floro, cuya procedencia desconozco, los demás aparecen mencionados en numerosas obras del Siglo de Oro. La noticia de estos pintores ha llegado hasta nosotros gracias principalmente a la *Historia Natural* de Plinio el Viejo y de Luciano. Para éstas me apoyo en Méautis, 1948.

[383] El jonio Parrasio, al igual que Zeuxis y Timantes, fue contemporáneo de Eurípides. Más que cualquier otro artista del período clásico supo expresar los sentimientos del alma. Decía estar en comunicación con los dioses, y llegó a afirmar que aunque pareciera increíble, su mano había descubierto los puros límites del arte pictórico.

[384] Cleante es uno de los más antiguos pintores, conocidos o fabulosos, del que se tiene noticias muy inciertas. Su mención en el poema puede responder al deseo de remontarse a los orígenes mismos de la pintura.

[385] Timantes fue célebre por su talento para retratar los sentimientos.

[386 y 387] La más célebre pintura de Zeuxis representaba a Helena. Los habitantes de Crotona permitieron al pintor que eligiera entre las más hermosas muchachas de la ciudad aquéllas que le parecieran las mejores y más bellas y las utilizara como modelos para crear el tipo de la belleza absoluta. Zeuxis escogió cinco, en las cuales se inspiró para ejecutar su obra maestra. Esta tradición es recogida por Alonso Ramos Gavilán, quien añade: «Lo propio hace el pintor divino, que con el pincel de un *fiat* pintó todas las criaturas, que habiendo de pintar a la Serenísima Helena, María, Señora Nuestra, pone en ella las perfecciones todas que en las demás mujeres estaban espar-

retrato mejor, copia más perfecta[388].

Coplas

1. Obra de primor divino
es este trasunto bello:
un milagro es cada línea
y cada rasgo un portento.

Pinceles, sombras, matices
discurro que bajaron de los Cielos.

2. Copias muchas muchas tiene el Orbe
de su original supremo,
mas ésta aventaja a todas
en parecerse a su dueño.

Pinturas, láminas, cuadros
le dan la primacía en los aciertos.

3. Rostro y manos solamente
de Guadalupe vinieron[389],

---

cidas [...] Dióle la fortaleza de Judith, el fervor y oración de Ana, madre de Samuel, la humildad de Rut, la gracia y el agrado de Esther, con que aficionó al divino Asuero, Rey del cielo y de la tierra, de quien como la otra alcanzó la vida para su pueblo [...]» (*Historia*, Lib. II, cap. XVIII). Por otro lado, Apeles fue el pintor oficial de Alejandro, y según Plinio sobrepasó a todos los anteriores y a todos los que le sucedieron. Poseía más que nadie el don de la *charis*, la gracia en la representación. Su obra «Afrodita saliendo de las olas», que representa a la diosa con medio cuerpo emergiendo del mar, en el acto de retorcer sus cabellos ensopados, fue objeto de un epigrama que dice que Eros y Atenea, al ver así representada a la diosa, renunciaron al premio de la belleza.

[388] La Virgen María, obra maestra de Dios, es tanto más perfecta cuanto mayor es el parecido con Dios mismo. Ver nota a la primera copla de *Parabienes, zagalejos*, en la sección Concepción. Para el motivo de *Deus pictor*, ver nota a copla primera de *¿Quién llena de armonía las esferas?*, de la misma sección.

[389] El monje extremeño del Monasterio de Guadalupe (Extremadura), Fray Diego de Ocaña, llegó a La Plata en el año 1601, y pintó la imagen a que se refiere el texto. En ella solamente pueden verse el rostro y las manos, y el resto estaba cubierto de joyas donadas por vecinos de la ciudad. A esto hace referencia el texto, en las últimas dos estrofas. José de Aguilar, en uno de los sermones que predicó en la Catedral en el siglo XVII, también dice que «habían traído rostro y manos de España» (citado por Gisbert-Mesa, 2003, p. 32), lo cual sólo es verdad en sentido figurado, aludiendo a que Fray Diego, su autor, vino de España y la pintó inspirándose en la imagen extremeña, y en contraposición al resto de la imagen (las joyas que la cubren), obra de

lo liberal en las manos
y en el rostro lo halagüeño.

Semblantes, luces, colores,
su belleza los muda por momentos[390].

4. Agradecida La Plata
a sus favores inmensos
sus más preciosos tesoros
le consagran con afectos:

rubíes, perlas, diamantes,
que forman lo restante de su cuerpo.

los vecinos. En 1784 se reemplazó la tela enjoyada por una plancha de plata dorada, engastada con las joyas y piedras preciosas (Tórrez, 2002, p. 80).

[390] El carácter milagroso se encuentra en la imagen misma, por cuanto su autor, Fray Diego, no era pintor de profesión: «[...] puedo afirmar con verdad, que en toda mi vida había tomado pincel al óleo en la mano para pintar si no fuera esta vez, sin tener yo más práctica en esto de la que tenía de la iluminación de aquellas imágenes que en España, sin haber tenido maestro que me enseñase, hacía» (Álvarez, *Guadalupe en la América Andina*, citado por Manzano Castro, 1997, p. 10). Otro tanto ocurrió con el bulto de la Virgen de Copacabana, cuyo escultor, Francisco Tito Yupanqui, nunca antes se había dedicado a tal oficio. Nótese la semajanza de lo expresado por nuestro poema con lo que dice de la imagen de Copacabana Ramos Gavilán: «Este milagro de mudar la Virgen de rostro y semblante y no estar siempre de una manera es ordinario porque todas las veces que la descubren la hallan diferente: unas muy encendida y otras algo pálida, otras tan grave que causa temor mirarla, y otras que consuela; finalmente el rostro santísimo y los ojos los tiene tales que parece estar viva. Por curiosidad y devoción de algunas personas han querido pintores famosos retratarla, mas no han podido salir con su intento, porque cotejando el retrato hallan diferente el original» (*Historia*, lib. II, cap. XXXIII).

Cuando nace aquesta Aurora
[213]³⁹¹

Introducción   Cuando nace aquesta Aurora³⁹²
                    vertiendo luces y gracias,
                    a festejar su oriente³⁹³
                    vista el orbe³⁹⁴ nuevas galas.

                    Gloria y paz a cielo y tierra
                    ofrece en brazos de Ana³⁹⁵;
                    así, tierra y cielo unidos
                    tan raro prodigio aplaudan.

Estribillo   Astros bellos,
                    con luz más refulgente,
                    de esta Aurora
                    cantad el nuevo oriente.

                    En fragancias, en pompas, en primores
                    salten las plantas, rían las flores.

Recitado   Publicando en su idioma primoroso

---

³⁹¹ ACSB. Portada: «Rorro, a tres coros con violines. Cuando nace aquesta aurora. Año de 1803». Diez voces. El texto de esta pieza fue publicado en Seoane-
Eichmann, 1993, pp. 107-108.

³⁹² «Aquesta»: ver nota a *¡Ah, Señor, que en lo que viertes...!*, tercera estrofa, sección
Desagravios.

³⁹³ Además del punto cardinal, «oriente» designa el nacimiento (ver *Aut*).

³⁹⁴ Nótese, a lo largo de este poema, el punto de vista «cósmico», que abarca los
seres que pueblan el cielo y los de la tierra, en correlación a-b (rara vez b-a). Esta
constante se verifica a veces en un mismo verso («Gloria y paz a cielo y tierra»; «astros y fuentes»), o bien en dos estrofas: la tercera convoca a los astros y la cuarta a las
plantas. Recordemos que en el Siglo de Oro hay correspondencia entre las flores, estrellas de la tierra, y las estrellas, flores del cielo (ver DA).

³⁹⁵ El poeta, a pesar de contemplar a María como niña recién nacida, anticipa su
maternidad divina. Por ello alude al cántico que entonan los ángeles en la región de
Belén, después de anunciar a los pastores el nacimiento de Jesús (*Lucas*, 2, 14): «Gloria
in altissimis Deo, et in terra pax hominibus bonae voluntatis».

que a su luz obediencia es todo el gozo[396],
pues viste y adorna, pues pule y esmalta
de pompa, de fiesta, de risa, de gala,
astros y fuentes, aves y plantas,
¡del cielo el globo, del mundo el mapa!

Coplas

1. Abreviando inmensas luces
de un cuerpecito en el nácar
nace hermosa como el Sol
a formar días de gracia.

Alegre raya[397], perlas derrama,
como de niña, como de alba[398].

2. Raya en su oriente María,
y tanto esplendor le baña
que aún el Río de las luces[399]
halló Madre en sus entrañas[400].

¡Oh, qué de gracias, oh qué excepciones!
Como de reina, como de noble[401].

Recitado

Pero esperad, tened vuestros festines[402],
suspended de las voces los clarines,
cese el rumor, que duerme en cuna de oro
de nuestra libertad todo el tesoro.

---

[396] 'A la luz de la Aurora (María) los seres celestes y terrestres encuentran todo el gozo en la obediencia'. Obediencia que consiste en publicar las alegres acciones que realiza la Aurora en ellos, enunciadas en el verso siguiente. Nótese la riqueza de correlaciones de verbos, locuciones adverbiales, sustantivos e hipérbatos en construcciones paralelas de sustantivo con genitivo; esto último precisamente en un verso magistral, el último, que remata en expresiones abarcantes las enumeraciones parciales del anterior.

[397] Ilumina.

[398] Las perlas son metáfora común de las lágrimas. Las perlas del alba son las gotas del rocío, y el Alba (o la Aurora) es María, por asociación inspirada en el *Cantar de los cantares*, 6, 9 (ver nota a la sexta copla de *Cayósele al Alba*, sección Epifanía).

[399] Jesucristo.

[400] Uso dilógico de 'Madre': «Se llama también el espacio de una a otra margen, por donde tiene su curso el río» (*Aut*).

[401] Una de las repeticiones de este verso, en el Tiple del tercer coro, viene con las palabras «como de Niña de noble».

[402] Tener: «significa también detener y parar» (*Aut*).

Y con dulce silencio,
con voz muda y clara,
el rorro[403] a esta Niña
cantadle con pausa.

Rorro   A la rorro, divino embeleso,
imán de las almas[404],
a la rorro mi bien, que aunque velas
amante descansas[405],
a la rorro, ea, duerme mi linda,
pues penas te aguardan.
A la rorro, silencio,
que duerme y descansa.
Silencio:
que ya duerme el Alba.

[403] «El rorro»: la canción de cuna.

[404] Designar imán a quien es objeto de amor aparece ya en un grupo de poemas trovadorescos, en los que la voz poética se dirige a la dama mediante un *senhal* o seudónimo para encubrir el nombre de la amada (ver Riquer, 1975, p. 95). Así, Bernart de Ventadorn, uno de los más excelentes poetas amorosos de todos los tiempos, escribe «Faihtz es lo vers tot a randa, / si que motz no'i descapdolha, / outra la terra normanda, / part la fera mar prionda; / e si'm sui de midons lonhans, / vas se'm tira com azimans / la bela cui Deus defenda [...] Per rei sui engles e normans, esi no fos Mos Azimans, restera tro part calenda. (El verso fue completamente acabado, sin ninguna palabra mal medida, allende la tierra normanda, más allá del fiero mar profundo. Y aunque estoy alejado de mi señora, hacia sí me atrae como un imán la hermosa que Dios proteja [...] Por el rey soy inglés y normando, y si no fuera por Mi Imán, me quedaría [aquí] hasta después de Navidad)» (Riquer, 1975, pp. 364-65). Referida a la Virgen María, la imagen del imán también fue utilizada por diversos autores; entre ellos Santa Brígida: «Es imán, por medio del cual los hombres son guiados al puerto de la gloria, y los corazones de hierro de los pecadores son atraidos a Dios» (citado por Navás, 1904, p. 224).

[405] La Esposa, en el *Cantar de los Cantares*, 5, 2, dice precisamente «Ego dormio, et cor meum vigilat».

Jilgueritos risueños
[375][406]

Jilgueritos risueños[407],
arroyuelos graciosos,
florecitas süaves:
saludad al Ave de las aves[408]:
cantad con primores, ¡cantad![409],
corred, con cristales, ¡corred!,
vertid los olores, ¡vertid!
a la Flor de las flores[410]
que luce la más dichosa,
la Infanta María,
de Jericó Rosa[411].
Y con dulce armonía
celebrad lo gracioso de este día:
las aves con risas,
las aguas con perlas,

[406] ACSB. Portada: «Villancico a tres, para la natividad de Nuestra Señora, Sexto tono. Jilguerillos risueños». La pieza está grabada en el CD «Fiesta criolla», del Ensemble Elyma. Bernardo Illari, en el cuadernillo de dicho disco, señala que es de Roque Jacinto de Chavarría.

[407] Todo el poema presenta el *locus amoenus* como marco de sus expresiones, dirigidas a los seres que lo pueblan: aves, arroyos y plantas.

[408] Ver nota a la cuarta copla de *¡Ah de la oscura, funesta prisión!*, en esta sección.

[409] Al triple llamado de los primeros versos del poema corresponden ahora tres invitaciones a la acción, en honor de María, según las posibilidades de cada tipo de seres convocados.

[410] Para la flor como metáfora de María, ver nota a la segunda estrofa introductoria de *¡Ah, de la oscura, funesta prisión!*, en esta sección.

[411] La expresión «rosa de Jericó» es bíblica. Es un elogio a la excelencia de la sabiduría: «quasi plantatio rosae in Iericho» (*Eclesiástico*, 24, 18). «Las rosas de Jericó gozaban de fama particular: '[...] Jam, quod comparat sapientiam rosae in Jericho, significat Jerichuntis rosas fuisse excellentiores caeteris, sive specie et rubore, sive odore [...] sive magnitudine (C. a Lapide, IX, 367-40)» (DA).

las flores con ámbar,
¡háganle la salva!

Coplas 1. Avecillas, que trinando
sois de los prados vergeles
ecos dulces, que con ellos
dais al Alba parabienes,
¡háganle la salva!

2. Arroyuelos cristalinos
que motiváis los vergeles,
vertidle perlas preciosas
al Alba, que os las previene[412].
¡Háganle la salva!

3. Florecillas, que en los mayos
bordáis pulidos tapetes,
a la Flor que hoy es nacida,
duplicadlos en septiembre[413].
¡Háganle la salva!

[412] En el manuscrito se lee «previne», errata evidente.
[413] El 8 de septiembre es la fiesta de la Natividad de la Virgen. La voz poética pide a las flores que repitan la primavera (designada comúnmente como «mayo») para festejar su nacimiento. Hay trova: «a las flores del Rosario» y borrón de las palabras transcritas.

¡Ay andar, andar, andar!
[820][414]

¡Ay andar, andar, andar!
¡A tocar, a cantar, a bailar!

A cantar todo garguero,
que si no quiere cantar
por la ley de los folijones[415]
la garganta perderá.

¡Ay andar, andar, andar!

A tocar todo pandero,
nadie se podrá excusar;
que donde hay mucho concurso
muchos panderos habrá.

¡Ay andar, andar, andar!

---

[414] ACSB. Portada: «Ojo, sacado al Nacimiento del Señor. Juguete». Cuatro voces. En el mismo ítem hay otro juego manuscrito, de texto navideño, cuya portada dice: «Para la Natividad del Señor». Es obra de Araujo. El texto y la partitura fueron publicados por vez primera en Claro Valdés, 1974; posteriormente, en Nawrot, Prudencio y Soux, 2000. Fue interpretada en 1981 por Coral Nova y orquesta, y grabada en el disco LP *Reseña; música renacentista y barroca de archivos coloniales bolivianos*; del año 2000 tengo registrada la grabación del grupo «Contrapunto», en el CD *Reliquia*.

[415] Folijones es el tañido de las folías, «una danza portuguesa de mucho ruido [...] con sonajas y otros instrumentos; llevan unos ganapanes disfrazados sobre sus hombros; unos muchachos vestidos de doncellas que, con las mangas de punta, van haciendo tornos y a veces bailan. Y también tañen sus sonajas; y es tan grande el ruido y el son es tan apresurado que parecen estar los unos y los otros fuera de juicio» (*Cov*). Emilio Cotarelo y Mori (1911, pp. CCXLV-CCXLVI) reúne citas de un amplio repertorio entremeses y otras obras teatrales del Siglo de Oro en las que aparecen folías. En las coplas pueden verse efectos jocosos del entusiasmo o 'pérdida del juicio' de que habla Covarrubias, en episodios rústicos.

A bailar todo juanete[416];
que no podrá disculpar:
condénase a sabañones
por huir la agilidad[417].

¡Ay andar, andar, andar!

Que toca y retoca y repica Pascual,
que hoy ha nacido una rara beldad:
que todos y todas y muchos y más
astillas se hagan a puro bailar[418].

Repite Pascual:
– ¿Cual será en creciendo aquesta deidad[419]
si recién nacida no tiene otra igual?

Que toca y retoca y repica Pascual
pues hoy ha nacido quien vida nos da.

Coplas   1. Repica bien las sonajas
porque hoy, haciéndome rajas,
he de bailar con ventajas
aunque les parezca mal[420].

Que toca y retoca y repica Pascual,
pues hoy ha nacido quien vida nos da.

2. Folijón en español[421]
quiere la madre del Sol;

---

[416] Juanete: «el hueso del nacimiento del dedo grueso del pie, que en algunos sobresale mucho» (*Aut*).

[417] Los sabañones suelen formarse a causa del intenso frío en las extremidades del cuerpo. El que no participa en el baile no entrará en calor, y deberá soportar los sabañones.

[418] Imagen frecuente, de hacerse astillas o «rajas» (ver copla primera) por el despliegue físico del baile.

[419] «Aquesta»: ver nota a *¡Ah, Señor, que en lo que viertes...!*, sección Desagravios.

[420] El manuscrito, en este y otros versos (que indico en cada caso) lleva escrito dos textos superpuestos. Al parecer, la primera redacción fue corregida, en varios sitios. En este verso el texto decía «al airoso vendaval».

[421] Ya hemos visto que el folijón y las folías son de origen portugués. La voz poética solicita que sea en español. Portugal (a pesar de ser la cuna de las folías) no tiene en su repertorio mejor folijón que el español.

no tiene en su facistol[422]
otro mejor Portugal.

Que toca y retoca y repica Pascual,
pues hoy ha nacido quien vida nos da.

3. Un monacillo[423] atrevido,
encaramando el chillido,
dio un grito tan desmedido
que le quitó a un sordo el mal.

Que toca y retoca y repica Pascual,
pues hoy ha nacido quien vida nos da.

4. Otro, dando zapatetas[424],
no le valieron las tretas,
que en lugar de zapatetas
dio el colodrillo al umbral[425].

Que toca y retoca y repica Pascual,
pues hoy ha nacido quien vida nos da.

5. El sacristán tan facundo
dijo a la niña rotundo,
que nace a asombrar al mundo
sin pecado original[426].

Que toca y retoca y repica Pascual,
pues hoy ha nacido quien vida nos da.

6. Quien baila los folijones
sin meterse en opiniones
les quita a los sabañones
la jurisdicción fatal.

---

[422] Tener en el facistol equivale a tener en el repertorio. Ver nota a *Ruiseñores, venid al aplauso*, sección de Letras de Circunstancias.

[423] Monacillo o monaguillo es «el niño que sirve en los monasterios e iglesias, para ayudar a Misa y otros ministerios del Altar» (*Aut*).

[424] Zapateta: «el golpe o palmada que se da en el pie, o zapato, brincando al mismo tiempo en señal de regocijo. Es voz festiva» (*Aut*).

[425] Dar de colodrillo significa «dar de espaldas» (Cov).

[426] En la primera redacción: «El sacristán furibundo / dijo a la niña, profundo: / nazca, y ande todo el mundo; / será mujer singular». El texto, en tal estado, parece falto de sentido, y se explica que haya sido objeto de mejoras y correcciones.

Que toca y retoca y repica Pascual,
pues hoy ha nacido quien vida nos da.

7. Toda sudando manteca
llegó Laura, vana y hueca[427],
y aunque enferma de jaqueca
bailó una hora cabal.

Que toca y retoca y repica Pascual,
pues hoy ha nacido quien vida nos da.

8. Pues por vida de quien somos,
que los nobles mayordomos,
de adulación sin asomos
el vítor[428] se ha de cantar.

Que toca y retoca y repica Pascual,
pues hoy ha nacido quien vida nos da.

---

[427] «Gila» en la primera redacción.

[428] Vítor (o víctor) es «interjección de alegría con que se aplaude a algún sujeto [...]» (*Aut*).

¡Hola, hala, que vienen gitanas!
[851][429]

¡Hola, hala, que vienen gitanas!
¡Hala, hola, que vienen de gorja!
¡Hola, hala, que suenan sonajas!
¡Hala, hola, que bailan chacona![430]
¡Vayan, vengan!, a la Niña con gracia,
¡vayan, vengan! a la Niña con fiesta[431].

[429] ACSB. Sin portada. Siete voces. Hay dos juegos de partes: el original es de atribución incierta a Araujo y la versión posterior es de Blas Tardío, con música muy adornada. El texto difiere muy poco en ambas piezas. Sigo la versión atribuída a Araujo, y aclaro en notas las variaciones de Tardío. La parte del cuarto Tiple del segundo coro dice «Para la Natividad de N. Sr. Año 1737 [nombre de difícil lectura] Tardío». Las demás partes llevan nombres de mujeres (intérpretes) o apellidos, a excepción del Alto del segundo coro y del Tiple segundo que llevan escrito «Don Juan de Araujo».

[430] En el Diccionario de Autoridades se lee que la chacona es «son o tañido que se toca en varios instrumentos, al cual se baila una danza de cuenta con las castañetas, muy airosa y vistosa, que no sólo se baila en España en los festines, sino que de ella han tomado otras naciones y la dan el mismo nombre». Emilio Cotarelo y Mori advierte la procedencia americana de esta danza, atestiguada por numerosos textos desde fines del siglo XVI; ofrece también pasajes de Cervantes, Góngora, Valdivielso, Luis Briceño, Lope de Vega y muchos más, en cuyas obras aparecen episodios en que tiene lugar este baile; su texto cantable, en los ejemplos que ofrece, invariablemente incluye la expresión «vita bona» en rima con «chacona». Algunos moralistas la censuraron, considerándola lasciva. No faltan autores (Valdivielso entre ellos) que escriben chaconas a lo divino como parte de un auto sacramental. La danza tuvo gran éxito durante «todo el siglo XVII, pues son frecuentísimas las menciones de ella en todo él por nuestros escritores. [...] pasó al extranjero y tuvo mucha boga en Francia durante los reinados de Luis XIV y Luis XV. Lulli y Ramneau escribieron chaconas para intermedios de sus óperas, y como danza se hacían al final de los bailetes de ellas, entre todos los bailarines. Las últimas chaconas se hallan en las obras de Gluck» (Cotarelo y Mori, 1911, pp. CCXL-CCXLII). En la versión de Tardío: «que bailan de gana».

[431] Tardío: «Vengan, vayan a la Niña Gracia».

¡Hola, hala!, repicando las sonajas,
castañetas se hagan rajas[432]
porque la Niña bendita,
que ha nacido trigueñita[433],
nos regocija las almas.

¡Vengan, vayan!, repicando las sonajas,
castañetas se hagan rajas, ¡hola, hala!,
que con el bamboleo de las mudanzas
y con el airecillo de las gitanas
hace sus pucheritos
gorgeando mil gracias.
¡Vengan, vayan![434]

Coplas   1. Su divina mano
besad, gitanillas;
aunque está en mantillas[435]
es don soberano.
El cristal[436], ufano,
copia su blancura[437],
y con su hermosura
se lleva la palma[438].
¡Hola, hala!,
que con el bamboleo de las mudanzas [etc.]

---

[432] Ver nota al poema anterior. Raja: «astilla que se corta de algún leño» (*Cov*).

[433] Trigueño / a es «lo que tiene el color del trigo, entre moreno y rubio» (*Aut*). Es referencia al motivo *nigra sum* (ver nota a la parte introductoria de *¡Ah, qué linda perla...!*, en esta sección).

[434] «Vayan, vengan» en Tardío.

[435] Mantillas: «ciertas piezas cuadradas de bayeta u otra tela, en que se envuelven las criaturas pequeñas»; estar en mantillas, además, se aplica a algo «que está muy en los principios» (*Aut*).

[436] Cristal: «cuerpo diáfano, transparente y sólido, de cuya materia apreciable se hacen muchas cosas curiosas para servicio y adorno del culto divino, y también para el uso de los hombres [...] vale también algunas veces el espejo» (*Aut*).

[437] La pureza es representada con el color blanco. El cristal, al ser transparente, da libre paso a la blancura de María, es decir, la copia. En el caso del espejo, la refleja.

[438] Llevarse la palma: «frase con que se significa que alguno sobresalió o excedió en competencia a otros, mereciéndose el aplauso general» (*Aut*). Nada iguala su blancura, toda vez que ésta es copia de la de María.

2. Su cara bendita,
morena, graciosa,
no pierde lo hermosa
por ser trigueñita[439]:
será gitanita.
En mis horizontes
irá por los montes
robando las almas[440].
¡Hola, hala!,
que con el bamboleo de las mudanzas [etc.]

3. En rayos son rojos
sus ojos arpones[441]
y los corazones
de amor son despojos.
Teniendo los ojos[442]
como Cupidito,
del corazoncito
sus flechas dispara[443].
¡Hola, hala!,
que con el bamboleo de las mudanzas [etc.]

[439] Como ya se dijo, lo hermoso y moreno es objeto de admiración, que se inspira en el *Cantar de los cantares*.

[440] La fama de que las gitanas robaban niños consta en *La gitanilla*, una de las *Novelas ejemplares* de Cervantes.

[441] Rojo: «adj. Que se aplica al color encarnado muy encendido, como el de la sangre. [...] Se toma también por rubio como el color del sol o del oro» (*Aut*). En estos versos la primera acepción haría referencia al encendimiento amoroso que provocan; la segunda, a la hermosura que cautiva.

[442] Subyace aquí la tradición del amor cortés, según la cual «de los ojos de la amada [...] salen inflamados espíritus de amor que hieren los ojos de quien la mire y los atraviesan de tal modo que alcanzan el corazón» (Dante, *Vita nuova*). En dicha tradición quien no tuviera ojos sería incapaz de enamorarse.

[443] Ver nota a *Flechero rapaz*, en la sección de Letras de Amor. La identificación de la «divina» criatura recién nacida (María, en este caso; Jesús, en muchos otros poemas de la colección) con Cupido se refuerza por el hecho de que al nacer los niños no ven. Cupido, el Amor, es el dios ciego; María, recién nacida o cuando duerme (recuérdese la cita del *Cantar de los Cantares*, 5, 2 mencionada en el rorro de *Cuando nace aquesta Aurora*), no dispara con los ojos sino con el corazón.

4. Gloriosos laureles
tendrá su grandeza[444],
pondrán la cabeza
a su pie los luzbeles[445].
De todos los fieles
será defensora[446]
y para el que llora
áncora sagrada[447].
¡Hola, hala!,
que con el bamboleo de las mudanzas [etc.]

[444] Para el simbolismo del laurel, ver nota al recitado de *Triunfe el poder*, sección Ascensión.

[445] Ver nota a *Cierto es*, sección Concepción. «A sus pies [...]», en Tardío.

[446] El texto de la *Salve* invoca a María como «Advocata nostra». Comp.: «[...] si ella faltase, a qué puertas llegaría el pecador, que no le diesen con ella. Por esta causa la llama San Efrén y San Basilio, Abogada y verdadero amparo de los miserables, que si ella no los defendiese todas las criaturas se levantarían contra ellos» (Ramos Gavilán, *Historia*, lib. II, cap. XVI). También la *Letanía Potosina* incluye el título de «Advocata peccatorum».

[447] «San Mateo Filadelfo, Arzobispo de Éfeso, en una oración que hace en alabanza de la Virgen, dice de ella: 'Tu sacra naufragantium ancora'. La Virgen es *áncora sagrada* en medio deste mar tempestuoso, es muy inexpugnable en la frontera de esta vida, es el apoyo de nuestras confianzas, el presidio fortísimo de los afligidos y puerto seguro de los mareantes» (Ramos Gavilán, *Historia*, lib. II, cap. XXVII). La cursiva es mía.

Silencio, pasito
[901][448]

Silencio, pasito,
quedito, quedo,
que la infanta María
yace durmiendo.
Y con tiernos arrullos,
y con dulces gorjeos,
en la región del aire
se oyen sonoros ecos,
al compás que los astros llevan
con su continuo movimiento,
formando un rumor dulce
que a las voces sirven de instrumento[449],
cuyo estrépito blando
dice en mudos acentos:

---

[448] ACSB. Portada: «Y se hizo a. 1724 y se hará para la Virgen. Ror[r]o». Ocho voces. Es obra de Araujo. En el reverso de la parte del Bajo del segundo coro está escrito, en borrador, el poema navideño cuyo *incipit* es «Abejita que halagas».

[449] Los arrullos y los gorgeos que se oyen en la región del aire (mundo sublunar) siguen el compás de los astros (las esferas celestes). La voz poética presenta el universo entero como un gran instrumento musical cuya armonía es obra de las manos de Dios, que lo pulsa. La idea del mundo como instrumento y de Dios como músico tiene su origen en Platón, (ver nota a *¿Quién llena de armonía las esferas?*, en la sección Concepción), y se encuentra en algunos Padres de la Iglesia. «En cuanto a Dios como músico del mundo, ver Atenágoras, *Legatio*, 16, 3: 'Pero si el mundo es instrumento movido harmónicamente, no venero el instrumento sino aquel que lo afina, toca las cuerdas y entona los compases melódicos para su acompañamiento' Eusebio de Cesarea, *De laudibus Constantini*, PG, 20, cols 1384-85: 'El Verbo [...] hizo para sí un instrumento de armonía perfecta, cuyas hermosamente equilibradas cuerdas y notas Él toca con una suprema habilidad y sin fallos'; más adelante, PG, 20, cols 1392-93: 'Así como una lira está formada de diferentes cuerdas [...], así también este mundo material, formado por muchos elementos, conteniendo principios antagónicos y opuestos, [...] mezclado en un todo armónico, puede ser considerado un poderoso instrumento realizado por las manos de Dios: un instrumento en el que el

«a la rorro, a la rorro
que se duerme mi dueño»[450].
Quedito, pasito, quedo,
con dulces suspensiones[451];
dormida háse[452]
la Aurora del Sol bello[453].

Coplas[454]   1. Hoy con dulzuras el Alba
néctares vierte de amor[455],
y a el aliento de las flores
se duerme en brazos del Sol[456].
Vientos: ¡suspensión!

2. Los riscos, montes y selvas
vivifica con su albor
suspendiendo el movimiento,

Verbo divino [...] toca con perfecta habilidad y produce una melodía acorde con la voluntad de su Padre, Señor supremo, y gloriosa para Él mismo'» (DOS, nota a los vv. 750-53). Duarte cita a otros Padres y también a autores del Siglo de Oro (ver Introducción al Auto, pp. 51-54).

[450] Como ya se dijo en nota a *Después de tres años* (sección De Letras de Amor), no es infrecuente encontrar el adjetivo «dueño» en masculino para referirse a una mujer.

[451] Suspensión: «detención» (ver nota a *¿Quién llena de armonía las esferas?*, sección Concepción).

[452] 'Se ha', con el participio en femenino; o bien, errata por «dormida yace».

[453] Ver notas a *Los negrillos de los reyes*, estribillo y *Cayósele al Alba*, copla 6.

[454] El texto de las coplas, además de hallarse en las partes de voces, puede leerse completo en la espalda del Tenor segundo.

[455] Aquí el rocío que derrama la Aurora (ver nota a la tercera estrofa introductoria de *Parabienes, zagalejos*, sección Concepción), que es Jesucristo y las gracias que trae al mundo, es objeto de nueva metáfora, la de 'néctares de amor'; comp. en dicho poema: «[la Aurora-María] en rocíos del cielo fragancias exhala». Néctar es la «bebida fabulosa, de que fingían que usaban los dioses. [...] Por analogía se llama cualquier licor deliciosamente suave y gustoso. Lat. *Nectar*. Esteb. Cap. 7. Excediendo sus costosos regalos a los de la boda del Rey Balthasar y los *néctares* de sus odoríferos licores a la bebida que dio la célebre Cleopatra al invencible Marco Antonio» (*Aut*).

[456] El Alba vierte sus néctares en el *locus amoenus* de la tierra, y es pagada por las flores que le entregan su aliento, a cuya fragancia se duerme, en brazos del Sol (de Dios). La exclamación que sigue, dirigida a los vientos para que se detengan, responde al deseo de que no dispersen dicha fragancia.

del aire su propensión.
Astros: ¡suspensión!

3. Fuentes, arroyos y ríos
no corráis curso veloz,
pues vuestros puros cristales[457]
detiene su resplandor.
Aguas: ¡suspensión!

4. Duerme, castísima Aurora,
duerme, purísima Flor[458],
que tus sopores despiertan[459]
del mundo la redención.
Cielos: ¡suspensión!

[457] Cristal es metáfora muy frecuente del agua. Ver, por ejemplo, nota a *Animado galeón.*

[458] Para el origen de esta metáfora, ver nota a *¡Ah de la oscura, funesta prisión!*, sección Concepción. En cuanto a la relación de la flor con la virginidad, la *Letanía Potosina* invoca a María como «Flos virginitatis».

[459] Nótese la antítesis.

Escuchen dos sacristanes
[950][460]

Introducción   Escuchen[461] dos sacristanes
que disputan y argumentan[462]

[460] ACSB. Portada: «Dúo para la Natividad de Na. Sa. de dos sacristanes con violín y oboe, por el Maestro Ceruti y Mesa don». En el mismo ítem hay dos juegos, y las variaciones textuales son mínimas. Llamo D al manuscrito cuyo elenco solamente consta de dos voces y T al que incluye tres, una de ellas para la introducción a solo, las otras dos para el diálogo, al igual que *Los negrillos de los reyes;* en ambos casos, esa división de papeles (un prólogo y dos protagonistas) es apropiada para la puesta en escena. Se conocen dos textos distintos cuyo incipit, «Escuchen [o escuchad] dos sacristanes», y esquema general de disputa o *cuodlibeto* es el mismo. De un lado se encuentra el navideño, atribuído a Sor Juana (editado de Madrid, en 1689; en la de Méndez Plancarte, t. II, pp. 124-27) y también a Manuel de León Marchante (que la habría escrito en 1677), atribuciones que constituyen una prueba, entre otras muchas, del enorme éxito de la obra y de sus recursos jocosos: según el estudio de Aurelio Tello («Sor Juana Inés de la Cruz y los maestros de capilla catedralicios», en *DATA* n° 7) el texto se encuentra publicado en al menos cuatro pliegos impresos de la década de 1670 (en Madrid, Toledo y Valladolid), en 1680 en Sevilla, en 1689 en Orihuela; en 1727 en Calatayud y en 1756 en Sevilla; y manuscrito en obras musicales de las catedrales de La Plata (compuesto por Teodoro de Ayala en 1745, ABNB 927), de México (compuesto por Matheo Tollis de la Roca, maestro de capilla entre 1769 y 1780) y de Morelia (por Ignacio Ortiz de Zárate 1779). Por otra parte, se encuentra el aquí transcrito, que es un texto de la Natividad de la Virgen, del que no consta ningún otro testimonio que nuestros juegos manuscritos del Archivo Nacional de Bolivia. Sin embargo, es evidente que también viajó, ya que fue compuesto por Roque Ceruti, maestro de capilla de la catedral de Lima entre 1728 y 1757, y tiene arreglos de Manuel Mesa, maestro de capilla de La Plata entre 1762 y 1773. El texto de esta pieza fue publicado en Seoane-Eichmann, 1993, pp. 96-98; posteriormente la obra fue grabada en el CD del Ensemble Elyma *Le Phénix du Mexique* en 1999.

[461] «Escuchad» en T.

[462] Como ya está dicho, el tema sobre el que se abre la disputa entre los sacristanes es distinto, pero el esquema y algunas de las expresiones latinas coinciden. El recurso cómico consiste en alternar, en una disputa de pretendido cuño escolástico, fórmulas académicas con otras frases latinas que no pertenecen al lenguaje escolar sino al elenco con el que estaban más familiarizados los sacristanes, oraciones litúrgicas y latinajos. A la vez, los disparates y agudezas giran en torno a una minucia: si es más

si es la Niña *de qua natus*[463]
o es la Niña *gratia plena*[464].

Recitado   Oigan atentos[465],
no se queden a *asperges*[466]
de la palestra[467].

1.º   – *Sacristane!*[468]

apropiado definir a María recién nacida como «de qua natus», por el hecho de que
sus privilegios provienen de su elección como Madre de Dios, o bien como «gratia
plena», el privilegio de que goza al llegar al mundo. El debate sobre este matiz parodia los ejercicios de discusión que tenían lugar en las universidades. En la copla final
se resuelve con el reconocimiento de que ambos privilegios de María se reclaman
mutuamente. Si se observan los argumentos, se verá que el «primer» sacristán tiene a
la vista los textos de la Misa de la festividad: «el gradual y el verso aleluyático recuerdan la divina maternidad de María. Este estado general es, sin embargo, notable,
pues se trata del nacimiento de María, no del de Cristo. El efecto pretendido es que
se ponga de relieve el fundamento primero de todo el culto de María, su dignidad
maternal» (Pascher, 1965, p. 690). El otro sacristán, por el contrario, centra su atención en los textos del oficio, cuyas antífonas se refieren al nacimiento de María, es
decir, al tema propio de la fiesta. Sus citas latinas no están tomadas de textos litúrgicos, sino de algunos pasajes del Evangelio y, sobre todo, del sentido común: afirma
que no puede considerarse madre a una tierna criatura.

    [463] *De qua natus*: «de la cual ha nacido»; se sobreentienden las palabras que hacen
explícito el sujeto y el antecedente del relativo, porque pertenecen al final de la genealogía de Cristo, en *Mateo*, 1, 16: «Mariae, de qua natus est Iesus».

    [464] *Gratia plena*: «Llena de gracia», es parte del solemne saludo del Arcángel San
Gabriel a María (*Lucas*, 1, 28).

    [465] «Oigan, atiendan» en T.

    [466] «Asperges»: palabra con que comienza una de las antífonas de aspersión, an-
tes del comienzo de la Misa («Asperges me, Domine, hysoppo, et mundabor; lavabis
me, et super nivem dealbabor»), tomado a su vez del libro de los *Salmos*, 50, 9. Es
«voz puramente latina usada en estilo jocoso, y vale lo mismo que rociadura o as-
persión. [...] Cuando ya iba el aduar cuesta abajo, y nos hacía el vino y la señora doña
Cerveza estar a unos de *asperges* me Domine y a otros de humiliate capita vestra»
(*Aut*). El sentido que le da el poema es: se quedarán poco más que en ayunas de la
discusión quienes no presten atención a los elevados argumentos que siguen.

    [467]Ver cuarta nota a ¡*Fuera, que va de invención!*, sección de Letras de Circunstancias.

    [468] Latinización cómica de «sacristán», que Méndez Plancarte denomina acerta-
damente de «chusco neologismo» (Sor Juana Inés de la Cruz, *Obras Completas*, vol.
II, p. 417). A partir de este verso, en todo el estribillo las dos voces cantan en los mismos compases sus respectivos textos, con diferencia de pocas sílabas. Esta superposi-
ción no es representable en la transcripción, y por ello aparecen alternadas las intervenciones de los dos sacristanes. Lo mismo ocurre con la vuelta de cada copla.

2.º   − *Sacristane!*

1.º   − *exi foras!*[469]

2.º   − *vade retro!*[470]

1.º   − *Laus tibi, Christe*[471].

2.º   − *Deo gratias*[472].

1.º   − *Mecum arguas...*[473]

2.º   − *Mecum tendas...*[474]

1.º   − *hoc notandum:*[475]

2.º   − *hoc assertum:*[476]

1.º   − *de qua natus.*

2.º   − *gratia plena.*

1.º   − Pastores, pastores[477],
              hablando en romance,
              juzgad la contienda.

2.º   − Zagales, zagales,
              dejando latines
              juzgad la palestra.

1.º   − Digo que la Niña

---

[469] «¡Sal afuera!», frase tomada del Ritual (Sor Juana Inés de la Cruz, *Obras Completas*, vol. II, p. 418).

[470] «¡Apártate de mí!». Tomado de *Marcos*, 8, 33.

[471] Aclamación del pueblo que asiste a Misa, concluída la lectura del Evangelio: «A ti, Cristo, la alabanza».

[472] Aclamación a la lectura de la Epístola, también en la Misa: «Demos gracias a Dios». Como es evidente, la parodia comienza con exclamaciones cuya utilización fuera de contexto está al servicio del efecto cómico, recurso al que también se acude con frecuencia en la actualidad.

[473] «Suponiendo que argumentes conmigo...».

[474] «Suponiendo que quieras lidiar conmigo...».

[475] «Ha de ser tenido en cuenta esto».

[476] «Este aserto».

[477] D lleva una sola vez la palabra «pastores», al igual que en la siguiente estrofa «zagales»; he optado por la repetición que consta en T (aunque éstas no obligan al transcriptor cuando provienen de particelas musicales) para que los versos de esta sección fueran todos hexasílabos.

          como *Mater nascitur*
          será *de qua natus*[478].

2.º   - Digo que la Niña
          como *oritur tenera*[479]
          será *gratia plena*.

1.º   - Mi ingenio es más grande,

2.º   - Mayor es mi ciencia,

1.º   - y así, pastorcillos,

2.º   - y así, zagalejos,

1.º   - oíd mis razones,

2.º   - oíd mis respuestas,

1.º y 2.º - en pocos latines
          divinas palestras.

Copla primera 1.º - Sepa el Sacristán Benito
          que mejor que *gratia plena*
          es María *de qua natus*
          porque nace Madre excelsa.

---

[478] *Mater nascitur*: literalmente «nace la Madre» (si bien los textos litúrgicos del Oficio señalan que se celebra el nacimiento de la Virgen, que mereció el título de Madre de Dios). El sacristán sostiene que si la que nace es la que ha de ser madre de Dios, el mejor modo de definirla es «*de qua natus*». El jesuita José de Aguilar, en un sermón pronunciado en la misma Catedral de La Plata en 1691, después de citar a Pedro Crisólogo («*Et quando Maria non Mater?*»), señala el de «madre» como uno de los sentidos implícitos en el nombre de María: «¿Fue María en su Concepción? Sí. ¿Fue María en su nacimiento? También. ¿Fue María antes de la Encarnación del Verbo? No hay duda. Pues si fue María en su Concepción, en su Concepción fue Madre [...] Porque lo que digo es, dice el santo: que está tan conexo con la maternidad el Nombre de María, que sin reparar en tiempos ni implicancias, desde que se llamó María, se debe decir Madre, pues todo es menos difícil que hallarse separada la excelencia de Madre del soberano influjo del nombre de María. [...] Oigo la voz de «águila», y vengo en conocimiento de la reina de las aves, porque esa voz la significa [...]. Pero oigo esta voz, «María», y sin aguardar más razón, vengo en conocimiento de una Madre [...]» (*Sermones del Dulcísimo nombre de María*, Sermón quinto, p. 208).
[479] *Oritur tenera*: «nace tierna». Como ya se dijo, considera que una niña recién nacida puede considerarse bajo cualquier título menos el de madre. Y el título más apropiado es el que considera la plenitud de gracia de María.

2.º	- Sepa el Sacristán Llorente que Ana, que es *gratia*[480], la engendra, y mejor que el *de qua natus* le conviene el *gratia plena.*
1.º	- *Certa dixi!*[481]
2.º	- *Dixi vera!*[482]
1.º	- *Male probas*[483].
2.º	- *Male negas*[484].
1.º	- *Mater Christi...*[485]
2.º	- *Primogenita...*
1.º	- *ab initio...*
2.º	- *ante saecula...*
1.º	- *de qua natus!*
2.º	- *gratia plena!*

Copla segunda 1.º- Píntala un *liber*[486] nacida
dc padres de gran nobleza,

---

[480] Ramos Gavilán: «San Juan Damasceno [...] dice que el nombre de la gloriosa Santa Ana quiere decir gracia, y ésta parió a María que es lo mismo que Señora [...]» (*Historia*, lib. II, cap. VII).

[481] «¡He dicho cosas ciertas!».

[482] «¡He dicho cosas verdaderas!».

[483] «No pruebas correctamente [lo que dices]».

[484] «No refutas convenientemente [lo que afirmo]».

[485] En las palabras de esta sección, el sacristán primero dice: «Madre de Cristo desde el principio, de la cual [Él] ha nacido». Las palabras «*Ab initio*» están tomadas del libro del *Eclesiástico*, 24, 14 («Ab initio et ante saecula creata sum»); la liturgia las aplica a María, en el texto del *Capítulo* de Laudes de la festividad. El segundo sacristán toma (en su segunda intervención) precisamente las palabras que siguen en ese mismo texto escriturístico y litúrgico; afirma que María es «primogénita antes de los siglos, llena de gracia».

[486] Se refiere al *Libro de las Horas*; en efecto, la primera antífona de Laudes y de Vísperas dice «Nativitas gloriosae Virginis Mariae ex semine *Abrahae*, orta de tribu *Iuda*, clara ex stirpe *David*». Resalto los nombres de los «padres [es decir, antepasados] de gran nobleza». El sacristán considera que la omisión, en dicho libro, del concepto «engendró» (*genuit*) es intencional, porque no heredó María la culpa original que afectó a dichos antepasados, ya que es «*exempta*», es decir, exceptuada de tal herencia. Ello le lleva a hacer abstracción del nacimiento físico.

y el *genuit* que los enlaza
la omite por madre *exempta*.

2.º   - Ese es lazo de la culpa,
y su gracia, aunque le acecha,
et ipsa conteret caput[487],
le quebró lazo y cabeza.

- *Certa dixi* [etc.]

Copla tercera 1.º - El *Ioseph virum Mariae*
hoy desposada la muestra,
y el de *qua natus Iesus*[488]
la propone Madre entera.

2.º   - Eso es *secundum Matheum*[489]
pero a San Lucas atienda,
que no hay *concipies et paries*
antes de *Ave, gratia plena*[490].

- *Certa dixi* [etc.]

Copla cuarta 1.º - *Ab Aeterno est ordinata,*
tan antigua y casi eterna
que *nondum erant abyssi*

---

[487] «Ella aplastará la cabeza» de la serpiente; es el ya mencionado Protoevangelio de *Génesis*, 3, 15 (ver nota a *Cierto es*, sección Concepción). El personaje propone que la gracia de María quebró el lazo de la culpa original por nacer inmaculada; sin embargo la culpa también le acechaba a ella, porque era libre y por tanto podía haber caído en pecado. Son numerosos los pasajes de la Biblia en los que la palabra «lazo» se relaciona con Satanás, a quien María vence y «quita el lazo», por su cooperación a la Redención.

[488] El final de la Genealogía de Jesús es precisamente «Iacob autem genuit *Ioseph virum Mariae, de qua natus* est Iesus, qui vocatur Christus» (*Mateo*, 1, 16). Este pasaje se lee en la *Lectio VII* de Maitines del 8 de septiembre. Los subrayados son las palabras que toma de dicho texto el primer sacristán.

[489] «Según Mateo». Son palabras que preceden a la proclamación del Evangelio en la Misa: «Lectio sancti Evangelii *secundum Matheum*».

[490] Utiliza palabras de la Anunciación, en la que el Arcángel San Gabriel primero saluda a María diciéndole «Ave, gratia plena» (*Lucas*, 1, 28); un poco más adelante (1, 31) le anuncia que concebirá y dará a luz al Redentor: «ecce *concipie*s in utero, *et paries* filium».

y dice que es *iam concepta*[491].

2.º   - *Si nondum ubera habet*
pruebo que, aunque grande, es tierna,
con el *soror nostra parva*[492]
in die alloquenda.

- *Certa dixi,* [etc.]

Copla quinta 1.º - Así como al *tota pulchra*
se sigue el *amica mea,*
es *gratia plena, ergo Mater*[493]
innegable consecuencia.

2.º   - Tampoco puedes negarme
quo valet ad convertentiam:
haec est plena, ergo est Mater;
haec est Mater, ergo plena.[494]

- *Certa dixi* [etc.]

---

[491] Las palabras latinas de esta estrofa son «Elegida desde la eternidad»; «no exis-
tían todavía los abismos» y dice que es «ya concebida». El poeta recurre a *Proverbios*,
8, 23-24, «Ab aeterno ordinata sum, et ex antiquis antequam terra fieret. Nondum
erant abyssi, et ego iam concepta eram [...]», texto que se leía en la Epístola de la
Misa de la fiesta. El texto se refiere a la sabiduría, que es anterior a los siglos, y la
Iglesia los aplica a María, quien estaba prevista en los planes divinos antes de la misma creación.

[492] Cita casi textual del pasaje del *Cantar de los Cantares*, 8, 8: «Soror nostra parva, et ubera non habet; quid faciemus sorori nostrae in die quando alloquenda est?».
El argumento es sencillo: no es razonable considerar madre a una niña recién nacida, que aún no tiene pechos y es tan pequeña.

[493] Son las palabras del Esposo en el *Cantar de los cantares*, 4, 7 («Tota pulchra es,
amica mea»). Palabras similares (del mismo *Cantar*, 4, 1) se encuentran en la *Lectio II*
de Maitines de la Natividad. Si se habla de esposo puede hablarse ya de madre. El sacristán ya admite, sin embargo, que el título de «gratia plena» es apropiado para la
Virgen en su Natividad, pero añade que, en dicha plenitud, no puede faltarle el don
(la gracia) de la maternidad.

[494] Lo último afirmado por su contendiente, en el tercer verso de la estrofa anterior, «valet ad convertentiam», hace válido en correspondencia recíproca uno y otro
término de la discusión, de modo que el primero implica necesariamente al segundo. Se acaba, entonces, empatado, el debate.

Naced, antorcha brillante
[955]⁴⁹⁵

Naced, antorcha brillante
con las luces del divino Sol⁴⁹⁶,
naced a dar al orbe auroras
que ilustren toda su región.

Coplas 1. Naced, antrocha brillante
con la luz del mismo Sol,
que está en ti como en su cielo
y es el cielo su región⁴⁹⁷.

2. El sol en el cielo habita,
que es cuna donde nació⁴⁹⁸;
y claro está que nacido
a tu cuna vino el Sol.

3. Ven, hermosísima niña,

---

⁴⁹⁵ CJEF. Portada: «Guadalupe. Naced, antorcha brillante. Traslado en 9 pliegos. Don Roque Ceruti». Nueve voces. El manuscrito contiene una trova navideña que está grabada en el CD *Musique baroque à la royale Audience de Charcas*, del Ensemble Elyma. Este es otro ejemplo de obra de la que se conserva solamente un testimonio, pero que ofrece variantes: las particelas de algunas voces dicen, en el primer verso «Subid, antorcha [...]»; en el tercero, «[...] a dar al cielo auroras»; en el primero de la tercera copla: «Ven, hermosísima aurora»; y en el último verso de la cuarta «[...] estás con el sol».

⁴⁹⁶ La figura de María vestida de sol está inspirada en el *Apocalipsis*, 12, 1: «Et signum magnum apparuit in caelo: Mulier amicta sole [...]», tal como ya se dijo en nota a *¡Ah, qué linda perla...!*, en esta sección. La *Letanía Potosina* aclama a María como «Luminare caeli».

⁴⁹⁷ Aquí la óptica cambia: María es cielo en cuyas entrañas se aloja el Sol (Jesús). Comp.: «San Damasceno dice de la Virgen que es un cielo más capaz que el mismo cielo, de más beldad y de mayor hermosura» (Ramos Gavilán, *Historia*, lib. III, Segundo Día).

⁴⁹⁸ Juego dilógico en el que está presente el sol físico y Jesús-Sol; figura consagrada por el uso en el Siglo de Oro, como ya hemos visto repetidas veces.

que aquel divino Autor
parece que cuanto pudo
en formarte ejecutó[499].

4. La claridad de tus luces
muestran con tanto primor
que, pues la Aurora se ríe,
sin duda está cerca el Sol[500].

---

[499] Subyace el pensamiento escolástico («decuit, potuit, ergo fecit»), como ya vimos en la segunda copla de *Cierto es*, y en la primera nota a *Si a silogismos de gracia*, ambas en la sección Concepción.

[500] Ver primera nota a *¡Pajarillos, madrugad!*, subsección Salves.

Ninfas marítimas del grande Océano
[987][501]

Ninfas marítimas[502] del grande Océano,
no os entretenga el líquido pórfido pérfido[503],
y olvidando los senos más lúbricos[504]
de los frígidos sótanos céntricos
venid, corred unánimes,
traed festivo séquito
al alcázar y concha de nácares[505]
en que hoy nace la reina de unos piélagos[506].

[501] ACSB. Portada: «Ninfas marítimas del grande Océano. A cuatro voces. A la Virgen Ssma. de Guadalupe. Del Maestro Dn. Antonio Durán de la Mota. Año de 1752. Juan Ventura Flores». El texto de esta pieza fue publicado en Seoane-Eichmann, 1993, pp. 101-02. Nótese el juego con palabras esdrújulas, a veces tres seguidas en un mismo verso, lo que hace de este poema una verdadera rareza. Quien más ha cultivado los esdrújulos en castellano es el poeta canario Bartolomé Cairasco de Figueroa, por ejemplo en la *Comedia del Recebimiento*, en la que los Personajes Invención y Curiosidad llenan pasajes enteros con rimas esdrújulas; lo mismo puede verse en la *Comedia del Alma* y otras obras, de las que no todas están editadas, hasta donde he averiguado, como la *Esdrujúlea de varios elogios y canciones en alabanza de divinos sujetos*, poema en tres cantos compuesto en 1605. En América puede recordarse la letra de Sor Juana *A este edificio célebre*, cuyo estribillo comienza con «Oigan, que quiero en esdrújulos» (en la edición de Méndez Plancarte, t. II, pp. 216-17).

[502] Ver nota a *Ruiseñores, venid al aplauso*, sección de Circunstancias. Sin embargo, hay varias categorías de ninfas. Las marítimas son hijas de Nereo. En este poema las ninfas son metáfora de las almas, que se encuentran en el mundo, entendido como lugar donde habita el mal. El océano y el mar son símbolos del mal.

[503] El pórfido es un mármol purpúreo. La atribución del color es homérica.

[504] Curiosa crudeza, que proporciona a la vez una imagen de inestabilidad: seno es «la parte del mar que se recoge entre dos cabos de tierra (*Aut*), y lúbrico equivale a resbaladizo.

[505] La concha, madre de la perla, como metáfora de María, madre de Jesús: ver nota a *Cayósele al Alba*, copla sexta (sección Epifanía).

[506] Piélago: «aquella parte del mar que dista mucho de tierra, y se llama regularmente alta mar» (*Aut*).

¡Hola, hao![507]
Venid fáciles, sin estrépito,
y pulsando en acuátiles cítaras
alternándose cánticos métricos
dejad lo lóbrego por lo poético.
No os entretenga el líquido pórfido pérfido.

Coplas

Tiple primero   Tetis[508] sois la purísima,
                       madre del Unigénito,
                       cuyas gracias sin número
                       hacen que se suspenda lo aritmético[509].

Tenor   Naces tan pura, en diáfanos
                       raudales de tus méritos,
                       que el Soberano Espíritu
                       hace dulce papel de Amor al Céfiro[510].

Tiple segundo   En tu feliz horóscopo
                       llueve[511] el cielo benéfico
                       felicidades máximas

---

[507] Ver nota al primer verso de *¡Hola, hao, ah de las sombras!*, sección Concepción
[508] Hija de Nereo y Dóride, Tetis es la más célebre de las nereidas. Tal vez sea el motivo por el que la voz poética la identifica con María.
[509] La Aritmética no es capaz de calcular las gracias de María. En el manuscrito se lee «arismético», forma que aparece registrada en *Aut.*
[510] El Espíritu Santo es el Amor. «Santo Tomás (*Summa* I, q. 37, a. 1, ad 3) explica que el Espíritu Santo es el vínculo del Padre y del Hijo en cuanto que es Amor: el Padre se ama a sí mismo y al Hijo con un solo Amor y al revés: por lo mismo que el Padre y el Hijo se aman mutuamente, es necesario que su mutuo Amor, el Espíritu Santo, proceda de ambos. Y procede, no por *generación* (como el Hijo) sino por *espiración*» (DA). La Virgen María es llamada Esposa del Espíritu Santo. El céfiro es un viento, también llamado favonio, y como divinidad de la Antigüedad posee algunos rasgos asimilables al Espíritu Santo: «Cefirus se deriva de *cephis*, que significa vida [...]. llámase Favonio, porque cría o mantiene las cosas que nacen [...]. Deste viento céfiro ponen los poetas narraciones fabulosas, diciendo que amó a una hermosa ninfa llamada Cloris, la cual por mujer recibió; y en galardón de su virginidad otorgóle que fuera señora de todas las floras, de donde vino Cloris a mudar el nombre y decirse Flora [...]» (Pérez de Moya, *Philosofía secreta*, II, XXXVII). Como vemos, hay abundante materia mitológica apta para asociaciones con María y el Espíritu Santo.
[511] «Lluve» en el manuscrito.

para ostentar de tu poder el crédito[512].

Alto
En golfos tira márgenes[513],
que sus cristales émulos[514]
solicitan más ámbito,
pues de gozo no caben en sus términos.

Tiple primero
Ya se acabó lo náufrago,
que a tu numen benévolo
precipitados Ícaros[515]
confiados están de borrar ya los bárbaros.

Tenor
Ya Guadalupe[516] mínimo
corre mares intrépido[517],
y al ver sus ondas ínclitas
le respeta el Tajo[518] y Betis[519], los trémulos[520].

---

[512] Ver nota a *¡Aquí, zagales!* (en la sección de Epifanía).

[513] 'Golfos' está utilizado en sentido recto: «brazo de mar avanzado por gran trecho dentro de la tierra» (*Aut*), que «tira márgenes», se desborda.

[514] Cristal es metáfora tópica de agua.

[515] Ícaro: ver nota a la cuarta copla de *Canta, jilguerillo*, y también a la cuarta de *Militares del Amor*, ambos en la sección de Letras de Amor. El poeta muestra que los fieles devotos (Ícaros cristianos) pueden precipitarse en las aguas de gracia de Guadalupe (hay juego con el nombre del río) sin ningún peligro, y que ello hará extenderse la fe, es decir, borrar los Ícaros bárbaros (paganos).

[516] «Guadalupe» aquí es el río que corre en las cercanías del santuario del mismo nombre, en Extremadura. Se lo considera pequeño («mínimo») en comparación con los grandes y famosos ríos de la Península, si bien desde fines del XIV la fuerza de su caudal era utilizada para poner en movimiento molinos en los que se lavaba ropa (batanes), batir cobre, hacer paños y aceite, aserrar madera y moler grandes cantidades de grano. En aquella época fue una de las obras hidráulicas de vanguardia.

[517] Aquí las aguas del Guadalupe son metáfora de la gracia: corren parejas con la tarea difusora de su devoción por parte de los monjes jerónimos, que les llevó a cruzar el océano y llevarla por toda América.

[518] Muchos autores del Siglo de Oro han dado renombre a este río aurífero, «el dorado Tajo», y lo emparentan con el Pactolo, del Asia Menor, sujeto de relatos mitológicos y también portador de oro.

[519] Gran río del sur de Andalucía, casi el único navegable de España. Las yeguas de sus orillas eran fecundadas por el viento Céfiro, y engendraban los caballos más veloces del mundo.

[520] Los dos grandes ríos respetan «trémulos» las ondas del pequeño Guadalupe, de la misma manera que los poderosos respetan a la humilde María, y la llaman bienaventurada.

Tiple segundo   Sacra beldad deífica
admitid el anhélito[521]
de nuestras voces tímidas,
que guiándolas van coros angélicos.

Alto   Ensancha en olas flúidas
los corazones trémulos,
que hoy en humildes cánticos
se gorjean devotos, en sus métricos.

---

[521] Anhélito: «lo mismo que la respiración o aliento» (*Aut*).

Pues soy zagalejo
[1048][522]

Pues soy zagalejo,
como los demás
que en aquesta fiesta
salen a bailar,
al sonsonecillo
de mi panderillo
déjenme danzar,
danzar y cantar,
cantar y danzar.
Escuchen que va,
tan tan palantán.
¡Ay, que todo es gusto,
festejo y solaz!,
tan, tan, palantán,
en la fiesta alegre
de aquesta deidad,
tan tan palantán.

Coplas

1. Con mi panderillo
quiero festejar
a la chiquitita
que nace en Judá,
del cielo alegría,
y luz celestial
tan tan palantán.
¡Ay, que todo es gusto,
festejo y solaz!,
tan tan palantán.

---

[522] CJEF. Ver datos de portada en «Son qual per mar turbato» en la sección de
Letras de Amor. A cuatro (faltan tres voces, lo cual no parece afectar al texto).

2. Ella da mil gustos;
al verla brillar
entre cielo y tierra,
¡candor celestial,
vellón que el rocío[523]
nos da que admirar!
tan tan palantán [etc.]

3. Con las castañetas
hemos de bailar
a la tierna Infanta
que vido Balán,
estrella lucida[524],
escala real[525],
tan tan palantán [etc.]

[523] En el libro de los *Jueces*, 6, 36 y ss se narra que Gedeón pidió a Dios una señal, para conocer si por su mano serían derrotados los amalecitas: que el rocío solamente mojara una piel de oveja con lana, dejando seco lo demás; a la noche siguiente pidió como señal el efecto contrario, que solamente la piel quedara seca. Esta piel fue tomada por Padres de la Iglesia y autores posteriores como figura de la Virgen María: en la primera prueba es la única que recibe el rocío (ya se dijo que el rocío es figura de Jesús); y en la segunda es la única que no se mojó (carácter único de la concepción inmaculada). Ana Armendáriz, en el estudio introductorio al auto sacramental *La piel de Gedeón* de Calderón de la Barca (pp. 21-27) ofrece algunos textos exegéticos y referencias bibliográficas (especialmente Rosalie Gimeno, «The episode of Gideon's fleence in Biblical, patristic and Spanish literary accounts», en *Studi Ispanici*, 1980) referidos al simbolismo mariano del vellón. Por otra parte, hay un texto muy difundido, por su lectura anual en el oficio litúrgico, que serviría de referente cercano para todo aquel que escuchara esta obra del ABNB: la *Lectio III* de los Maitines del Domingo de infraoctava de la Asunción de la Virgen es un pasaje de un sermón de San Bernardo, en el cual afirma que «[...] adde quod generationi illi ob singulare privilegium sanctitatis divinitus noscitur esse concessa, quod longe ante eisdem patribus caelitus repromissa, quod mysticis praefigurata miraculis, quod oraculis praenuntiata propheticis. Hanc enim [...] Gedeonis vellus, dum in medio siccae areae maduit [...]» (*Breviaruim Romanum*, Pars Autumnalis).

[524] En la quinta bendición de Balaám al pueblo de Israel, en el desierto, el profeta vaticina: «[...] Orietur stella ex Iacob [...]» (*Números*, 24, 17). Hemos visto ya con frecuencia la denominación de María como estrella.

[525] Se refiere a la escalera que unía el cielo con tierra, por la que subían y bajaban ángeles, vista por Jacob en una visión nocturna (en *Génesis*, 28, 12-13). «Los Padres interpretan la escalera alegóricamente como la Cruz de Cristo [...]; también se interpreta como la Encarnación del Verbo, y como imagen de la Virgen» (DA). Leemos

4. David se alegró
se alegró Abrahán[526]
Jacob la celebra
y la aplaude Isaac[527]
es de Noé el gusto
y también de Adán[528],
tan tan palantán [etc.]

5. Toquen las sonajas,
la gaita a compás,
y la sinfonía
que truene al bailar,
pues nace en la tierra
el Iris de paz[529],
tan tan palantán [etc.]

6. Miren que ha nacido
la estrella del mar[530],
el huerto cerrado[531],
pozo de Sicar[532],

en Ramos Gavilán: «Es María escala celestial, porque por ella bajó Dios a la tierra, con ánimo que por ella también mereciesen los hombres subir a los cielos. Y así esta soberana Señora es la verdadera escala de Jacob por la cual subían y bajaban los Ángeles» (*Historia*, lib. II, cap. XXXIII).

[526] En la poesía culta del Siglo de Oro tuvo un cierto auge el soneto de rimas agudas bíblicas (ver *El divino Jasón* de Calderón de la Barca, versos 873 ss. y notas). En esta estrofa vemos estas rimas en los versos pares, muy sencillas, al estilo de todo el poema.

[527] «Isac» en el manuscrito.

[528] En esta copla aparecen los antepasados más célebres de María, en línea ascendente (orden que toma del Evangelio de *Lucas*, 3, 23-38), primero los del Pueblo elegido y después los padres de toda la humanidad (Noé y Adán).

[529] Para el arco Iris como figura de María, ver nota a *Copia el Sol a candores*, en la sección Concepción.

[530] Ver nota a la copla segunda de *Parabienes, zagalejos*, sección Concepción.

[531] La expresión proviene del *Cantar de los cantares*, 4, 12: el Esposo llama a la Esposa «Hortus conclusus, soror mea sponsa». Son muy numerosos los textos que utilizan estas palabras para referirse a María; entre ellos, la *Letanía Potosina* también la invoca como «Hortus conclusus».

[532] Es junto al pozo de Sicar que Jesús (en el Evangelio de *Juan*, 4, 11-15) declara que aquel que beba del agua que él mismo le dará, tendrá en sí una fuente que salta hasta la vida eterna.

parva nubecita
que lluvia nos da[533],
tan tan palantán [etc.]

[533] Es clásica la nube como figura de María. Está tomada 3 *Reyes*, 18, 44: después de la sequía prolongadísima que el profeta Elías había predicho, sube con su criado al monte Carmelo; mientras está postrado en tierra, orando, le ordena siete veces consecutivas al criado que observe hacia el mar; a la séptima el criado le dice que ve una nube pequeña que asciende del mar. Entonces el profeta lo envía para decirle al rey Ajab que se apresure antes de que la lluvia le impida avanzar con su carro. Inmediatamente cae una lluvia torrencial. «María se asimila a la nube que se hace de vapores levantados de la tierra, pero ella no tiene tierra, porque no se le pega nada del suelo sino que subiendo por los aires la borda el Sol, y da finos colores [...]» (Ramos Gavilán, *Historia*, lib. III, Segundo Día).

Oíd el concierto atentos
[1126][534]

Oíd el concierto atentos
del cielo, que es maravilla.
¡Escuchen, atiendan,
cadencias subidas
si quieren gozar
dulce melodía!

Coplas   1. Si raya Madre del Verbo,
en su natal tan suprema,
el ser Maestra de voces
musicales nos ostenta.

2. Desde el *ut* del *Ecce ancilla*,
por ser el más *bajo* empieza,
y subiendo con el *Sol*
al *La* de la deidad llega[535].

---

[534] ACSB. Portada: «Para Guadalupe. Villancico a cuatro con violines. Oíd el concierto. Por Manuel Mesa. 1767». Esta anotación no está en la espalda del continuo, como es habitual, sino del alto. Como ya señaló Illari (2000, pp. 290-91), las coplas de este poema, salvo algunos cambios, son iguales a las del segundo Villancico de la Asunción del año 1676 publicado por Sor Juana Inés de la Cruz, cuyo *incipit* es «¡Silencio, atención...!» (en la edición de Méndez Plancarte, t. II, p. 7); la versión de Sor Juana tiene ocho coplas más, de modo que esta es una versión abreviada. Los tecnicismos musicales y citas latinas van en cursiva, igual que en la edición de Méndez Plancarte; a pie de página señalo las diferencias. La pieza fue grabada en el CD del Ensemble Elyma *Le Phénix du Mexique*, en 1999.

[535] Sor Juana: «y subiendo más que el *sol* / al *la* de *Exaltata* llega». «Ut» es la primera nota, la más baja de la escala, y «La» es la más alta en la escala de Guido D'Arezzo. La primera se asocia con el texto del Evangelio de *Lucas*, 1, 38, en el que María expresa su disponibilidad a los planes de Dios diciendo «*Ecce ancilla* Domini [...]». Hay un juego de semejanzas entre la escala musical y los rangos presentes en el pasaje evangélico: la esclavitud y la divinidad. María sube con el Sol: juego dilógico, porque el Sol es metáfora de Jesucristo.

3. Propiedad es de *natura*
que entre Dios y el hombre *media*,
y del cielo el *becuadrado*
junta al *bemol* de la tierra[536].

4. El *befabemí*, que juntando
diversas Naturalezas
unió el *Mi* de la Divina
al *bajo Fa* de la nuestra[537].

5. Dividir las *cismas* sabe
en tal *cuantidad*, que en Ella
no hay *semitono* incantable
porque ninguno *disuena*[538].

[536] El juego de esta estrofa es independiente del de la anterior (de otro modo, habría contradicción). Jesús, por naturaleza (recuérdese que posee como propia la naturaleza divina, y además asume la humana), media entre Dios y el hombre, entre el cielo y la tierra. Al haber solamente seis notas en el sistema de Guido d'Arezzo, cuando la melodía superaba el La era necesario pasar del hexacordio llamado «natura» a uno de los otros dos hexacordios; si pasaba al llamado «durum» o «becuadrado», el cantor consideraba Re a la nota que equivale al La del hexacordio «natura», por lo cual la nota siguiente tenía diferencia de un tono con la anterior (es nuestro Si natural); en cambio, si transportaba al hexacordio llamado «molle» o «bemol», consideraba Mi a la nota que equivale al La del hexacordio «natura», y la nota siguiente pasaba a ser solamente un semitono más elevado que la anterior (es el Si bemol). El sistema de los tres hexacordios (también llamados «propiedades») superpuestos y escalonados originó la peculiar solmisación de la que encontramos un término en la siguiente copla: «befabemí», que es precisamente el Si, en las dos mencionadas posibilidades de cambio de hexacordio o «propiedad». La diferencia del semitono es aprovechada por Sor Juana para hablar de la mayor o menor elevación de las dos naturalezas, divina y humana. Por otra parte, al decir que la 'propiedad *natura* media', se refiere a que las otras dos propiedades o hexacordios no son compatibles entre sí, pero lo son con *natura*: Pablo Nasarre explica que «*becuadrado* y *bemol* jamás se unen, pues todo canto, o se canta por *bemol* y *natura*, o por *natura* y *becuadrado*, pero nunca por *bemol* y *becuadrado*». Méndez Plancarte da la siguiente interpretación: «La Madre de Dios media entre Dios y la Humanidad, y reúne la grandeza del Cielo y la debilidad de la Tierra, simbolizadas por el *be-cuadrado*, robustísimo, y el *be-mol*, o 'be-suave' [...]» (Juana Inés de la Cruz, *Obras completas*, ed. Méndez Plancarte, notas, p. 358).

[537] Esta copla repite la idea expresada en la anterior. El Mi de la divina supone el paso al sistema «durum» (o «propiedad de becuadrado») y el bajo fa de nuestra naturaleza humana, en cambio, al «molle» (o a la «propiedad de bemol»). En Sor Juana siguen aquí tres coplas que no incluye nuestro manuscrito.

[538] No apuro el sentido de «cismas». Vienen otras cuatro coplas de Sor Juana.

6. La iglesia platense, alegre[539],
de acompañarla se precia;
y con sonoras *octavas*
el sagrado *son* aumenta[540].

7. De Guadalupe aprendió[541]
levantar la voz, sujeta
a tan alta proporción,
que su Nombre templa y contempla.

[539] En Sor Juana: «La Iglesia, también, festiva [...]».
[540] Parece una alusión al cambio de sistemas: del de hexacordio al de octavas.
Otra copla de Sor Juana se intercala entre ésta y la siguiente.
[541] El sujeto de este verbo es la Iglesia Platense.

Salga, salga el torillo
[1169]⁵⁴²

Salga, salga
el torillo⁵⁴³ hosquillo: ho,
ho, ho, ho, ho, ho.
Pero no: que se aguarde
que se espere,
que se tenga
mientras me pongo
en cobro yo⁵⁴⁴.
Mas ¡ay qué fiero
el toro ligero
corriendo salió!
¡El torillo es infernal,
a todo el mundo fatal!⁵⁴⁵

Yo le vi venir a la linda mía⁵⁴⁶
pero naciendo este día.
Yo le vi desde su primer trance:
le hizo lance

---

⁵⁴² ACSB. Portada: «Guadalupe. Juguete a toros». Ocho voces. El ítem contiene tres juegos: el anónimo que aquí se transcribe, dedicado a «Guadalupe» y los otros dos, de Araujo y de Diego José de Salazar, con textos navideños. Solamente se incluye aquí el primero. Entre los villancicos publicados en un pliego para la Navidad en la Real Capilla, año 1685 (BNM 216, 7) aparece uno cuyos versos iniciales son idénticos a los tres.

⁵⁴³ El toro suele ser identificado con las pasiones desatadas. Así, Vicente Sánchez en la *Lyra poética*, p. 195, escribe: «El toro de la lascivia / siguió a David con gran tema / hasta una balsa de agua / y vino a pescarle en ella».

⁵⁴⁴ Ponerse en cobro: a cubierto de las embestidas del toro.

⁵⁴⁵ El toro representa al demonio.

⁵⁴⁶ Siguiendo el texto de las piezas de Araujo y Salazar, al principio de esta estrofa dice también «Yo le vi venir al amado dueño mío» y pocas sílabas más, tachadas.

LETRAS HUMANAS Y DIVINAS

con gracia que no hay en mí[547].
Pero no: que se aguarde [etc.]

Coplas

1. Alegre está de fiestas
la Corte de La Plata,
porque como un oro[548]
ha nacido su Infanta.

2. Del vulgo de las nubes
se despejó la plaza,
poblando las estrellas
del cielo las ventanas[549].

3. ¡Afuera todo el mundo!
¡afuera, y hagan plaza!,
que el toro es un demonio
y nadie se le escapa[550].

4. Sola una niña airosa,
poniéndole con gracia
el pie sobre la testa[551],
le sujeta y se salva.

5. Con su manto de estrellas
sirviéndole de capa
dejó a las de Valencia
las lunas de sus astas[552].

6. Por más bravo que juegue
sus puntas aserradas

[547] Juego dilógico: María, como torera, sale airosa en el primer trance (fue concebida inmaculada); la gracia con que esquiva al toro es la sobrenatural.

[548] Como un oro: «ponderación que explica la hermosura, aseo y limpieza de alguna persona o cosa» (*Aut*).

[549] La imagen muestra el universo como un gran edificio.

[550] Referencia al pecado original, que establece la universal sujeción del hombre, antes de la Redención, al dominio del demonio.

[551] Ver nota a *Parabienes, zagalejos*, copla tercera, sección Concepción.

[552] Recuérdese la figura de María vestida de sol, coronada de doce estrellas y con la luna a sus pies, del *Apocalipsis*, 12, 1. En este caso se habla de manto de estrellas; La luna parece referencia velada al Islam. «Quedar a la luna de Valencia» equivale a estar o quedarse (Correas, *Vocabulario de refranes y frases proverbiales*). En cualquier caso, se trata de la superación de la embestida del toro.

serán puntas al aire
que al vuelo se deshagan.

7. Bramando de coraje
burlado se desangra,
corre por hacer presa
pero en vano se cansa.

8. Por eso los vaqueros
y gente de la huaca[553]
lo sacan de corrido
con soga a la garganta.

---

[553] Las *huacas* son adoratorios precolombinos. Había una en las cercanías de La Plata, entre los cerros Sica-Sica y Churuquella, llamado la Huaca de Manducalla; señala Carlos Seoane que, por extensión, se designaba con ese término a un grupo étnico vecino, que en la época colonial participaba tradicionalmente en la corrida de toros de la fiesta de Guadalupe.

Salves
¡Pajarillos, madrugad!
[555][554]

¡Pajarillos, madrugad!
¡Avecillas, gorgead!
que ya el Alba ríe[555]
alegrando los campos
con hebras doradas
esparciendo rayos
de fecundidad.
¡Cantad, avecillas, cantad!,
en facistol[556] de esmeraldas
que de laureles formáis,
y a María divina saludad.
¡Cantad, pajarillos, cantad!,
en facistol de esmeraldas
Salve Regina entonad,
que los álamos prometen

[554] ACSB. Hay dos portadas que dicen lo mismo, «Salve. Pajarillos madrugad» y una tercera: «Salve a seis voces con violines. Pajarillos madrugad. Año de 1782». Pero pueden distinguirse dos juegos, además de partes sueltas que no corresponden a ellos: el más antiguo, de diez voces, tiene las coplas en compás de prolación perfecta menor; es el que sigo en la transcripción. El más moderno tiene solamente siete de las diez coplas (le falta la cuarta, la quinta y la décima) y van en orden distinto. El Ensemble Elyma grabó esta pieza, a excepción de algunas coplas, en el CD «Fiesta criolla». Bernardo Illari afirma, en el cuadernillo del mencionado disco, que es obra de Roque Jacinto de Chavarría, con arreglos de Manuel de Mesa.

[555] Era muy corriente asociar la risa con el alba; 'al romper el alba, reír el alba' son «frases con que comúnmente se explica alguna cosa que se hizo o se ha de hacer [...] cuando amanece» (*Aut*). Como ya hemos visto numerosas veces, el Alba es figura de María, que trae en brazos al Sol, Jesucristo, con cuya luz se alegra la tierra.

[556] Ver nota a *Ruiseñores, venid al aplauso*, copla segunda, sección de Letras de Circunstancias.

con el aura acompañar[557].
¡Cantad, avecillas, cantad!

Coplas   1. Dios te salve, Reina nuestra[558]
emperatriz soberana,
que la mancha original
lavaste por nacer Alba[559].
Salve Regina, et Fulgur[560], Salve.

2. De misericordias Madre[561]
en quien nuestra Fe ancorada[562]
logra en el mar de tu nombre[563]
el puerto de su esperanza.
Salve, Mater et Maria, salve.

3. Como en venenoso tósigo[564]
se esconde mejor la triaca[565],

---

[557] El *locus amoenus* incluye paralelismos con los coros de las catedrales: facistol (laureles), e instrumentos de viento (álamos). A la vez, el viento con que suena la armonía de los álamos es aquí el «aura»: «Aire leve, suave, lo más blando y sutil del viento, que sin ímpetu se hace sentir» (*Aut*). Recuérdese que el aura en las Sagradas Escrituras es uno de los modos de manifestarse Dios (3 *Reyes*, 19, 12; *Job*, 4, 16). Queda sugerido, entonces, que quien mueve a la alabanza de María es el mismo Dios.

[558] Esta copla es glosa de las palabras iniciales de la *Salve*: «Salve, Regina».

[559] Juega el poeta con la etimología de la palabra: el adjetivo *albus, a, um* en latín significa «blanco», color que se asocia con la pureza. En el juego más reciente se lee: «lavaste por lucir Alba».

[560] «Salve, Reina y Relámpago, salve». El último verso de cada copla recoge, en latín, epítetos marianos cuyo significado está asociado a lo expuesto en los versos anteriores. En este caso, además de llamar Reina a María, se le da un nombre (Relámpago) que recuerda el resplandor de la pureza.

[561] Esta copla glosa las expresiones «Mater misericordiae» y «spes nostra», de la ya mencionada antífona *Salve Regina*.

[562] Anclar (o ancorar) remite a un «primitivo símbolo cristiano de la Esperanza, observable en las catacumbas y en las joyas, tomado de *Hebreos*, 6, 18-19, donde se califica a la esperanza de áncora que asegura al alma [...] (DA)». Ver también nota a *¡Hola, hala, que vienen gitanas!*, cuarta copla, sección Natividad.

[563] El poeta juega aquí con el nombre de María; en el último verso repite el juego en latín: «maria» es el plural de «mare, is», que significa «mar». Para la designación de María como mar, ver nota a *No suspires, no llores*, última estrofa, sección Dolorosa.

[564] Tósigo: veneno (ver *Aut*).

[565] El manuscrito dice «atriaca», como Covarrubias. Es una medicina que se toma como contraveneno.

así la vida y dulzura[566]
por ti en nuestra muerte amarga.
Salve, Antidoto et Vita, salve.

4. Pues desterrados divisan
en tu invocación sagrada
que son iniciales letras
las mismas que a la manzana[567],
salve, Fructum et Planta, salve[568].

5. De aqueste valle de lágrimas[569],
gota a gota, nuestras ansias
dan el tributo, aunque son
inagotables tus arcas.
Salve, Gaudium et Gratia, salve.[570]

6. Hijos de Eva, con suspiros[571],
a vuestra clemencia llaman;
mirad si podrás negarte
cuando el aliento os consagran.

---

[566] «Vita, dulcedo» son las palabras de la *Salve Regina* desarrolladas por estos versos. Los términos antitéticos están en paralelo: tósigo-triaca, muerte amarga-vida y dulzura; gracias a María (que lleva al alma al Paraíso), la muerte esconde vida y dulzura.

[567] Manzana en latín es «malum, i»; tanto en latín como en castellano, las dos primeras letras coinciden con el nombre de la Virgen.

[568] El poeta alude a María como «segunda Eva», cuyo fruto es la antítesis del de la primera, porque es el fruto de su vientre (Jesús) mencionado en la *Salve Regina*: «et Iesum, benedictum fructum ventris tui nobis ostende». No he identificado textos que designen a María como «fruto»; la *Letanía Potosina* incluye la invocación «Fructifera planta».

[569] Glosa de «ad te suspiramus in hac lacrymarum valle» (*Salve Regina*). «Aqueste»: ver nota a *¡Ah, Señor, que en lo que viertes...!*, sección Desagravios.

[570] «Salve, Alegría y Gracia, salve». Se contrapone la abundancia de las arcas de María, que rebosan alegría y gracia, a las lágrimas de quienes todavía se hallan sujetos a la vida terrenal, considerada bajo el aspecto de destierro: recuérdese que el hombre fue desterrado del paraíso de delicias, una vez cometido el pecado de origen (*Génesis*, 3, 23-24).

[571] Vuelven a aparecer expresiones de la *Salve Regina*: de un lado los «desterrados hijos de Eva» («exules filii Evae»), de otro, María como destinataria de los suspiros de los hombres («ad te suspiramus»); por último, el recurso a la clemencia de María («O clemens»).

Salve, Radix et Vara, salve.[572]

7. Ea, pues, Señora, en el juicio,
cual tutelar abogada[573],
de ese reino de zafir
la posesión nos alcanza[574].
Salve, Spes quae nos parcas, salve[575].

8. Y después de este destierro
y sujeción preordinada,
a Jesús bendito muéstranos
como a fruto de tu aljaba[576].
Salve, Amor et Gloria, salve.

9. Clemente, piadosa y dulce[577]:
intercede, ruega y clama;
mirad que nombres tan tiernos
no esperan promesas vagas.
Salve, Regina et Alba, salve.

10. Que al militar tu estandarte
si por vuestro triunfo se alza

---

[572] No encuentro la relación entre lo dicho en los versos anteriores de la copla y el último en latín, que toma la figura mariana de «raíz» (en la *Letanía Potosina* se lee «Radix gratiarum») y una que desconozco: «vara» en latín no tiene significado relacionable con María; a menos que el amanuense pusiera «vara» en castellano en lugar de «virga» en latín, en cuyo caso tendríamos numerosos subtextos bíblicos: *Números*, 17, 8, *Isaías*, 11, 1, etc.; y en estrecha relación con la raíz, *Jeremías*, 1, 11-12: «saldrá una vara de la raíz de Jesé».

[573] Glosa a las palabras «Eia ergo, advocata nostra» de la *Salve Regina*. Ver nota a *¡Hola, hala, que vienen gitanas!*, sección Natividad.

[574] Se pide a María alcanzar la posesión del reino del Cielo. Zafir: Ver nota a *La rosa en su matiz*, sección de Letras de Amor.

[575] «Salve, [oh, tú que eres nuestra] esperanza, porque nos amparas; salve». En el manuscrito se lee «spes que nos parca»; en el relativo, «e» es utilizada por «ae», como es frecuente en la época; además, está omitida la última letra del verbo.

[576] Glosa de las palabras «et Iesum, benedictum fructum ventris tui, post hoc exsilium ostende». La referencia a Jesús como «hijo de tu aljaba» supone la comparación de los hijos con flechas, presente en *Salmos*, 126, 4: «sicut sagittae in manu potentis, ita filii excussorum».

[577] La *Salve Regina* acaba con las palabras «O clemens, o pia, o dulcis virgo Maria».

las que hoy clamorosas salves
serán en tu obsequio salvas[578].
Salve, Aurora, et Scala[579], *salve.*

---

[578] El poeta juega con la paronomasia (salve-salva). La salva es el «disparo de armas de fuego en honor de algún personaje [...] 'Que con espesas salvas de arcabucería representaba la magestad del triunfo' [...]» (*Aut*).

[579] Téngase en cuenta que la escala es también un instrumento de guerra, a la vez que alusión a la escala de Jacob (ver nota a *Pues soy zagalejo*, copla tercera, sección Natividad).

Pues concebida
[597][580]

Pues concebida
fuiste sin mancha,
ave, María,
llena de gracia[581].

Oh Virgen Madre,
dulce abogada[582],
refugio nuestro[583],
firme esperanza[584].

A ti suspiramos
todas las almas
arrepentidas:
oye sus ansias[585].

Ruega por nos[586]
pues tu eficacia
al Inefable[587]

---

[580] ACSB. Este poema está escrito de corrido, sin música, en el reverso de la portada del ítem que contiene una pieza dedicada al Corpus Christi.

[581] La salutación del Arcángel San Gabriel a María comienza con estas palabras: «Ave, gratia plena» (*Lucas*, 1, 28). Nuestro texto intercala, al igual que la oración llamada *Avemaría* el nombre de la Madre de Dios.

[582] Ver nota a la séptima copla de *¡Pajarillos, madrugad!*, en esta sección.

[583] El origen de estra expresión está en *Salmos*, 45, 2: «Deus noster refugium et virtus». María, al estar asociada a Jesús, es considerada también refugio, y así la llaman las letanías *Lauretana* y *Potosina*: «Refugium peccatorum».

[584] La *Letanía Potosina* invoca a María como «Spes unica paenitentium».

[585] En la *Salve Regina*: «ad te suspiramos gementes et flentes».

[586] Al rezo de la *Salve Regina* sigue la fórmula «Ora pro nobis, Sancta Dei Genitrix».

[587] A Dios se le conoce como el Inefable. Santo Tomás, en el comentario *In de divinis nominibus* de Dionisio Pseudo Areopagita, explica: «Dicen [los libros sagrados] que [Dios] es innombrable, cuando escriben que la Misma Deidad, en alguna de las

vence y aplaca[588].

Aurora hermosa,
luna sin mancha[589],
sol refulgente,
estrella magna,

salgan tus luces
y de las almas
destierren sombras
de culpas tantas.

Cedro exaltado,
fecunda Palma[590],
con cuyo fruto
sacias las almas.

visiones místicas que ocurrieron según una aparición divina con figura, significativamente le increpó al que preguntaba [...] '¿cuál es tu nombre?'; y para llevarlo más allá de todo conocimiento que pudiera provenir de un nombre de Dios, se le respondió: '¿Porqué preguntas mi nombre, que es admirable?» (Lectio III, n. 96; la traducción es mía).

[588] En la acción de aplacar hay una velada alusión a Abigaíl. Ver nota a *¡Ah de la oscura, funesta prisión!*, copla segunda (sección Concepción).

[589] Luna sin mancha: encontramos la misma expresión en *¡Ah, qué linda perla...!*, sección Natividad. Para el origen de esta metáfora, ver nota a la sexta copla de *Siempre, Purísima, te adoraré*, sección Concepción. Nótese que los cuatro versos de esta estrofa llevan sendas denominaciones celestes de María. En la siguiente se le pide que con su luz (de aurora, de luna, de sol y de estrella) haga retroceder la obscuridad.

[590] La Sagrada Escritura pone en boca de la Sabiduría, en *Eclesiástico*, 24, 17, las palabras «Quasi cedrus exaltata sum in Libano [...]; quasi palma exaltata sum in Cades [...]», que se leen en la *Lectio III* del *Officium parvum Beatae Mariae*. En la *Letanía Potosina* vemos también la expresión «Palma virens». Ramos Gavilán, por su parte, hace una larga exposición de la figura mariana de la palma, de la que tomo solamente la consideración relativa a la fecundidad y los frutos: «Considerándola el Esposo le dijo: 'Vuestra estatura, Señora, es como la palma, derecha por rectitud (Cant. 7), y cuellierguida, a quien jamás pudo rendir el peso de la culpa, y vuestros pechos se parecen a dos racimos bien iguales, que por entre las hojas de la palma, subían trepando por el alto de ella con su arribo; a donde habemos de notar que los pechos de la Virgen llama el Esposo fruto de árbol ajeno, que vinieron de fuera, que la palma dátiles da y no racimos de uvas; pero el fruto de aquesta palma es fruto de árbol ajeno, porque si bien se mira una doncella no puede tener leche en los pechos, ni le viene de su cosecha, y así de donde le vino el ser de Madre le viene la leche, para sustento del Hijo, que tan a cortesía del cielo andaba la niñez de Cristo, de suerte

Mirra süave
cuya fragancia,
varilla de humo,
al cielo pasa[591].

De marfil torre
y de oro casa,
puerta del cielo,
de la paz arca[592].

Torre davida
tan pertrechada
que mil escudos
tienes por armas[593].

que era ella la palma, pero el fruto del cielo le vino, para sustentar aquel que había de ser el fruto de su vientre» (*Historia*, lib. III, Noveno día). El fruto es, en tanto que sacia las almas, Jesús en la Eucaristía. En el manuscrito se lee «fecundida Palma»; seguramente es errata.

[591] La figura de la «varita de humo formada con los aromas de mirra y del incienso» proviene del *Cantar de los Cantares*, 3, 6: «Quae est ista quae ascendit per desertum sicut virgula fumi ex aromatibus myrrhae [...]?». Leemos «Mirrha conservans» en la *Letanía Potosina*.

[592] En esta estrofa tenemos varias figuras que aparecen en las letanías: «Turris eburnea» (*Letanía lauretana*); «Domus aurea» (*Letanía lauretana*); «Porta paradisi» (*Letanía Potosina*), equivalente a «Ianua caeli» (*Letanía Lauretana*). El Arca de la paz es la de Noé, que salvó al género humano y a los animales de dichas aguas. «Arca salutis» es una de las invocaciones de la *Letanía Potosina*. Ramos Gavilán compara el Arca de Noé con María, de la cual la primera no es más que una figura: «[...] como dice el Crisóstomo la Virgen es 'Plusquam arca Noe'. Porque en el arca de Noé salieron los animales con la misma especie y figura con que entraron; porque el león entró león y salió león, y así de los demás; pero en esta divina Arca corre muy diferente, hácense muy diferentes trueques [...], los que se acogen a su sombra salen ricos de mil gracias [...]; los rústicos quedan hechos ángeles en la tierra, el lobo se convierte en cordero, el león en oveja mansa, el pecador se vuelve justo, el que primero trataba de cosas mundanas trata ya de las divinas» (*Historia*, lib. II, cap. XVII; ver también lib. II, cap. XXIII).

[593] La figura bíblica consiste en la equiparación del cuello de la amada con la torre de David, torre fortificada de la que cuelgan mil escudos. Ramos Gavilán, en la *Historia* (lib. II, cap. XII), de la mano de «sagrados Doctores» hace una elegante exposición de esta figura, refiriéndose a la intercesión de María: desde la expresión 'sicut turris David collum tuum' (*Cantar de los cantares*, 4, 4), a la denominación de María como Cuello, por el que pasan las voces y palabras agradables de las que se enamo-

Ciudad hermosa,
fortificada
para refugio
de quien te llama[594].

Fuente perenne
y pozo de aguas
vivas que salen
del mar de gracia[595].

ra el Esposo; ello da lugar a presentarla como protección eficaz gracias a los mil escudos: 'Mille clypei pendent ex eo' (*Cantar de los cantares*, 4, 4); «la abogacía de la soberana virgen María es más seguro fuerte que el de una torre inexpugnable».

[594] Las ciudades de refugio fueron establecidas para que los israelitas y extranjeros que hubieran dado involuntariamente muerte a un inocente pudieran encontrar asilo, escapando de quienes pretendieran venganza. Moisés estableció las primeras tres en la Transjordania (*Deuteronomio*, 4, 41-43 y 19, 1-13) y Josué las otras tres en Cisjordania (*Josué*, 20, 1-9). Ramos Gavilán habla de la Virgen como «refugio de delincuentes» (*Historia*, lib. III, Cuarto Día).

[595] Las figuras aquí presentes son utilizadas con frecuencia en la literatura mariana. Para las dos primeras, ver nota a la quinta copla de *Siempre, Purísima, te adoraré*, en la sección Concepción. Para «Mar de gracia», ver nota a *No suspires, no llores* (sección Dolorosa). El manuscrito dice «fin» después del último verso.

Celebren contentos
[769][596]

Celebren contentos
la *Salve Regina*,
¡Ave, Blanca y Pura!,
tu nacer, las aves.
¡Qué metros süaves
de gracia y favor
en dulces gorgeos
enseñas al mundo!
Ave. Música. María.

Coplas   1. A coger sus perlas vamos,
esperando[597] en Ella, que
Gedeón logró su fe
y Rut sus dorados ramos[598];
salve, salve Regina.

2. Los botones de las flores
ensanchando sus capullos
reciben al Alba alegres:
así la esperemos hoy.

3. Y pues es María ave[599],
hermosa florida pluma,

---

[596] ACSB. Portada: «Salve a 8 con violines. Por Don Lorenzo Antequera».

[597] Esta copla hace de glosa de las palabras «spes nostra» de la *Salve Regina*.

[598] Según ya se señaló en numerosas ocasiones, la aurora es figura de María. El rocío (perlas, en la metáfora) es Jesús; ver nota a *Cayósele al Alba* (sección Epifanía). En relación con Gedeón, ver nota a 1048, *Pues soy zagalejo*, segunda copla (sección Natividad). Rut es también tipo de María: premiada por su lealtad a Noemí, le es permitido, en la suma pobreza, espigar en los campos de Booz, en Belén (Rut, 2, 1-17). Las espigas de Rut, son asociadas por los Padres de la Iglesia con el Cuerpo de Cristo en la Eucaristía. De ahí que la voz poética exhorte a los circunstantes a imitar a Rut.

[599] Ver segunda nota a *Jilgueritos risueños*, sección Natividad.

digámosla «Dios te salve,
Ave, Aurora, Rosa y Gracia»[600].

4. Eres paloma y querida,
del Esposo sola esposa[601];
vuelve tus ojos piadosa[602]
pues eres tú nuestra vida.

5. Eres tú la fértil mies[603]
espiga del trigo santo[604],
muestra a tus hijos el Pan
y dadnos gloria después[605].

6. Eres al fin bella estrella
de este proceloso mar[606]
llévanos al puerto, a dar
fin a nuestra triste querella[607].

---

[600] Aquí el poeta acumula metáforas marianas que ya se han visto en otros textos: Aurora aparece por todas partes; Ave: ver nota anterior; Rosa: ver *¡Ah de la oscura, funesta prisión!*, copla primera (sección Concepción) y a los versos introductorios de *Jilgueritos risueños* (sección Natividad); para Gracia como divinidad mitológica, ver *¡Hola, hao, ah de las sombras!*, versos introductorios (sección Concepción). La expresión «toda gracia», referida a María, la encontramos en *¿Quién es ésta, cielos...?* (sección Presentación).

[601] La amada del Esposo es llamada por éste «paloma», en el *Cantar de los cantares*, 2, 10: «Surge, propera, amica mea, *columba* mea, formosa mea, et veni». Para la paloma como figura de María, *¡Hola, hao, ah de las sombras*, copla cuarta (sección Concepción) y *¿Quién es ésta, cielos...?*, copla segunda (sección Presentación).

[602] Están presentes las siguientes partes de la *Salve Regina*: «illos tuos misericordes oculos ad nos converte» (sobre esto volverá la última copla), y «Vita [...] nostra» en el verso siguiente.

[603] El manuscrito llevaba primero la copla sexta y después la quinta (hasta la palabra «mies», a lo que sigue una sílaba ilegible); pero tiene pegada una tira de papel, sobre la que se escriben las coplas en el orden que reproduzco.

[604] Esta figura vuelve sobre la idea de María que, como mies y como espiga, hace posible el alimento del pan (eucarístico) para el hombre.

[605] Con la identificación de Jesús con el pan, la copla glosa a las palabras «Et Iesum [...] nobis post hoc exsilium ostende» (*Salve Regina*).

[606] Ver nota a la copla segunda de *Parabienes, zagalejos*, sección Concepción.

[607] Subyace el dolor expresado por el pueblo fiel en la *Salve Regina*: «ad te suspiramus gementes et flentes».

7. Óyenos, pues, Madre pía[608],
vuelve a mirarnos, Señora,
que a voces llaman[609] diciendo
O dulcis Virgo María.[610]

---

[608] «O pia» (*Salve Regina*).
[609] «Ad te clamamus» (*Salve Regina*).
[610] Palabras finales de la mencionada antífona.

c. Presentación[611]

¿Quién es ésta, cielos...?
[626][612]

¿Quién es ésta[613], cielos,
que, niña toda gracias,
entra en el templo?[614]
¿Quién es ésta, montes
que los prados adorna
de nuevas flores?
¿Quién es ésta, valles,
que de luces y aromas
corona el aire?
¿Quién es ésta, flores,
que a su vista se alegran
los horizontes?
¿Quién es ésta, que sale
con tanto esplendor?
¿Quién, que entre cielos y montes,

[611] Esta fiesta recuerda la tradición que recoge el *Protoevangelio de Santiago* (VII, 2-VIII, 1), según la cual María fue llevada muy pequeña al Templo de Jerusalén; allí se habría quedado para el servicio del santuario hasta los doce años, edad en que se desposaría con José. Debido a la índole extrabíblica del suceso, la fiesta fue suprimida por Pío V, pero restablecida por Sixto V (ver Pascher, *El año litúrgico*, trad. Ruiz, 1965, p. 698). En el clima religioso del Siglo de Oro tuvo gran acogida.

[612] ACSB. Portada: «Quién es esta, cielos. A ocho. Para Na. Sa. del Temblor». Hay una segunda portada: «Villancico a cuatro y a ocho para Na. Sa. del Temblor. Primer tono. Quién es ésta cielos. A. 1723». Se trata de una sola obra. Se indican en notas las variantes del manuscrito.

[613] La pregunta está tomada del *Cantar de los Cantares*, 6, 9: «Quién es esta, dijeron, que va subiendo cual aurora naciente, bella como la luna?». En toda la introducción de este poema se halla presente la idea de la aurora: adorna los prados, llena de luces el aire, alegra los horizontes, etc.

[614] En trova: «que entre gracias y glorias toda es portentos».

flores y valles,
se lleva la flor?[615]

Coplas   1. Yo soy la Niña más pura,
en quien la gracia alienta
tantos quilates, que excedo
a todo lo que no es Dios[616],
por quien soy Alba sin sombra,
de claro esplendor[617].

2. Yo soy ave[618], y porque tanto
mi vuelo se remontó
siendo paloma he llegado[619]
al templo a hacer nido hoy[620]
porque soy ave que a el arca
la oliva llevó[621].

3. Yo soy de Dios fortaleza
que conmigo derribó
como en torre de David[622]

---

[615] La flor: «el lustre de cada cosa decimos flor por el resplandor que da de sí» (*Cov*). Para María-Flor, ver nota a la segunda estrofa introductoria de *¡Ah, de la oscura, funesta prisión!*, sección Concepción. Nótese la recolección de estos últimos versos, después de la anterior diseminación.

[616] Comp. Ramos Gavilán: «¿Qué presea tiene Dios fuera de sí de tan grande estima? Si Cleopatra ofreció una piedra preciosa, de mayor precio, de más subidos quilates y de mayor estima es la piedra que hoy ofrecen Joaquín y Ana [...]» (*Historia*, lib. III, Tercer Día).

[617] Para el Alba sin sombra, ver nota a la segunda copla de *¡Hola, hao, ah de las sombras!*, sección Concepción. El manuscrito ofrece la trova: «Yo soy la Aurora brillante / que del primitivo albor / salgo desterrando sombras / dada a la gracia de Dios / por quien soy alba sin sombra / de puro esplendor».

[618] María-ave: ver nota a la cuarta copla de *¡Ah de la obscura, funesta prisión!*, sección Concepción.

[619] Trova de los vv. 3 y 4: «siendo paloma pisé / la cabeza del dragón».

[620] La paloma que encuentra para sí un refugio es imagen que se aplica a sí mismo el salmista, que busca el abrigo del Templo de Jerusalén: «etenim passer invenit sibi domum, et turtur nidum sibi, ubi ponat pullos suos: altaria tua, Domine virtutum» (*Salmos*, 83, 4). Aquí es María quien hace del Templo su morada.

[621] Ver la última nota a ABNB *¡Hola, hao, ah de las sombras!*, sección Concepción.

[622] Alusión a la expresión 'sicut turris David collum tuum' (*Cantar de los cantares*, 4, 4), que se aplica a María. La *Letanía Lauretana* incluye la invocación a la Virgen

la soberbia de Nebrot[623],
porque soy la fuerte muralla
que nunca cayó[624].

4. Yo soy el arca del templo,
en quien el Cielo exigió
tal respeto, que al mirarme[625]
cayó el ídolo Acarón[626],

como «Turris davidica». Ver nota a la décima estrofa de *Pues concebida*, de la subsección Salves.

[623] Ver *Génesis*, 10, 8 ss. Más conocido como Nembrot, que significa «'rebelde'. Hijo de Cush (Chus) y descendiente de Cam. Era un cazador que vivía en Asiria y se consideró como el primer rey poderoso que hubo sobre la tierra. Según la tradición propuso la construcción de la torre de Babel e introdujo la idolatría en Babilonia (Reyre) [...]. Otra variante es *Nemrod*» (DA), y también Memrod. El poeta contrapone la torre de Babel, cuyo móvil es la soberbia, a María, torre de David, que vence con la fortaleza de Dios y la humildad propia. José de Aguilar refiere la ruina de monarquías del pasado diciendo que «amaneciendo entre las violencias de Nembrod, anocheció en las delicias de Baltasar» (*Sermones del Dulcísimo nombre de María*, Sermón segundo, p. 81).

[624] El texto se refiere, en primer lugar al hecho de que María no solamente estuvo inmune del pecado original, sino que además, no cayó en ninguna culpa. Recuérdese que esta pieza está compuesta en honor de Nuestra Señora del Temblor, tal como anuncian las portadas.

[625] Trova de los vv. 3 y 4 de esta copla: «altar para que a mis plantas / cayese el fiero dragón».

[626] El ídolo de Acarón era Beelzebub (*4 Reyes*, 1, 2-16). La voz poética parece referirse más bien a Dagón: en el libro *1 Reyes*, 5, 2 ss, los filisteos de Azoto pusieron el Arca del Testamento en el templo de Dagón, cuya estatua cayó derribada, a lo que sigue una gran mortandad en Azoto. Poco después envían el arca desde Azoto a Acarón, otro pueblo de filisteos, el cual manifiesta su temor de que se produzcan las mismas calamidades a causa de la presencia del arca (*1 Reyes*, 5, 10 ss).

porque soy arca en quien guarda
su tesoro Dios[627].

---

[627] Es frecuente en los textos referidos a la fiesta de la Presentación la figura del arca para designar a María, con paralelismos con las Arcas del Antiguo Testamento: la de Noé y la de la Alianza con el pueblo de Israel. Sor María de Jesús de Ágreda, por ejemplo, escribe que cumplidos los tres años «determinados por el Señor, salieron de Nazareth Joaquín y Ana, acompañados de algunos deudos, llevando consigo la verdadera arca viva del testamento, María Santísima, en los brazos de su madre, para depositarla en el templo santo de Jerusalén» (*Mística ciudad de Dios*, Parte I, lib. III, cap. I, n. 420). Ramos Gavilán: «hay opinión de doctores gravísimos, que después de presentada en el Templo, se crió todos los días de su niñez dentro del Sanctasanctorum, donde sólo estaba el arca del Testamento, y allí era sustentada por manos del Sumo Sacerdote; y era galana contraposición, que las dos arcas, una material y otra espiritual, la una tenía en guarda el Maná, manjar al fin corruptible, y la otra prevenía Dios para el Maná manjar verdadero para las almas [...]» (*Historia*, lib. III, Tercer Día). Y José de Aguilar: «En el tabernáculo, cerca del arca mandó Dios poner la vara de Aarón [...]. La vara, dicen todos los santos, es figura de la Cruz. Luego el Arca, cerca de la Vara, es María Santísima cerca de la Cruz» (*Sermones del Dulcísimo nombre de María*, Sermón séptimo, p. 284).

d. Expectación[628]

En competencia armoniosa
[283][629]

En competencia armoniosa,
hoy los cisnes y jilgueros[630]
con dulces requiebros,
con cláusulas tiernas
y acordes cadencias
festejan de María
hoy su admirable expectación.

Coplas[631]   1. Las dulces aves canoras,

---

[628] La Iglesia celebra la fiesta de la Expectación en uno de los días de la última semana de Adviento, es decir, estando inminente la fiesta del nacimiento de Cristo. La Monja de Ágreda, al hablar de esa espera de María, refiere que entre sus ocupaciones «padecía un deliquio, causado por la fuerza y violencia de su mismo amor: porque con verdad pudo decir lo que por ella dijo Salomón en nombre de la esposa: *socorredme con flores, porque estoy enferma de amor*» (*Mística ciudad de Dios*, Parte II, lib. III, XIV, n. 184).

[629] ACSB. Portada: «Cuatro con violines. A la expectación, siendo vicaria María Isidora Torres. El año de 1782».

[630] Hay diversas tradiciones griegas y romanas que a partir de la metamorfosis de personajes llamados Cicno en cisne lo asocian al canto. Diego Dávalos remite al relato de Ovidio, según el cual Cicno es objeto de tal transformación debido a su llanto por la muerte de Faetonte (*Met*, II, 367 y ss.). Dávalos: «[...] es el cisne aficionado a la música en tal manera, que los que los quieren cazar se van a donde presumen haberlos, y cerca de los nidos con cítaras y otros instrumentos tañen acordadamente, y los nuevos cisnes, inclinados a la suavidad y forzados de la armonía se van y ofrecen a los que los buscan. Por lo cual los escritores llaman a los consumados poetas cisnes, y asimismo han dicho ser esta ave consagrada a Apolo, padre de las Musas» (*Miscelánea austral*, Coloquio XXIII, f. 96v.). El jilguero también es metáfora del poeta-amante (ver *Corazón deshecho al aire* en la sección de letras de amor).

[631] Hay incoherencia en el orden de las coplas: la parte del Tiple segundo indica como tercera la copla que en la parte de Alto dice ser la segunda. El Tiple primero reclama el segundo lugar para la tercera. Pero el orden más razonable es, a mi

al darnos Rocío el Alba[632],
trinan suaves canciones
y con gorgeos le cantan.
Ríen, vuelan, corren y saltan[633],
porque viendo este día
de amor se abrasan.

2. Con acorde melodía,
ruiseñores y calandrias
al que en su vientre encierra
María soberana,
ríen, vuelan, corren y saltan
porque viendo este día
de amor se abrasan.

3. Cantemos todos unidos
de María la pureza
pues en su vientre contiene
a Dios, que es suma grandeza.
Ríen, vuelan, corren y saltan
porque viendo este día
de amor se abrasan.

entender, el que deja la copla en la que aparece la primera persona del plural en último lugar.

[632] Para el rocío y la aurora como metáforas de Jesús y de María, ver nota a la tercera estrofa introductoria de *Parabienes, zagalejos*, sección Concepción.

[633] La Monja de Ágreda también introduce este elemento al hablar de la Expectación: «Y tal vez por darla algún alivio visible, por el mismo imperio del Señor venían a visitarla muchas avecillas; y como si tuvieran discurso, le saludaban con sus meneos, y la daban concertadísima música a coros [...] Señaladamente sucedió esto luego que concibió al Verbo Divino [...]». Otra visita de aves viene descrita en la Parte II, lib. IV, cap. IV, n. 431.

¡Ángeles supremos…!
[1106][634]

¡Ángeles supremos,
gustosos descended!
¡Celestes moradores,
ligeros venid
a ver a un niño Dios!
Y en júbilos acordes,
en ecos sonoros,
todos juntos a coros
cantad el prodigio,
decid sus maravillas
en santas competencias[635];
gritad sus muchas excelencias[636],
pues ya viene el Deseado[637],
Mesías prometido,
a salvar el mundo

---

[634] ACSB. La portada dice: «Tres con violines a la descensión [?] de nuestro Señor por el Señor Maestro don Manuel Mesa, Maestro de Capilla de esta Metropolitana Santa Iglesia. Año de 1761». Otra mano añade: «También para San Carlos». El texto que aquí transcribo corresponde a unas trovas bajo el texto base, que por ser navideño será objeto de otra publicación. Señalo trovas.

[635] Competencia: «disputa, contienda o concurrencia de dos o más personas a una cosa que se pretende» (*Aut*).

[636] A partir de aquí otra trova dice «pues ya se aplaude / a Carlos prodigioso / pues sus maravillas / asombra el orbe».

[637] Deseado: «es otro epíteto del Mesías. Juan de Ávila, en un sermón de Adviento, comenta este epíteto con extensión, *OC*, II, pp. 80-81: 'sepáis que el nombre de Jesucristo es el deseado de todas las gentes [...] ¿Cómo se llama Cristo? Desideratus cunctis gentibus. ¡Qué lástima es ver que sea Dios poco amado y deseado! [...] ¿Quién no pierde el sueño por ti? Mi ánima te desea de noche. Anima mea desideravit in nocte. Spiritu meo in praecordiis meis de mane vigilabo ad te, dice Esaías [...] El nombre de Jesucristo es el Deseado de todas las gentes [...]'. La expresión citada por el Beato Ávila procede de la profecía de *Ageo*, 2, 8: 'Y pondré en movimiento las gentes todas: porque vendrá el deseado de todas las gentes'» (DA).

como piadoso.
No se excuse festín
por todo el confín
en santas competencias.

Coplas   1. Tu expectación peregrina[638]
sola ella es, a mi frenesí[639],
en el diciembre crüel
flores más bellas que abril[640].

2. Si vuestros campos se adornan
con lo vivo del matiz,
María aguarda en un Pimpollo[641]
un encendido carmín[642].

3. Si vuestras riberas posan
perfumes del alhelí[643],
fragancias lograr espera
María en el mejor Jazmín[644].

[638] Otra trova dice «Tu asunción peregrina [...]».

[639] Frenesí: «metafóricamente vale disparate, o capricho tenaz» (*Aut*). Aquí es el deseo, que comparte con María el poeta, de que nazca Jesús. Ramos Gavilán considera los deseos de la Virgen por ver nacer a su Hijo: «¿Qué deseos os nacerían de aquí, de verle con vuestros ojos [...] besarle con vuestra boca y darle vuestros pechos? ¿Con qué afecto ofreceríades todo esto, y todo vuestro amor y cuidado al servicio de vuestro Hijo? Pues ¿quién dirá las hablas interiores que teníades con él representándole vuestros deseos, pidiéndole aquel beso de su boca de los Cantares [...]?» (*Historia*, lib. III, Sexto Día).

[640] Abril: ver nota a la cuarta estrofa de *La rosa en su matiz*, en la sección de Letras de Amor.

[641] Referencia a Jesús.

[642] Suele aplicarse en lenguaje poético al color del rostro (ver *Aut*).

[643] Los alhelíes son flores olorosas, en especial los amarillos (ver *Aut*).

[644] Otra referencia a Jesús. Ver nota a *Copia el Sol a candores*, en la sección Concepción.

e. Dolorosa

No suspires, no llores
[514][645]

No suspires, no llores
reina del Empíreo[646]
que tu llanto de perlas,
que tus suspiros me anegan,
me abrasan ya los sentidos;
pero llora, suspira,
reina del Empíreo
pues tus lágrimas tiernas
son por mi alivio.

Gima el orbe pues que mira
ser de la Aurora el desmayo[647],
con cuyos tristes afectos

---

[645] ACSB. Portada: «Dúo. No suspires a Soledad. De Doña María Navarro». María Luisa Navarro, a los 16 años de edad tomó el hábito de velo negro en el Monasterio de Santa Clara de La Plata el 11 de agosto de 1720, junto con su madre Da. Inés Hinojosa. La Abadesa les dio este hábito aunque «no trajo alimentos ni cera ni tampoco dote, porque la Abadesa y demás religiosas recibieron cuenta por la destreza de música que dicen que saben» (citado por Tórrez, 2000, p. 132). En otros ítems también viene el nombre de María Navarro: por ejemplo un *Tres a la fiesta del Corpus* (ABNB 271), y en otros, acompañando los de compositores conocidos (ABNB 962 y 977). Queda mucho por rastrear de actividad musical en casas de religiosos y religiosas. Andrés Orías Bleichner (Universidad de Ginebra) es quien investiga esta actividad en el Monasterio de Nuestra Señora de los Remedios de Chuquisaca (hoy Santa Mónica). Un avance de su estudio es «Las sirenas de la antigüedad clásica acogidas por el mundo andino; la sirena como símbolo de un monasterio femenino en Chuquisaca».

[646] Ver nota a *¡Ah de la oscura, funesta prisión!*, sección Concepción.

[647] El dolor de María al pie de la Cruz es objeto de reflexión por parte de innumerables autores. La Monja de Ágreda refiere que «sintió asimismo la purísima madre todos los dolores de las heridas y tormentos de su hijo [...]; como a esta pena se

los astros se han eclipsado⁶⁴⁸;
lloren los montes, las selvas,
las flores, los valles, los prados⁶⁴⁹.

Llore el centro, pues María,
mar de gracia⁶⁵⁰ toda es llanto:

juntaba la del corazón de ver padecer a Cristo nuestro Señor, vino la Santísima Madre
a llorar sangre viva [...]» (*Mística ciudad de Dios*, Parte II, lib. VI, cap. XIV, n. 264). El
manuscrito dice «ver de la Aurora [...]», lo que considero errata.

⁶⁴⁸ El *dolor* expresado por los seres inanimados al estar clavado Jesús en la Cruz
aparece en el Evangelio; en *Mateo* 27, 45 (textos paralelos en *Marcos* 15, 53 y *Lucas*
23, 44-45) se menciona el eclipse de sol mientras Jesús estaba en la Cruz: «A sexta
autem hora tenebrae factae sunt super universam terram usque ad horam nonam». El
poeta asocia tales fenómenos también al dolor de María, que ve morir a su hijo en
la Cruz. Rivadeneyra anota: «¿Cómo estarían sus dos ojos [de María] cuando el sol
y la luna, que son como los ojos del cielo, se eclipsaron por no ver tan triste espectáculo, o por llorarle a la manera que podían?» (FS I, 446b).

⁶⁴⁹ Los demás fenómenos sólo se encuentran en *Mateo* 27, 51: «[...] et terra mota
est, et petrae scissae sunt...». Por lo demás, el poeta hace uso de un recurso habitual
en los textos del Renacimiento y del Barroco: el llamado a los elementos de la naturaleza a que se hagan eco de los sentimientos. Comp.: «Llorar la tierra, el ayre y
mar devría / el orbe llore, y dél lo que no siente, / pues dava a todo ser Doña María»
(Dávalos y Figueroa, *Miscelánea Austral*, Coloquio XXVI, f. 108; se trata de una ele-
gía a la muerte de doña María Manrique, vv. 31-33).

⁶⁵⁰ Dice Ramos Gavilán: «Llámanla también los doctores Mar, porque así como
en su altura no tiene fondo, ni hay quien le pueda sondar, así la Virgen es un mar inmenso, como le llamó Dionisio [Pseudo Areopagita] 'Mare gratiarum'»(*Historia*, lib.
II, cap. VII). José de Acosta, que gusta enormemente de jugar con los nombres, asocia el mar con María desde el tercer día de la creación: «¿No advertís que habiendo
aguas en el primer día de la creación del mundo, tan favorecidas de Dios que, carro
de cristal se deja llevar de ellas, *et Spiritus Dei ferebatur super aquas*, no les pone nombre? Que habiendo aguas en el segundo, ya unidas, *fiat firmamentum in medio aquarum*,
ya divididas, *et dividat aquas ab aquis*, tampoco les pone nombre? Sí, pues oíd en el
tercero el nombre que les pone: *Congregationes aquarum apellavit MARIA*» (*Sermones
del Dulcísimo nombre de María*, Sermón primero, p. 14). El mismo autor vuelve repetidas veces a la misma asociación; con ocasión de los dolores de la Virgen: «¿Porqué
el nombre que había de ser de su santísima Madre quiso que fuese tanto antes nombre con que se nombrasen las aguas? Si no me engaño, ya alcanzo la razón: ¿en las
aguas no se significan los tormentos, las amarguras, las penas y dolores? Sí. Dice el
mismo Espíritu Santo: *Intraverunt aquae usque ad animam meam* (*Salmos*, 68, 2), *id est,
amaritudo, et dolores*, dicen todos los intérpretes. Pues para que se reconozca que el
principal significado del nombre de María es sus dolores, y se vea la proporción que
tiene ese sagrado nombre con los dolores y penas, por eso lo aplicó Dios, no al fue-

conmuévase la tierra
al riesgo de su contacto;
gima el orbe, sí, al ¡ay!
de sus suspiros.

go, no al aire, no a la tierra, sino a las aguas, en que están ideados los dolores [...]»
(*Sermones del Dulcísimo nombre de María*, «Sermón séptimo del Nombre de María y
fiesta de la Soledad y Dolores de esta Santísima Señora [...]», predicado en
Cochabamba, en 1694).

¡*Oh, dolor...!*

[526][651]

¡Oh dolor y lo que cortan
tus bien aguzados filos[652],
pues hieren en lo sagrado
penetran a lo divino![653]
¡Jesús, María[654],
qué ahogo, qué delirio!
¡Convóquense los males,
tormentos y martirios!
¡Jesús, María,
qué llanto, qué gemido!
¡Convóquense las ansias,
sollozos y suspiros!
¡Ay, dolor mío!

---

[651] ACSB. Portada: «Para Nuestra Señora de los Dolores. Año de 1748». Ocho voces.

[652] Los siete dolores de la Virgen suelen representarse con siete agudas espadas que atraviesan su corazón. La lista puede variar según los autores; «para algunos eran sólo momentos de la Pasión, mientras que para otros se repartían a lo largo de la vida de la Virgen e infancia y vida pública de Cristo» (Domingo Sánchez-Martín Mesa, *Los temas de la Pasión*, p. 171); el autor citado recuerda que en tiempos de Carlos V nació en Holanda una Hermandad de los Siete Dolores de María, que se propagó en los Países Bajos y en Europa, motivo por el cual tuvieron enorme difusión los escritos sobre esta devoción. También señala que la concreción de los pasajes de la vida de Cristo y de María referidos a los Siete Dolores dio lugar a cinco grupos diferentes y simultáneos. El que prevaleció, también en pinturas y grabados de los siglos XVII y XVIII, coincide con el primero que expone Rivadeneyra: 1. las palabras del profeta Simeón; 2. la huída a Egipto; 3. el Niño perdido; 4. encuentro con Jesús con la cruz a cuestas por las calles de Jerusalén; 5. la Crucifixión; 6. Jesús muerto, depositado en sus brazos por José de Arimatea y Nicodemo; 7. los mismos personajes se lo quitan para enterrarlo (FS I, 442b).

[653] Contrapuesto a «lo humano». No se trata de un dolor físico sino moral, que es a la vez sobrenatural y extraordinario.

[654] El manuscrito está indicado «Despacio», como didascalia.

Coplas   1. Quien busca alivio al dolor
desestima los martirios,
que a las penas bien nacidas
las acredita el sentido[655].
¡Ay, dolor mío! Alienta, respira,
vive de mi llanto y mis suspiros.

2. Que por eso, en el silencio
de María[656], los gemidos
dicen más de lo que dicen,
pues blasonan de infinitos.
¡Ay, dolor mío! Alienta, respira,
vive de mi llanto y mis suspiros.

3. Hasta el alma de su vida
llegó el penetrante filo[657];
y le calla, porque quiere
padecerle más activo[658].
¡Ay, dolor mío! Alienta, respira,
vive de mi llanto y mis suspiros.

4. Pedir socorros al agua
hace que el fuego, por tibio,

---

[655] Sentido: «Se usa también por el entendimiento o razón, en cuanto discierne las cosas [...]. Se llama también el modo particular de entender alguna cosa, o el juicio que se hace de ella» (*Aut*). María acompaña a Jesús en la Pasión como «mujer fuerte» en el sufrimiento, como se verá enseguida.

[656] Silencio de María: «entre tantos dolores y penas estaba María Santísima como una firme columna combatida de diversos vientos [...] y así no se ha de entender que la Virgen padeció en la pasión y muerte de su Hijo desmayo ni enagenación del sentido» (FS I, 448a).

[657] En el Evangelio de *Lucas*, 2, 35, el anciano Simeón predice a María que su alma sería atravesada por una espada, para que fueran revelados los pensamientos de muchos corazones. La exégesis ha visto en esta profecía el dolor de María al pie de la Cruz. De igual modo la liturgia, en el himno de inspiración franciscana (atribuído durante mucho tiempo a Jacopo da Todi, + 1306) que se canta en las Vísperas de los Siete Dolores: «Cuius animam gementem, / contristatam et dolentem / pertransivit gladius». En la colección de códices corales de la Catedral de La Plata, vol. LP4, ff. 11v.-14; ver Seoane y otros, 2000, vol. II, p. 5).

[658] «No huía María de la Cruz en que estaba su Hijo clavado; antes se acercaba a ella, aunque veía cuántos dolores le ocasionaba su cercanía, deseando padecer más y morir por quien tanto padecía por ella» (FS I, 448a).

dé informaciones de cera,
y olvide lo combustivo[659].
¡Ay, dolor mío! Alienta, respira,
vive de mi llanto y mis suspiros.

5. Y por eso la divina
Filomena, en su martirio,
calla dolor execrable,
oprime mal excesivo[660].

[659] La cera es substancia poco consistente, cuyas características hacen de ella una antítesis del fuego, que es figura del amor. En la Sagrada Escritura: «Sicut fluit cera a facie ignis, sic pereant peccatores a facie Dei» (*Salmos*, 67, 3); «Montes sicut cera fluxerunt a facie Domini» (*Salmos*, 96, 5). Lo que se escribe en tablas de cera puede borrarse con facilidad. Se llama cera metafóricamente «todo lo que es suave, blando, tierno, dócil, flexible y fácil. [...] Escribir en cera: además del sentido recto significa olvidarse uno del beneficio recibido» (*Aut*). La voz poética prosigue en la consideración comenzada en la primera copla: la pena nace del amor, significado con el fuego, y el valor de éste es tan subido que resulta fuera de lugar el deseo de apagar la pena (pidiendo «socorros al agua»).

[660] Filomela es mujer mitológica. Fue transformada en golondrina según las tradiciones griegas. Como su nombre se asocia con el amor a la música, según los autores latinos fue metamorfoseada en ruiseñor. En la poesía castellana su nombre aparece cambiado por «Filomena», y es objeto de innumerables referencias. Una extensa obra de Lope de Vega, *La Filomena*, que fue publicada en Madrid en 1621 relata, siguiendo a Ovidio en sus *Metamorfosis*, la historia del personaje: Filomena es forzada por el tracio Tereo, quien está casado con la hermana de ésta, llamada Progne. Filomena anuncia que delatará la acción, y el bárbaro Tereo le corta la lengua y la abandona, quedando ella al cuidado de unos pastores. Privada de voz, Filomena recurre a otro medio de expresión: borda en una tela la historia de sus ultrajes, y la hace llegar a su hermana. Ésta, que la había creído muerta, acude a donde está Filomena, y entre las dos traman la venganza: dan muerte al hijo de Tereo y se lo dan a comer guisado. Cuando el tracio ha comido el plato, y manda llamar a su hijo, Progne le hace saber que «anda en tus venas», a la vez que aparece Filomena y le arroja la cabeza del niño. Perseguidas por el enfurecido Tereo, se lanzan desde un balcón, y en el acto son transformadas en aves. Progne queda convertida en golondrina, y Filomena —para compensar su anterior desdicha— en ruiseñor. Hay también una tradición mística relativa al ave: San Buenaventura (+1274) dice que «por el cántico del *Magníficat*, que aventaja en suavidad y sublimidad a los cánticos de todos los profetas, es comparada María al ruiseñor, cuyo brillante canto eclipsa el de otras aves» (citado por Navás, 1904, p. 235); Gersón (+1429) también utiliza esta figura, que tuvo gran acogida entre escritores españoles y americanos de espiritualidad del siglo XVI, principalmente Fray Luis de Granada y San Juan de la Cruz. Este último lo utiliza para describir el

¡Ay, dolor mío! Alienta, respira,
vive de mi llanto y mis suspiros.

estado del alma en «primavera», es decir, cuando ésta ya se encuentra libre de las tur-
baciones temporales. En *Cántico* dice que el canto de la filomena «se oye en primavera, pasados ya los fríos [...] y hace melodía al oído y al espíritu recreación» (CB,
39, 8, en las *Obras Completas* editadas por Eulogio Pacho); el canto corresponde al
Esposo (Cristo) y a la Esposa (el alma). Nuestro poema se refiere, principalmente, al
estado de Filomena hermana de Progne cuando se encuentra privada de voz.

Pura azucena
[607][661]

Pura azucena divina[662],
¿Dónde se fue tu belleza?
¿porqué os veo tan marchita
cercada de tantas penas?

¡Oh, Luna llena de penas!
que la ausencia de tu Sol
lloras, Aurora divina,
con perlas de gran valor[663].

No lloréis, alivio, mío,
consuelo del alma mía.
Yo lloraré, pues soy la causa
de que estéis tan afligida.

Mis ojos prevengan fuentes[664],
para llorar noche y día
la falta de su belleza,
de sus luceros la vista[665].

Lloren mares, viertan ríos
pues te ven llena de penas,

---

[661] ACSB. Sin portada. Dos voces.

[662] La azucena, como ya se dijo (ver nota a *Copia el Sol a candores*, en la sección Concepción), es símbolo de pureza.

[663] Esta estrofa contiene dos figuras marianas de larga tradición. En primer lugar, la de María-Luna (ver nota a la sexta copla de *Siempre, Purísima, te adoraré*, sección Concepción), quien sufre un eclipse a causa de la muerte de Jesús-Sol. Después, la de María-Aurora, cuyas lágrimas son perlas (ver notas a la copla sexta de *Cayósele al Alba*, ambas de la sección Epifanía; para las lágrimas-perlas, nota a la segunda copla de *Cuando nace aquesta Aurora*, sección Natividad).

[664] Prevenir: «preparar, aparejar y disponer con anticipación las cosas necesarias para algún fin» (*Aut*).

[665] Los luceros son Jesús-Sol y María-Luna, cuya falta es motivo para el llanto diurno y nocturno (sin Sol la Luna no puede brillar).

que enterneces a las flores,
a los cielos y a la tierra[666].

Marchitas todas las flores
acompañen tu dolor,
porque les falta el esmalte
de fragancias y candores[667].

Si mis culpas son la causa
de ese penoso dolor,
acompañen mis suspiros
al llanto del corazón.

[666] Los elementos y seres de la naturaleza son convocados para unirse al dolor de María. Ver notas a *No suspires, no llores*, primero de esta sección.
[667] Como se vio anteriormente, la luz y la fragancia son efectos de la aurora.

f. Asunción

¡Afuera, afuera, nubes!
[17]⁶⁶⁸

¡Afuera, afuera, nubes!,
¡afuera, afuera astros!,
¡desvíense las sombras,
el sol, luna y estrellas!⁶⁶⁹,
que María asciende
al solio de su grandeza.
Llegad a recibirle
Angeles, Arcángeles,
Virtudes, Potestades,
Dominaciones,
Querubines, Serafines⁶⁷⁰,
que vuestra Reina llega.

---

⁶⁶⁸ ACSB. Portada: «Para la Asunción de Na. Sa. Sexto tono a ocho. Violines. Afuera, afuera, 1737». La primera transcripción de esta pieza se halla, de manera parcial, en Seoane-Eichmann, 1993, p. 75. En 1996 fue grabada en el CD del Ensemble Elyma *Musique à la royale Audience de Charcas*, en el que aparece la atribución a un músico de apellido Flores.

⁶⁶⁹ En la *Mística ciudad de Dios* se lee que «la mayor maravilla que sucedió en el general sentimiento y mudanza de todas las criaturas fue, que por seis meses antes de la muerte de María Santísima, el sol, luna y estrellas dieron menos luz que hasta entonces habían dado a los mortales: y el día del dichoso tránsito se eclipsaron, como sucedió en la muerte del Redentor del mundo» (Parte III, lib.VIII, cap. XVII, n. 706).

⁶⁷⁰ San Isidoro de Sevilla explica que «las sagradas escrituras nos hablan de nueve órdenes de ángeles, a saber: ángeles, arcángeles, tronos, dominaciones, virtudes, principados, potestades, querubines y serafines» (*Etimologías*, lib.VII, cap.V, n. 4), cada uno de los cuales tiene asignado determinado oficio. Gisbert (1999, p. 105) hizo notar las similitudes existentes entre esta enumeración de seres angélicos con la iconografía de la zona andina en retablos y pinturas; tanto la expresión poética como la plástica muestran la relación de los ángeles con los astros y fenómenos celestes. Esta relación pertenece al mundo clásico y también (a partir de la sustitución del culto a los astros,

¡Afuera, afuera!
¡Resplandeciente en virtudes,
triunfando de la muerte, ya se eleva![671]
Llegad a recibirle
con órganos famosos,
resuenen sus trompetas
en músicos coros
cromáticos[672], dulces
sostenidos graves[673],
acordes cadencias[674].
¡Afuera, afuera, nubes! [etc.]

etc. por el de los ángeles) al mundo andino, en el que se dieron expresiones completamente novedosas, como los ángeles arcabuceros en representaciones cercanas al lago Titicaca.

[671] El resplandor de las virtudes y la elevación al cielo vienen descritos por la Monja de Agreda en relación con las imágenes del Apocalipsis: «Luego que fue levantada María Santísima de la tierra donde estaba, por manos de seis serafines [...] y puesta en una refulgente nube, la colocaron al lado del mismo trono que su Hijo Santísimo. Y de su propio ser y divinidad salió un resplandor inefable y excesivo que toda la rodeó y vistió, como si fuera el globo del mismo sol. Pareció también debajo de sus pies la luna, como quien hollaba todo lo inferior, terreno y variable que manifiestan sus vacíos. Sobre la cabeza la pusieron una diadema o corona real de doce estrellas, símbolo de las perfecciones divinas que se le habían comunicado en el grado posible a una criatura. Manifestaba también estar preñada del concepto que en sí tenía del ser de Dios, y del amor que le correspondía proporcionadamente. Daba voces, como con dolores de parto de lo que había concebido, para que lo participasen todas las criaturas capaces, y ellas lo resistían, aunque ella lo deseaba con lágrimas y gemidos» (*Mística ciudad de Dios*, Parte III, lib. VIII., cap. VII, n. 515).

[672] «Músicos coros cromáticos»: el cromatismo consiste en emplear los semitonos que se intercalan en la escala diatónica, lo cual permite hacer melodías de suma expresividad. En Europa comenzó a cultivarse a partir de Adrián Wallaert (+1550) y su discípulo Cypriano de Rore. Gesualdo da Venosa (+1614) es de los primeros que le confiere gran desarrollo. El *Clave bien temperado* de Bach está entre las obras de amplia difusión con gran presencia de cromatismo.

[673] «Dulces sostenidos graves»: como se dijo, el cromatismo consiste en la utilización de los semitonos. El sostenido levanta un semitono la nota escrita en el pentagrama.

[674] La cadencia es la suma de arsis y tesis según un patrón rítmico.

Coplas[675]

1. La Aurora[676] más pura
de variedad vestida
con esmaltes de oro,
sola electa de Dios
y la escogida.
¡Afuera, afuera, nubes! [etc.]

2. Asunta a coronarse
por la Deidad divina
la colocan en solio
como a Templo de tres
Personas divinas[677].
¡Afuera, afuera, nubes! [etc.]

3. De la Redención Madre
que a los cautivos libra[678]

[675] Las coplas son cantadas a dúo por los dos Tiples del primer coro. Sus partes respectivas llevan los nombres de los intérpretes, Ignacio y Eustaquio.

[676] Ver notas al estribillo de *Los negrillos de los reyes* y a la copla sexta de *Cayósele al Alba*.

[677] Ramos Gavilán hace una larga serie de paralelismos entre el Templo de Jerusalén y María: «En María tuvo su corte Dios, es silla de toda la Santísima Trinidad, que la llamó así, porque desde el día en que entró en ella por grande, asistió tan de asiento, que desde el primer instante de su Concepción no se ha levantado de ella; si Jerusalem con la asistencia de Salomón y con su templo quedó ilustre, no puede por esa parte frisar con nuestra Jerusalem divina, que si allí había un templo, acá todo es templo María; allá asistió la sombra, acá el cuerpo, allá la figura, acá lo figurado, allá el retrato, acá el original, allá el Maná, acá el Pan de vida, allá la ley, acá el legislador, allá la vara de Aarón, acá la de Jessé, allá el propiciatorio, acá la propiciación, allá los dos Serafines, acá el que los crió a todos, allá el incienso y la timiama, acá los aromas y perfumes de la verdadera santidad; y en conclusión, si allá sacrificaba el Sacerdote Sumo, aquí se ofreció en sacrificio el Sumo Sacerdote Dios, y porque en nada falte la semejanza, en aquel templo no se oyó golpe cuando se edificó, y en este templo dicho, cuando la culpa iba a hacer el golpe, se puso de por medio Dios [...]; el cielo se conmueve cuando este templo nace, y los Angeles todos le dicen himnos, le entonan versos, le cantan motetes y chanzonetas» (*Historia*, lib. III, Segundo Día).

[678] Referencia a la orden de Redención de Cautivos. Esta copla delata la posible utilización de la obra en el templo de la Merced. Los Mercedarios están entre los primeros religiosos que llegaron a Chuquisaca, probablemente como capellanes de Gonzalo Pizarro. El fundador de La Plata, Pedro de Anzúrez donó el solar de un manzano para la edificación del convento y de la iglesia; en 1541 ya funciona la Cofradía de Nuestra Señora de la Limpia Concepción, y en 1550 tanto la iglesia como el con-

y al gran Padre Nolasco[679]
de sus pechos le dio
la mejor Vida[680].
¡Afuera, afuera, nubes! [etc.]

vento estaban ya acabados. En 1559 tenían los mercedarios casas en Arequipa, La Paz y La Plata, así como un asentamiento en Potosí. Permanecieron en estos territorios hasta 1826, en que fueron expulsados por Antonio José de Sucre (ver García Quintanilla, 1964, vol. II).

[679] Pedro Nolasco nació en Toulouse un 1° de agosto, «día de las cadenas de San Pedro, en cuya veneración se le dio el nombre de Pedro en el bautismo; y parece que el nacer en tal día fue presagio de que nacía para romper las cadenas de los cautivos cristianos» (FS I, 305 b). En los primeros años del siglo XIII restauró una congregación para la redención de cautivos que había sido fundada por Alfonso II de Aragón, de la que quedaba solo el nombre. Pedro II le encargó el gobierno de la misma, que se llamó Congregación de Na. Sa. de la Misericordia. Los recursos los conseguía pidiendo de viva voz limosna por las calles de Barcelona. Pudo organizar varias redenciones masivas de cautivos que estaban en tierras musulmanas. A la vez, fue un gran movilizador de recursos para socorrer las hambrunas en Cataluña. En una ocasión en que no bastaba la suma recogida para rescatar en Valencia un contingente de prisioneros, oyó unas palabras de la carta de San Pablo a Timoteo; entendiendo con ellas que se le pedía imitase al Redentor del mundo, quedándose cautivo por dar libertad a los cautivos, quiso venderse públicamente por esclavo. Pedro de Aragón, para evitarlo, completó la suma. Años más tarde (1218) fundó la orden de los Mercedarios, con la ayuda del rey Jaime I, quien quiso que fuera una orden militar; de ese modo entraron muchos caballeros de la ya existente Congregación de la Misericordia. A los tres votos tradicionales se añadió el de redimir cautivos «y quedar por ellos como rehenes si la necesidad espiritual lo pidiese» (FS I 314a). «Padeció en varias ciudades de África crueles tormentos por la redención de algunos cautivos que estaban ya resueltos a dejar la fe, y por la conversión de muchos moros» (FS I 315a). Lo dicho aquí (junto con otros sucesos) es celebrado por Lope de Vega, quien se dirige al santo como a «segundo Redentor, segundo Cristo» (*La Vega del Parnaso*, f. 147).

[680] Rivadeneyra dice repetidas veces que la Virgen María regalaba a Pedro Nolasco «como a hijo muy querido», sin especificar el modo (I, 305 y ss).

Altos olimpos
[102][681]

Altos olimpos[682], claros luceros[683],
bellos planetas, orbes excelsos,[684]
oíd, escuchad, atended sacros misterios,
que María pisa brillante[685] orbes amenos,
mendigando sus luces
todos los cielos[686].

Claras antorchas, cristales bellos,
luces amenas del firmamento
oíd, escuchad, atended sacros misterios

---

[681] ACSB. Sin portada. Cuatro voces.

[682] San Isidoro de Sevilla anota que este monte de Macedonia es muy elevado, «hasta el punto que las nubes están bajo de él [...]. Se dice Olimpo como si dijera *Ololampus*, esto es, como cielo» (*Etimologías*, lib. XIV, cap. VIII, n. 9). Se suele utilizar, por ello y por considerarse sede de los dioses de la antigüedad clásica, como figura del cielo, asiento de la divinidad.

[683] Lucero: «se llama también cualquier estrella grande y brillante» (*Aut*). En la siguiente estrofa se les llamará «antorchas».

[684] Cada planeta preside un orbe celeste o esfera (ver nota a *¿Quién llena de armonía las esferas?*, sección Concepción). Más allá de los planetas y de la esfera de las estrellas fijas (Firmamento), se encuentran los tres orbes más excelsos: el Cristalino, espacio diáfano por el que pasan a las esferas inferiores las luces del Empíreo, el Primum Mobile, cuyo movimiento es el que anima el de los demás cielos corpóreos, y el Empíreo o cielo sobrenatural, lleno de luz intelectual alimentada por el amor al verdadero bien, que excede todo deleite.

[685] Pisa brillante: recuérdese la figura de María vestida de sol, la luna a sus pies, y con corona de doce estrellas, que proviene de la visión de Juan narrada en el *Apocalipsis*, 12, 1, que sin duda es base de inspiración de este poema: «Et signum magnum apparuit in caelo: Mulier amicta sole et luna sub pedibus eius, et in capite eius corona stellarum duodecim».

[686] Es frecuente ver en prosopopeya a los cielos y astros pidiendo luces a María. En el *Coloquio de los Once Cielos*, ed. Eichmann, 2003, la Música anima a los Cielos con estas palabras: «venid, cielos, a pedir / prestadas luces aquí, / que María, hoy, al salir, / luces viene a repartir».

que María llena luciente todos los cielos
de brillantes, gustosos,
claros reflejos.

Líquidas ondas, dulces jilgueros
célebres astros, montes soberbios
oíd, escuchad, atended sacros misterios
que María sube al Olimpo sobre los vientos[687]
celebrando sus glorias
dulces gorgeos.

Aguas profundas, fuegos excelsos,
tierras floridas, céfiros vientos[688],
oíd, escuchad, atended sacros misterios
que María, Reina divina de orbes eternos,
en su Asunción gobierna
los elementos.

[687] Esta imagen remite a *Salmos*, 17, 11, en que se dice que Dios se eleva sobre las alas de los vientos («et ascendit super cherubim, et volavit; volavit super pennas ventorum») y 103, 3, que repite la idea: «qui ponis nubem ascensum tuum, qui ambulas super pennas ventorum». María participa en cuerpo y alma de las cualidades gloriosas de Jesús en su resurrección y ascensión, tal como se promete a todos los justos en la resurrección (ver *Filipenses*, 3, 21). Nótese que la interpelación a los «montes soberbios» corresponde a la acción de María de subir al Olimpo, figura del cielo como antes se dijo, que funciona aquí igual que el Monte del Testamento (o de la Reunión), que «se suponía situado al extremo norte sobre las estrellas de Dios; en él quería asentarse el rey de Babilonia para ser semejante a Dios. Es reminiscencia de la antigua mitología oriental (cananea). *Isaías*. 14, 11-14 [...]. Otras veces parece identificarse con el Sinaí», y se lo utiliza también como imagen metonímica de Dios (nota de Ignacio Arellano y Ángel Cilveti, editores de *El divino Jasón*, al verso 360).

[688] Los cuatro elementos, nombrados en estos dos versos y en los de la estrofa anterior (en ella los jilgueros son metáfora del aire), son convocados a celebrar a María, que es su soberana. Recuérdese que cada elemento tiene su lugar propio o hacia el cual tiende: la tierra (elemento frío y seco) hacia el centro; el agua (frío y húmedo) por encima de la tierra y por debajo del aire (que es cálido y húmedo); el fuego, en la región superior, es cálido y seco. El fuego excelso es la capa de fuego que rodea al mundo sublunar. El céfiro es un viento que procede del occidente (ver nota a la copla segunda de *Ninfas marítimas del grande Océano*, sección Navidad-Guadalupe).

g. Reina

Desde un laurel frondoso
[236][689]

Desde un laurel frondoso
que al cielo eleva la eminente pompa[690],
por cantar hoy las glorias,
dos ruiseñores las cadencias forman,
y con sonoro acento
a competencia sacra se provocan.

Recitado

Ruiseñor 1.º   Ya a esta Reina amante y bella,
                     floreciente candor que se inflama,
                     si aquí, más puro Cielo se ve,
                     feliz Ama, luciente llama,

Ruiseñor 2.º   ni en los polos celestes[691] le alumbrara
                     del farol divino[692]; sirve, esplendor fausto,

---

[689] CJEF. Portada: «Cantada a dúo con dos violines, que están errados en borrador. A Nuestra Señora. Desde un laurel». Esta pieza está transcrita en Seoane-Eichmann, 1993 (texto, p. 70, y partitura, pp. 130-42), y grabada en el CD del mismo nombre. Asigno a los dos Tiples el papel de Ruiseñores.

[690] El escenario que abren estos dos versos es (además de un *locus amoenus*) grandioso, acorde con el motivo celebrado: la realeza de María. Para el simbolismo del laurel, ver nota al recitado de *Triunfe el poder*, en la sección Ascensión.

[691] Los polos celestes son «círculos sobre los que gira el eje» del universo; San Isidoro de Sevilla, *Etimologías*, lib. III, cap. XXXVI, n. 1; ver también lib. XIII, cap. V, n. 5.

[692] La construcción es obscura, a menos que haya alguna errata en el manuscrito. Propongo la siguiente lectura: 'Si ya aquí se ve a esta Reina amante y bella como más puro Cielo, Ama feliz, floreciente candor que se inflama, ni la luciente llama del farol divino puede alumbrarla en los polos celestes', porque excede en mucho a la claridad del sol.

pues hoy de su hermosura la alta esfera
sólo podrá servirle de holocausto[693],

Ruiseñores
1.º y 2.º

que por dejarse ver, por ejercicio,
cuando le anima, luz es sacrificio[694];
cuando sólo a su fúlgido ardor
alegre sirve de sitio real
aquese trono, de luces raudal[695].

Ruiseñor 2.º   Y así, al logro de su alto favor,

Ruiseñor 1.º   el que llega hoy amante a sus pies

Ruiseñores
1.º y 2.º

podrá ser de la gloria inmortal[696].

---

[693] La alta esfera de la hermosura del Sol no es útil sino como ofrenda a la belleza de María. La idea se repite en los siguientes versos, también de redacción difícil.

[694] La parte del Tiple primero dice «Que al dejar por ejercicio / cuando le anima luz lo es sacrificio». El segundo verso de la estrofa parece tener alguna errata difícil de identificar. La puntuación que ofrezco no es segura.

[695] «Aquese»: ver nota a *¡Ah, Señor, que en lo que viertes...!*, sección Desagravios. El Sol, trono, raudal de luces, sirve de sitio real al ardoroso amor de María.

[696] 'El que ama a María podrá ser amante de la gloria inmortal'. En el Tiple primero se lee «al que llega [...]».

h. Nombre de María[697]

No temas, no receles

[865][698]

No temas, no receles, Austria sagrada[699],
pues María te anuncia

---

[697] La fiesta del Nombre de María tuvo su origen, al margen de antecedentes locales (catedral de Cuenca, desde su «purificación de mezquita» por Jaime el Conquistador en 1238) en 1623, cuando Gregorio XV aprobó la Real Congregación del Nombre de María fundada por Fray Simón de Roxas. Por solicitud de doña Mariana de Austria y subsecuente concesión papal, desde 1671 pasó a celebrarse en los reinos de España el día 17 de septiembre. A partir de 1684 la fiesta pasó al segundo domingo de septiembre, para conmemorar la la victoria de Viena (José Rodríguez, *Sermón del Dulcísimo nombre de María*, pp. 13-15). «En la primavera de 1683, Kara Mustafá atacó con un ejército, gigantesco y multinacional, reclutado entre todos los vasallos del imperio otomano. Las tropas de Leopoldo I, desbaratadas, se replegaron sobre Viena, y en julio los turcos empezaron su segundo histórico asedio de aquella capital. Por toda Europa retumbaron aterradoras predicciones sobre las consecuencias de una eventual rendición [...] Pero tras sesenta días de asedio, Viena fue liberada por la victoria de Kahlemberg, obtenida el 12 de septiembre por Juan Sobieski y por el duque Carlos de Lorena» (Pillorget, 1984, p. 309). Fue una victoria clamorosa, tan celebrada cuanto que había provocado enorme zozobra en todos los ánimos. No faltaron expresiones de indignación contra Luis XIV, por su política de neutralidad a cambio de concesiones por parte de los previsibles vencedores. Este poema, al igual que el citado *Sermón* ofrece una interpretación político religiosa de los hechos. Desde 1687, se renovó la festividad en La Plata «después de algunos años que no se hacía» (José de Aguilar, *Sermones del dulcísimo Nombre de María*, Sermón segundo, p. 45), por iniciativa del Presidente de la Audiencia, Diego Cristóbal de Mejía.

[698] ACSB. Portada: «Para el nombre de María». Ocho voces (una faltante). Es obra de Araujo.

[699] La expresión remite al papel atribuído a Austria como defensora de la fe católica. El origen de esta tradición, motivo de numerosas obras literarias, emblemáticas y artísticas, que explica la expresión «Austria sagrada» proviene de la devoción eucarística del conde Rodolfo de Austria, fundador de la estirpe en el siglo XIII; devoción que mantiene Maximiliano, cuarto nieto de Rodolfo; continúa con Rodolfo de

en su nombre[700] trïunfos
y palmas. ¡Toca al arma!
Que si al cielo levanta
los ojos, en huestes aladas[701]
angélicas marchan
las batallas del cielo,
que asisten a la Madre
del Dios de las batallas.
¡Toca al arma!
¡Suenen las cajas!
Pues María en su nombre[702]

Habsburgo, con Felipe IV de España, el Cardenal Infante don Fernando de Austria y Carlos II (ver Introducción al auto sacramental de Calderón titulado *El segundo blasón de Austria*, ed. de Arellano y Pinillos, n. 2). «La casa de Austria, defensora de la fe católica, se identifica siempre con la religión en los autos de Calderón. Calderón enfrenta al Aquilón (viento del norte, símbolo del mal) con el sur o austro, lo que le permite jugar del vocablo y aplicarlo a la casa de Austria» (DA). También se puede recordar, sobre todo para obras dedicadas al Nombre de María, la devoción de la Emperatriz María de Austria, que motivó la composición de un emblema en el *Libro de las honras que hizo el Colegio de la Compañía de Jesús de Madrid a la M. C. de la Emperatriz María de Austria a 21 de abril de 1603* (ver Vistarini-Cull, 1999, n. 1040) en el cual, bajo el anagrama de la Virgen, se leen las palabras *Altitudo, Maiestas, Augusta*. «Austria sagrada» es expresión que también permite comprender que la «concepción político-religiosa que reconocía a los Austrias como defensores de la verdadera palabra de Dios [...], tuvo como consecuencia la consideración de España como el pueblo elegido por Dios» (Roncero, Introducción al auto sacramental de Calderón *El primer blasón de Austria*, p. 40). A todo esto puede añadirse el impacto psicológico producido por el asedio de Kara Mustafá, como ya se dijo arriba. Austria debía ser defendida como algo sagrado, por el hecho de que si era tomada, casi toda Europa podía caer en poder de los turcos.

[700] El *Sermón* de José Rodríguez se detiene a comentar el texto del Ps. 43, «in nomine tuo inimicos nostros ventilabimus cornu, et spernemus insurgentes nobis»; admite que el salmo se refiere al nombre de Dios, pero «el nombre de Dios es el nombre de María, porque es carne de María la carne de Cristo, según San Agustín: *caro Christi, caro Mariae*» (p. 18).

[701] El autor del *Sermón* recoge dos relatos de seres alados: «una hermosa águila, con vuelo natural, apareció sobre la cabeza del Señor Rey de Polonia, los siete días últimos del conflicto»; y también «mientras duró el combate, el día 12 de septiembre, una blanca paloma hizo apacibles tornos sobre las huestes del Imperio» (*Sermón*, p. 16).

[702] La acción concreta que permitió asociar el nombre de María con la victoria, es el hecho de que (siguiendo la narración de José Rodríguez) «cuando se tocaron

postra, sujeta,
rinde, avasalla.

Coplas   1. Siendo María en tu amparo
no temas, Austria sagrada,
que es la torre de quien penden
los escudos de tus armas,
siendo milagro[703] que sea en tu guarda
de David la torre y atalaya[704].

2. Ya en tu defensa la viste
romper huestes otomanas;
que fue, a su asalto, divina,
fuerte, invencible muralla,
siendo milagro que en tus muros haya
faroles de estrellas y fosos de gracia[705].

3. Tú sola, si el Turco aleve[706]
tus fuertes muros asalta,
a la escala del contrario
del cielo, pones la escala,

los clarines reordenando el ejército, el Señor Rey de Polonia enarboló su estandarte donde estaba una imagen de la Virgen [...] diciéndola con espíritu humillado y esperanza firme que por cuenta de su Patrocinio, Nombre y amparo, corrían desde allí los escuadrones y su persona» (*Sermón*, p. 20).

[703] La calificación de milagro para la victoria, repetida a lo largo del poema, que parece responder a la percepción común de la época, es ilustrada por José Rodríguez en su *Sermón*: la victoria es «más milagrosa que insigne, y del todo insigne, por casi única [...] hoy hace un año [...] a estas horas, consiguieron las armas cristianas [...] contra los Turcos en el pretendido asalto y ejecutado asedio de la ciudad de Viena [...] invadida voluntariamente por el Emperador de los Turcos, con un ejército tan soberbio, tan numeroso, que es menester volver los ojos a las historias antiguas para encontrar ejemplares» (p. 15).

[704] María como torre de David, torre fortificada, rodeada de mil escudos: ver nota a *Pues concebida*, décima estrofa, subsección Salves.

[705] Con estas metáforas el poeta señala la protección divina, que auxilia a los asediados desde las alturas y también desde las profundidades.

[706] José Rodríguez califica la agresión turca de «injustísima hostilidad» (*Sermón*, p. 15).

siendo milagro que sola tú alcances[707]
ser la de Jacob la que en ellos hallas[708].

4. Al cielo volvió los ojos[709],
por eso el Cielo te ampara,
que si levanta la vista
todo el firmamento baja
siendo milagro que sus ojos vayan
donde todo es glorias, si penas la llaman[710].

---

[707] «Alcances»: entiendas.

[708] La voz poética contrapone la escala que el enemigo (que lo es también del cielo) lleva para asaltar los muros de Viena, a María, que es llamada «Escala de Jacob»; ver nota a *Pues soy zagalejo*, tercera copla, sección Presentación.

[709] El sujeto es María.

[710] Llaman a María los asediados en situación crítica, y el cambio de situación ocasiona, como ya vimos, la convicción de que se debe a un milagro.

Tremolad las banderas
[905][711]

¡Tremolad las banderas,
invencibles campeones![712]
¡Prevenid los clarines,
gloriosos vencedores!
Aclamad de María
el poderoso nombre,
pues os dio la victoria
mayor que vio el orbe.
Las gracias le rendid
en bélicas canciones,
haciéndole la salva
trompetas y atambores[713].

Coplas   1. Cercó el poder otomano
de Austria la imperial corte,
y al ver a Viena cercada
temblaron los siete montes[714];
y pues María fue
quien aseguró sus temores,
las gracias le rendid

---

[711] CJEF. Portada: «Victoria de Viena. A Nuestra Señora. Nombre de María». Ocho voces. Es obra de Araujo.

[712] Una trova del manuscrito lleva en este verso «invencibles españoles»; y en la copla primera dice: «Perdió el poder otomano, / combatido de españoles, / su armada, que a fuego y sangre / fue asombro de los orbes».

[713] Atambor: después de su descripción, el Diccionario de Autoridades dice que «es un instrumento sonoro, que anima los corazones de los soldados y gobierna sus movimientos. Llámase más comúnmente tambor» (*Aut*).

[714] Austria era considerada la puerta de Europa, de modo que su caída habría supuesto el derrumbe de la Cristiandad frente al Islam; los siete montes son las colinas sobre las que se asienta Roma.

en bélicas canciones,
haciéndole la salva
trompetas y atambores.

2. En su defensa vio el mundo
que con pocos defensores
sabe deshacer el cielo
numerosos escuadrones.
Y pues logró por María
una victoria tan noble,
las gracias le rendid
en bélicas canciones,
haciéndole la salva
trompetas y atambores.

3. La corva creciente luna[715]
mucho menguó desde entonces[716]:
¡sus turbantes por el suelo
y por tierra sus pendones!
Y pues eclipsó María[717]
sus bárbaros resplandores,
las gracias le rendid
en bélicas canciones,
haciéndole la salva
trompetas y atambores.

---

[715] El cuarto creciente de la luna es el símbolo del Islam.

[716] Es cierto que esta batalla, junto con otros factores, marcó «la inflexión a partir de la cual la iniciativa política y militar en Europa Oriental escapó definitivamente a los musulmanes» (Pillorget, 1984, p. 309). José Rodríguez, muy próximo a los hechos, comenta: «defendida Viena se han adquirido muchas plazas que tenía el Grande (qué pequeño ya!) Turco, usurpadas al Imperio, y entre ellas, las afamadas ciudades de Strigonia y Buda, y no desesperamos de Constantinopla» (p. 30).

[717] Rivadeneyra refleja la percepción común de que los reyes de España, desde Pelayo en adelante pasaron «con el patrocinio de María sobre las lunas Africanas, con tantas victorias como pasos; con que España perdida se ganó a sí misma, recobró todos sus reinos, recuperó todas sus ciudades, y *eclipsadas* por mejor Luna tantas lunas, volvió a resplandecer con nuevos rayos el sol de la fe católica en España [...]» (FS III, 432). Resalto la palabra coincidente.

4. Las águilas del imperio[718],
mejor que en mármol y bronce,
han grabado el beneficio,
en sus mismos corazones,
y pues es María a quien
se deben estos favores,
las gracias le rendid
en bélicas canciones,
haciéndole la salva
trompetas y atambores.

[718] Se refiere al símbolo de la casa de Austria, que es un águila bicéfala. «El águila con las dos cabezas significa el uno y otro Imperio, Oriental y Occidental; y éstos le pronosticaron a Alejandro Magno las dos águilas que aparecieron el día de su nacimiento, y han quedado incorporadas en las armas imperiales y en las de los reyes de España, cuya potencia se ha extendido del Oriente al Poniente» (Cov). Delio y Cilena, en la obra de Dávalos, dialogan a este respecto: «D.: [...] los romanos la tomaron por insignia por ser ave de Júpiter [...] afirmando que descienden de Eneas troyano, y él de Júpiter [...]. De más de que Rea Silvia, madre de Rómulo fundador de Roma publicó estar preñada de Júpiter [...]. Después, el imperio de los cristianos, habiendo interpretado la misteriosa fábula de los antiguos, han entendido por Júpiter al verdadero Creador del universo, y siguiendo a los romanos en este uso [...] la traen particularmente imitando a César y a Pompeyo, los cuales fueron tan enemigos como sus historias publican, combatiendo el uno con el otro en tanto daño de su patria. Y porque cada uno de ellos traía el águila, demostrando ser verdadero emperador, los emperadores católicos, significando juntarlas ambas, como verdaderos señores y sin contraste o duda en su imperio y señorío, traen una con dos cabezas. C.: Razón es esa que yo desaba oír, porque no sabía la causa, por qué el águila imperial era así pintada, y juzgaba que las dos cabezas en un cuerpo significaban la unión y amistad que la Iglesia Católica debe tener y tiene con el Imperio cristiano [...]. D.: No tiene menos fuerza esa razón que la por ellos alegada, antes mayor y más propia que la que otros dicen y le atribuyen, diciendo en su nombre significar la unión que pretenden y esperan hacer los emperadores del Imperio Oriental con el Occidental» (Miscelánea Austral, Coloquio XXIV, f. 99v.). En trova se lee: «Las Católicas majestades».

i. Rosario

> *¡Al arma! ¡al arma!*
> *[1067]*[19]

¡Al arma! ¡al arma!,
que María publica
guerra con su Rosario[720].
¡Al arma! ¡al arma!
de luces, de rayos,
de incendios sagrados.
Contra los infernales campos
suenen clarines,
trompetas y cajas.
El aire con gozos,
con ondas el agua,

---

[719] ACSB. Portada: «Villancico a siete voces. A Na. Sa. del Rosario. Mtro. Grandón».

[720] Según Rivadeneyra, la Orden de los Predicadores tenía consagrados los primeros domingos de cada mes al culto de Nuestra Señora del Rosario. La batalla de Lepanto se produjo precisamente un primer domingo, el de octubre de 1571, lo cual dio origen a la ubicación de la fiesta del Rosario ese día. Añade el autor unos datos que reflejan los sentimientos de la época: los turcos «contaban trescientas treinta galeras reales, con otras muchas galeotas y vasos menores; los cristianos llevaban llevaban más de doscientas galeras, ochenta del rey de España, ciento nueve de Venecia y doce del Sumo Pontífice, tres de Malta y otras de caballeros particulares» (FS III, 207a). De ahí pasa a describir el ánimo de los combatientes, la batalla y la victoria sobre la armada turca. Esto para situar el origen de la localización calendárica de la fiesta. Sin embargo, es necesario tener en cuenta que el Rosario no fue visto solamente como arma en relación con alguna guerra, sino sobre todo con la constante pugna entre el bien y el mal que se libra, principalmente, en el interior del alma. Nótese que en este poema, a diferencia de los dos anteriores, no se hace mención a ningún enemigo terrestre (turcos u otros) sino a los poderes infernales. En trova, el manuscrito, en este verso dice «guerra con sus mercedes», lo cual delata la utilización de la pieza para la fiesta de la Merced, o para cualquier fiesta mariana en el templo de los Mercedarios.

la tierra con armas
el fuego arda
y el Rosario triunfante[721],
¡hagan la salva!,
¡al arma! ¡al arma!
que sale a vencer
la Belona más alta[722],
que a Luzbel arruina
soberbio; y tiemblan
hoy de espanto sus escuadras.

Coplas   1. Con el Rosario valiente
vence María a Luzbel
y ciñendo del laurel
a su frente[723], pisa triunfante
su escuadrón ardïente[724].

2. Que se conjure, no importa,
todo el infierno a pelear,
que el Rosario ha de triunfar[725]
porque es corta toda armería
que el abismo aborta[726].

---

[721] Trova: «y sus Mercedes triunfante».

[722] Diosa romana de la guerra.

[723] El laurel es signo de victoria. Ver nota al recitado de *Triunfe el poder*, en la sección Ascensión.

[724] Ver nota a *Parabienes, zagalejos*, copla tercera (sección Concepción). Aquí el pie de María pisa a todo el infierno, no sólo la cabeza de la serpiente.

[725] Trova: «que hoy María ha de triunfar».

[726] Hay un dejo irónico en los últimos dos versos. De un lado, por el uso de la palabra 'armería', que significa «la casa o sitio donde se colocan y ponen en custodia varias especies y suertes de armas: que por lo regular suele ser por ostentación, memoria y grandeza del Príncipe o Señor» (*Aut*). Las armas infernales no sirven sino de adorno cuando se miden con el Rosario. Lo mismo ocurre con la alusión, mediante el verbo «abortar» a la esterilidad del infierno: «metafóricamente usan de esta voz los poetas, cuando el mar, los montes u otras cosas no capaces de concebir arrojan de sí algo que contenían» (*Aut*).

ÍNDICE DE PRIMEROS VERSOS

Después de tres años [238]

Dos soles, tío y sobrino [83]

Durad, María Arancibia [266]

En competencia armoniosa [283]

En la rama frondosa [949]

Escuchen dos sacristanes [950]

Flechero rapaz [316]

¡Fuera, que va de invención! [846]

¡Guerra! ¡Al arma! [331]

Hecho un Etna de amor [337]

¡Hola, hala, que vienen gitanas! [851]

¡Hola, hao, ah, de las sombras! [850]

Hoy, a la dulce crueldad [1090]

Hoy a tu dulce venida [1090]

Ilustre y muy prudente señor [365]

Io so che non ti desta [369]

Jilgueritos risueños [375]

La rosa en su matiz [316]

Los coflades de la estleya [855]

Los negrillos de los reyes [640]

Menguilla le dijo a Fabio [490]

Militares del Amor [492]

Naced, antorcha brillante [955]

Ninfas marítimas del grande Océano [987]

No suspires, no llores [514]

No temas, no receles [865]

Non temer, non son piu amante [512]

¡Oh dolor...! [526]

Oíd el concierto atentos [1126]

¡Pajarillos, madrugad! [555]

Parabienes, zagalejos [872]

Pérfido infiel [588]

Pésimo infiel [588]

Por capitán de las luces [66]

Pues concebida [597]

Pues soy zagalejo [1048]

Pura azucena [607]

¿Qué es esto, pensamiento? [615]

Tomos de la Biblioteca Indiana

Tomos de la Biblioteca Áurea Hispánica

14 Ignacio Arellano; Juan Manuel Escudero; Abraham Madroñal (eds.): *Luis Quiñones de Benavente, Entremeses Completos I. Jocoseria*. 720 p. ISBN 84-95107-36-8

15 Ignacio Arellano (ed.): *Poesía satírico-burlesca de Quevedo. Estudio y anotación filológica de los sonetos*. 650 p. ISBN 84-95107-35-X

16 *Comedias burlescas del Siglo de Oro. Tomo III: El cerco de Tagarete; Durandarte y Belerma; La renegada de Valladolid; Castigar por defender*. Edición del GRISO, dirigida por Ignacio Arellano. 450 p. ISBN 84-8489-028-7

17 Françoise Cazal; Christophe González; Marc Vitse (eds.): *Homenaje a Frédéric Serrralta. El espacio y sus representaciones en el teatro español del Siglo de Oro. Actas del VII Coloquio del GESTE. (Toulouse, 1-3 de abril de 1998)*. 646 p. 60 ilustraciones aprox., b/n. ISBN 84-8489-029-5

18 Francisco López Estrada; María Soledad Carrasco Urgoiti; Félix Carrasco: *Historia de la novela española en el siglo XVI*. 294 p. ISBN 84-8489-034-1

19 Alberto González Rípodas (ed.): *Comedias burlescas del Siglo de Oro. Tomo IV: Las mocedades del Cid; El castigo en la arrogancia; El desdén con el desdén; El premio de la hermosura*. 398 p. ISBN 84-8489-071-6

26 Ignacio Arellano (ed.): *Loca Ficta. Los espacios de la maravilla en la Edad Media y Siglo de Oro. Actas del coloquio internacional, Pamplona, Universidad de Navarra, abril, 2002*. 460 p. ISBN 84-8489-090-2

27 Elena del Río Parra: *Una era de monstruos. Representaciones de lo deforme en el Siglo de Oro español*. 310 p. ISBN 84-8489-102-X

28 Nicasio Salvador Miguel, Santiago López-Ríos, Esther Borrego Gutiérrez (eds.): *Fantasía y literatura en la Edad Media y los Siglos de Oro*. 360 p. ISBN 84-8489-121-6

29 Rosa Perelmuter: *Los límites de la femineidad en Sor Juana Inés de la Cruz: estrategias retóricas y recepción literaria*. 170 p. ISBN 84-8489-135-6

30 Ignacio Arellano, Marc Vitse (Coords.): *Modelos de vida en la España del Siglo de Oro, Tomo I: el noble y el trabajador*. 396 p. ISBN 84-8489-160-7

31 M.ª Jesús Zamora: *Ensueños de razón. El cuento inserto en tratados de magia (Siglos XVI y XVII)*. 256 p. ISBN 84-8489-131-3

33 Enrique García Santo-Tomás: *Espacio urbano y creación literaria en el Madrid de Felipe IV*. 222 p. ISBN 84-8489-155-0